我国区域创新系统
演化机制研究

张永凯 著

上海交通大学出版社
SHANGHAI JIAO TONG UNIVERSITY PRESS

内容提要

本书以区域创新系统为对象,首先对区域创新系统的国内外相关研究进行梳理,其次,分析了区域创新系统的基本框架和结构功能,研究了区域创新系统的演化规律、演化特征、动力机制、博弈机制、协同机制,分析了我国区域创新能力的空间差异及对经济增长的影响,并对我国区域创新资源配置效率进行测算。最后,通过对比分析国外区域创新系统演化路径与特征,从全球化视角提出了推动我国区域创新系统建设的对策建议。

图书在版编目(CIP)数据

我国区域创新系统演化机制研究/张永凯著. 一上海:上海交通大学出版社,2021.12

ISBN 978 - 7 - 313 - 25582 - 2

Ⅰ.①我… Ⅱ.①张… Ⅲ.①区域经济-国家创新系统-研究-中国 Ⅳ.①F127

中国版本图书馆 CIP 数据核字(2021)第 203010 号

我国区域创新系统演化机制研究
WOGUO QUYU CHUANGXIN XITONG YANHUA JIZHI YANJIU

著 者:张永凯				
出版发行:上海交通大学出版社		地 址:上海市番禺路 951 号		
邮政编码:200030		电 话:021 - 64071208		
印 制:江苏凤凰数码印务有限公司		经 销:全国新华书店		
开 本:710mm×1000mm 1/16		印 张:13.25		
字 数:201 千字				
版 次:2021 年 12 月第 1 版		印 次:2021 年 12 月第 1 次印刷		
书 号:ISBN 978 - 7 - 313 - 25582 - 2				
定 价:78.00 元				

本书得到兰州财经大学公共管理学科建设经费和生态经济与区域发展科研创新团队支持计划(Lzufe—SRT202004)资助

前　言

　　区域创新系统建设是提升区域创新能力的关键,也是获取区域竞争优势的重要途径。本书以区域创新系统为对象,首先对区域创新系统的国内外相关研究进行梳理,为后续研究打下理论基础。其次,分析了区域创新系统的基本框架和结构功能,研究了区域创新系统的演化规律、演化特征、动力机制、博弈机制、协同机制。再次,运用 ArcGIS 空间可视化和 Open GeoDA 回归分析我国区域创新能力的空间差异及对经济增长的影响,并运用 DEA 方法对我国区域创新资源配置效率进行测算。最后,通过对比分析国外区域创新系统演化路径与特征,从全球化视角提出了推动我国区域创新系统建设的对策建议。

　　第一,在梳理区域创新系统国内外相关研究动态的基础上,首先分析了区域创新系统的构成要素、基本特征、类型划分和功能作用,总结了区域创新系统的演化过程及其特点,指出区域创新系统的演化一般经过孕育、成长、成熟、衰落或更新等几个发展阶段,并以改革开放为起点,研究我国改革开放 40 多年来区域创新系统演化过程,先后经历了重建阶段(1978—1985)、转型阶段(1986—1994)、完善阶段(1995—2005)、提升阶段(2006 年以后),在每个阶段,区域创新系统的演化都呈现出不同的特征。然后基于我国国情,根据数据可得性,采用逐步判别分析法,构建区域创新系统演化的阶段判别模型,判别我国区域创新系统的发展阶段,为分析区域创新系统演化机制奠定基础。

　　第二,运用演化理论、自组织理论和区域创新理论,研究我国区域创新系统演化的动力机制、博弈机制、协同机制。①一方面从政府与市场、竞争与合作关系入手,分析我国区域创新系统演化的动力机制;另一方面基于全球化视角,从跨国公司在华研发活动、我国本土创新主体海内外研发活动两个层面,分析我国区域创新系统演化的动力机制。②分析在区域创新系统演化过程中各创新主体之间的博弈关系,从企业、政府、高校、科研机构等创新主体之间的博弈入手,研究区域创新系统演化过程中的合作博弈和非合作博弈机制,并通过构建博弈模型进行验证和均衡分析。③借鉴自组织理论和协同理论,分析创新主体和区域创新系统各子系统之间的协同演化机制,并通过构建模型进行理论分析。

第三,以 2003—2016 年我国 31 个省(自治区、直辖市)区域创新能力为面板数据,结合 ArcGIS 空间可视化分析和 Open GeoDA 回归分析,从时空两个维度分析区域创新能力的空间分异特征及其对我国经济增长的影响,结果表明:①通过计算变异系数、基尼系数和赫芬达尔指数发现,区域创新能力水平差异和集中度随时间演化呈阶梯状下降趋势,但越来越趋向稳定状态;相比于全局或局部莫兰指数实证而言,我国区域创新能力具有明显的空间自相关性,且处于持续集聚阶段,并不断增强。②不论是否考虑投资、消费、出口和人力资本控制变量,区域创新能力的估计系数逐渐增大,对经济增长具有显著促进作用。③区域创新能力对我国经济增长的影响会随经济结构转型而出现时空演化特征,具有显著递增的促进效应。

第四,基于演化视角,运用数据包络分析法,根据数据可获得性,测算1991 年以来我国区域创新资源的配置效率,结果发现:①从 2017 年看,我国创新资源配置效率整体较低,很多地区研发资源配置都无效,只有 7 个地区资源配置处于有效状态。②1991—2017 年间我国的平均研发总体效率为1.042,研发总效率呈现先递减后上升的趋势。③从东部、中部、西部地区创新资源配置平均效率看,东部、中部、西部地区在 1991—2017 年之间的平均全要素生产率差距不大。④技术进步率是影响创新资源配置效率的一个重要因素,我国创新资源配置效率较低的一个重要原因就是技术进步率较低。

第五,在借鉴日本、韩国、芬兰区域创新系统演化宏观分析的基础上,分别选取美国硅谷、印度班加罗尔和新加坡为微观典型案例区域,通过对比研究,深入剖析不同国家及地区的区域创新系统的演化路径与特征。在国内分别选取北京中关村、上海张江和深圳三个典型案例区域,通过对比研究,从微观层面上深入剖析我国区域创新系统演化路径。

　　第六,根据区域创新系统的基本演化规律以及我国区域创新系统的演化机制,结合当前区域创新系统发展的新常态,从全球化视角出发,提出相关政策措施,继续鼓励跨国公司在华设立研发机构,促进跨国公司在华研发投资的知识溢出效应,支持我国本土创新主体到海外设立分支机构,加强我国本土企业的技术引进、消化吸收和再创新,建立合理的人才流动机制,构建新型的产学研合作体系,推进区域创新系统建设的试点和试验,完善区域创新系统的财税和金融支持体系,营造良好的区域创新环境,激发我国区域创新主体的积极性,不断利用全球创新资源,坚持自主创新和开放创新有机结合,建立一个全球性的、以市场为导向的开放区域创新系统,从而推动我国区域创新能力提升和高质量发展。

目　录

第一章

绪　　论

　　区域创新系统又被称为区域创新体系,是由英国卡迪夫大学教授菲利普·库克(Philip Cooke)于 1992 年在《区域创新系统:新欧洲的竞争规则》(Regional Innovation Systems: Competitive Regulation in the New Europe)一文中首次提出的,文章认为,区域创新系统主要是由在地理上相互分工与关联的生产型企业、研究机构和高等教育机构等构成的区域性组织体系。之后,区域创新系统逐渐成为国际学术界研究的热点领域,且处于不断升温的态势。区域创新系统之所以引起学术界、政界以及企业界的高度关注,其中一个非常重要的原因就是美国硅谷的崛起,硅谷持续不断创新并推动区域经济增长和国家竞争力提升,使公众认识到区域创新系统在区域发展中扮演着越来越重要的角色。目前,区域创新系统作为国家创新系统(National Innovation System)的子系统和有机组成部分,是国家创新系统在区域层面的延展和细化。

　　区域创新系统的演化机制研究既是一个深层次的理论问题,又是一个重要的现实课题,具有重要的学术价值和应用价值。

一、本书的学术价值

　　区域创新系统建设是获取区域竞争优势的重要途径,也是提升区域创新能力的关键。随着时间的推移,区域创新系统也在不断发展演化。从演化视角认识区域创新系统,可以更加全面地了解和考察区域创新系统的运行机制及其影响因素。同时,开放性是区域创新系统的重要特征,区域创新系统演化既有赖于本土创新主体的推动,更离不开外部创新资源的驱动。尤其是在全球化时代,一国的区域创新系统演化既受到外商研发投资的影响,又受本土创新主体海外研发活动的作用。本书审视和考察区域创新系统发展,旨在揭示开放条件下区域创新系统演化的特征和规律,从动态角度分析区域创新系统的演化机制,对丰富与完善区域创新系统理论具有重要的学术价值。此外,区域创新系统演化机制不仅属于管理学的研究问题,也是经济学、地理学等诸多学科涉足的领域,本书运用多学科知识,对区域创新系统演化机制进行跨学科的综合研究和多维立体剖析,充分展现学科交叉融合的研究特色。

二、本书的应用价值

从世界范围内的实践层面来看,区域创新系统建设对提升区域创新能力起到了巨大的推动作用。美国硅谷、德国巴登—符腾堡、日本筑波、韩国大田、印度班加罗尔等创新型区域的快速崛起,使区域创新系统得到了政府和企业界的高度关注。我国北京中关村、上海张江高科技园区、武汉"光谷"以及创新之城深圳的迅速发展,同样证明了创新驱动在区域经济增长中的重要作用。由此可见,一个国家和地区通过区域创新系统建设,可以整合区域创新资源,提高创新资源配置效率,促进地方产业结构不断升级,从而有效提升区域创新能力和综合竞争力。

随着全球化浪潮的到来,区域创新系统的开放性更加显现,提升区域创新能力需要本土创新主体与外部创新资源的共同作用。目前,中国逐渐成为跨国公司海外研发投资的重点区域,并开始跻身于全球研发网络的重要枢纽,跨国公司在华研发投资对我国区域创新系统演化产生巨大影响。同时,我国本土创新主体也开始到海外寻求创新资源,本土企业通过设立研发机构或者跨国并购到海外实施研发投资,借助外力来促进我国区域创新系统发展。当前,我国正处于由要素驱动、投资驱动向创新驱动转型的过程,非常注重区域创新系统建设。中国共产党第十八次全国代表大会提出把科技创新摆在国家发展全局的核心位置,不断完善创新系统,推动区域创新发展。中国共产党第十八届中央委员会第三次全体会议(十八届三中全会)要求建立健全鼓励原始创新、集成创新、引进消化吸收再创新的体制机制,建设国家创新系统,发挥科技创新的支撑引领作用。2017年5月14日,习近平在"一带一路"国际合作论坛上发表重要讲话,提出要将"一带一路"建成创新之路,启动"一带一路"科技创新行动计划,开展国际科技合作和交流,共建联合实验室、科技园区,促进技术转移和扩散,特别加强在数字经济、人工智能、纳米技术、量子计算机等前沿领域的合作,推动大数据、云计算、智慧城市建设,在全球化背景下不断集聚创新资源,营造创新环境。中国共产党第十九次代表大会明确指出,创新是引领发展的第一动力,是建设现代化经济体系的战略支撑。基于此,本书分析区域创新系统的演化过程和发展阶段,揭示我国区域创新系统的演化机制,对我国区域创新系统建设和提升区域创新能力具有重要的应用价值。

三、国内外相关研究的学术史梳理及研究动态

关于区域创新系统的研究,西方学者率先涉足。区域创新系统的概念脱胎于国家创新系统,英国经济学家弗里曼(Freeman,1987)在其著作《技术政策与经济运行:来自日本的经验》中最先提出国家创新系统(National Innovation System,NIS)的概念,他通过对日本创新系统的研究发现,虽然企业是创新的重要主体,但是由于创新所需要的要素日益多元化和复杂化,有些创新活动仅仅依靠企业很难完成,还需要政府、科研机构、大学和中介组织参与。美国哈佛大学教授波特(Porter,1990)在其著作《国家竞争优势》(*The Competitive Advantage of Nations*)中把国家创新系统的宏观运行绩效与微观运行机制有机结合起来,研究国家间的相互作用对国家创新系统运行的影响。朗德沃尔(Lundvall,1992)在其著作《国家创新系统:构建创新和交互学习的理论》(*National System of Innovation:Towards a Theory of Innovation and Interactive Learning*)中从微观视角分析了国家创新系统的框架结构。佩特尔和帕维特(Patel & Pavitt,1994,1998)认为,国家创新系统是国家机构及其激励机制和创新能力的重要体现,并指出国家创新系统处于研发的国际化压力之下。

英国卡迪夫大学社会科学高级研究中心(CASS)主任及城市与区域规划系教授菲利普·库克(Philip Cooke,1992)在此基础上界定了区域创新系统(Regional Innovation System,RIS)的内涵,并将区域中的文化、组织、环境等要素与熊彼特的创新理论有机结合起来,搭建起区域科技创新和区域经济发展的理论框架。王缉慈(2001)提出,区域创新系统是指区域网络各个结点在协同作用中结网而创新,并融入到区域的创新环境中而组成的系统。也就是说,区域创新系统是区域创新网络与区域创新环境有效叠加而成的系统。Doloreux(2002)指出,区域创新系统是由相互作用的私人与公共利益体、正规机构和其他组织的集合。此后,作为国家创新系统重要组成部分的区域创新系统逐渐成为国际学术界一个持续升温的研究领域。截至目前,国内外学者对区域创新系统的研究成果已经相对丰富,且主要集中在概念内涵(Asheim,1997;Erkko,1998;王缉慈,2001;Lambooy,2004;胡志坚,1999;黄鲁成,2000;刘曙光,2002;柳卸林,2006;顾新,2014)、要素构成(Porter,1990;刘洪涛,1997;冯之浚,1999;冯根尧,2006)、功能结构(Carlsson,1995;王稼琼,1999;周柏翔,2005;Uyarra,2010;柳卸林,2011;陈凯华、寇明婷、官建成,2013)、运行机制(李虹,2004;杨剑、杨锋、王树恩,2010;章文光,2014)、创新能力(Nelson,1993;Furman & Hayes,2004;朱海就,2004;中国科技发展战略小组,2006;党文娟,2008;詹湘东,2008;肖智、吕世畅,2008;赵希男、温馨、王艳梅,2009;魏守华、吴贵生、吕新雷,2010;杨朝峰、赵志耘、许治,2015;张永凯、薛波,2016;靳巧花、严太华,2017)、创新效率(池仁勇、虞晓芬、李正卫,2004;李晓钟、张小蒂,2005;白俊红、江可申、李靖,2008;郭军华、倪明,2011;颜莉,2012;王崇锋,2015;马大来、陈仲常、王玲,2017)和创新环境(Aydalot,1988;Camagni,1991;Strorper,1995;Maillat,1998;王缉慈,2002;蔡秀玲,2004;章立军,2006;李琳、陈文韬,2009;吴玉鸣,2010;关祥勇、王正斌,2011;陈一鸣、杜德斌、张建伟,2011;齐亚伟、陶长琪,2014)等方面,从演化角度研究区域创新系统的文献相对有限。目前,国内外关于区域创新系统的研究已取得阶段性成果,但该理论框架才初步建立,研究体系还有待于进一步丰富和完善。

就区域创新系统演化而言,Annalee Saxenian(1994)在其著作《地区优势:硅谷和128公路地区的文化与竞争》(*Regional Advantage:Culture*

Competition in Silicon Valley and Route 128)中对美国区域创新系统进行分析,他通过对比硅谷和 128 公路创新系统的演化,发现硅谷具有更为开放的区域创新系统,能够持续推动科技创新;张敦富(2000)认为,区域创新系统的发展过程可以是渐进式的,也可以是跳跃式的。总体上看,可以分为创立孵化阶段、成长阶段、成熟阶段、创新衰退或持续创新阶段;Lee 和 Lim (2001)提出了技术跟踪与蛙跳理论,并认为区域技术创新有可能完全按照现有的技术轨道演化,也就是一种线性的演化过程,但也有可能不遵循现有的技术轨道,表现出阶段性的跳跃演化过程;李虹(2004)指出,区域创新系统中的各种创新来自创新系统内部的不协调,区域创新系统就是在"不协调—协调—不协调"的过程中螺旋式上升和发展的;朱付元(2005)把区域创新系统演化分为他组织和自组织两个阶段,他组织是以政府主导为主,自组织则表现为由政府主导向市场推动过渡,即区域创新系统由外生变量主导向内生变量驱动的演化过程;魏江(2005)在创新主体结构、资源结构、经济要素结构三个维度基础上,指出区域创新系统分别有发展、停滞和衰落三种结果,区域创新系统演变是创新系统三维结构螺旋发展的结果;林迎星(2006)认为,区域创新系统的发展可分为形成、成长、成熟和老化四个阶段。区域创新系统的老化发展到一定程度就会消亡、解体,解体后的区域创新系统构成要素在新的条件下,又会组合成新的区域创新系统;李微微(2006)将区域创新系统的发展演化分别划分为优势创新种群形成阶段、创新种群规模壮大阶段、巩固的创新网络形成阶段和创新群落衰落或更新阶段;杨剑等(2007)根据区域创新能力,将区域创新系统的演化分为孕育期、初生期、高速发展期、成熟期和衰落期五个阶段;王焕祥、孙斐(2008)分析了改革开放 30 年我国区域创新系统的演化历程,并从区域创新系统演化动力的角度分析其演化原因;李振国(2010)尝试从演化经济学的角度,以美国硅谷和我国台湾新竹科学工业园、北京中关村科技园为例,探讨区域创新系统演化的不同路径选择,结果发现,硅谷是一种自下而上的演化路径,新竹科学工业园和中关村科技园则是自上而下的演化路径;石峰(2012)基于自组织理论分析和研究了区域创新系统的演化;李晓娣(2012)通过实证分析,认为跨国公司研发投资与区域创新系统演化程度存在正线性关系。王帅(2016)从开放创新的视角出发,研究了区域创新系统的演化机制及其绩效影响因素;王庆

金、田善武(2016)采用共生演化理论研究了区域创新系统的演化阶段、路径和机制,并认为区域创新系统由单利共生阶段向差异互利共生阶段再向均衡互利阶段演化;龙海雯、施本植(2016)基于"一带一路"视角,分析了我国区域创新系统的演化与策略;徐佳(2017)将开放式创新理念引入区域创新系统,从开放创新视角研究了区域创新系统的演化动力、演化路径和演化特征。马永红、苏鑫、赵越(2018)为解释区域创新系统协同演化机制,构建了区域创新系统协同演化的哈肯模型,实证分析表明,基础共性技术创新代表量是区域创新系统动态演化的序参量,基础共性技术创新与制度创新在区域创新系统演化过程中具有协同效应,但协同度欠佳。苏屹、李忠婷、李丹(2019)基于生命周期理论,对区域创新系统进行分析和研究,提出了区域创新系统组织结构的演化规律,并将其发展分为萌芽期、高速发展期、成熟期三个阶段。由此可见,学者们对区域创新系统演化的阶段划分尚存在分歧,关于区域创新系统演化的动力未达成共识。然而,区域创新系统具有自组织演化特性,即区域创新系统的演化具有自组织性、开放性、不平衡性、非线性和涨落性,并且区域创新系统演化是一个从无序到有序、由简单到复杂、由低级向高级的发展过程,但对于此特性,学术界研究尚不够全面和深入。

综上所述,本书认为,区域创新系统是在特定区域的自然和人文环境中,由企业、大学、科研机构、地方政府和中介组织等创新主体和创新支持系统共同参与的创新资金流动、创新人才培养、技术扩散、知识溢出以及创新产品形成的创新网络体系。虽然已有的文献研究从理论上对区域创新系统的演化阶段和动力做了初步分析,但对区域创新系统演化机制的研究非常薄弱。区域创新系统演化的内在机制如何运行?究竟是何种因素在什么条件下推动区域创新系统的不断演化?事实上,区域创新系统并不是一个封闭和孤立的系统,它的发展需要不断与外界进行知识、信息和能量的交换,而且随着时间的推移,区域创新系统的开放性特征逐步显现。然而,在区域创新系统理论的传统研究中,学者们对区域创新系统的开放性关注不够,尤其缺乏从全球化视角研究区域创新系统的演化。实际上随着创新资源的跨国流动,区域创新系统的开放性特征愈加凸显,开放创新已成为主流。然而,从目前的文献资料来看,研究区域创新系统演化的成果较少,更欠缺对区域创新系统演化机制的分析,这已不能满足区域创新系统快速发展的现实诉求。

第二章

区域创新系统的基本框架与结构功能

本章从区域创新系统的构成要素、基本特征、类型划分、功能作用及产业集群等方面,分析区域创新系统的基本框架与结构功能,从而为进一步研究区域创新系统的演化机制奠定基础。

一、区域创新系统的构成要素

在研究区域创新系统的演化之前,需要首先了解区域创新系统的基本构成要素。区域创新系统的构成要素可以从主体要素、资源要素和环境要素三个方面加以考察(见图 2-1)。

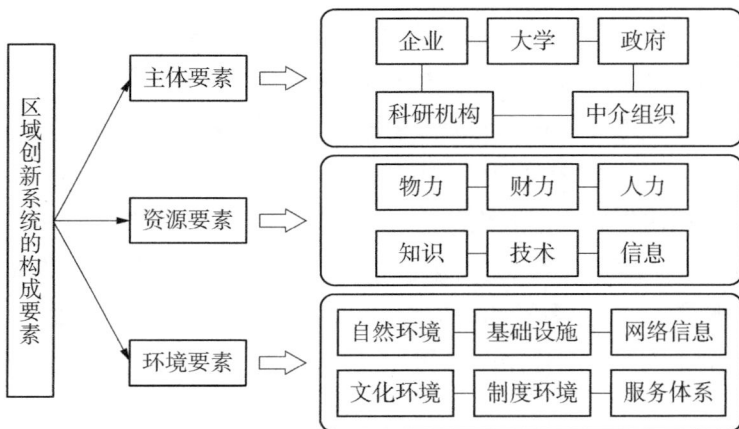

图 2-1 区域创新系统的构成要素

（一）区域创新系统的主体要素

区域创新系统的主体要素主要指企业、大学和科研机构。一般认为，企业是区域创新系统中的技术创新主体，而大学和科研机构是区域创新系统中的知识创新主体。但也有研究机构和学者将中介组织和政府也纳入区域创新系统创新主体要素的构成之中，并认为政府和中介组织是区域创新系统中的重要支撑和服务主体。政府是创新政策的制定者和创新环境的营造者，中介组织主要是联络创新主体，让创新主体之间的相关要素联系得更加紧密。

1. 企业

在区域创新系统中，企业是技术创新的关键主体，也是创新活动的关键载体，同时又是产业创新的主体，企业作为关键的创新主体在区域创新系统发展演化过程中扮演着重要角色，纵观人类历史的发展历程，世界上重要的技术成果转化都是由企业实施和完成的。区域内企业的规模、数量、结构和技术水平等直接决定着区域创新系统的发育程度和创新功能的发挥。纵观近代人类社会的重大发明创造，许多都是由企业初创的，而且最终将其推向市场并商业化。企业是将知识应用于生产实践的关键推动者，同时也是区域研发投入和创新产出的重要践行者，企业通过新产品的研发，利用市场将其商业化。

2. 大学与科研机构

大学和科研机构在区域创新系统中往往充当创新源和知识库的角色，大学在基础科学研究领域更是生力军，其基础研究通过产学研合作，最终由企业完成科技成果转化并实现价值增值。大学和科研机构是知识创新的重要来源地，大学同时承担着为企业、科研机构、中介组织和政府部门培养人才的任务。国内外的诸多案例表明，创新型区域往往是由许多中小企业围绕研究型大学而集聚，形成创新集群，通过产学研合作，激发出强劲的创新活力。经验研究表明，大学的研究对其所在区域的高技术企业的创新活动有着显著的正向影响和作用（Anselin，1996）。

3. 政府

政府在区域创新系统中主要是制度创新的主体，政府不是创新活动的直接参与者,而是通过制定财政、税收、环境等一系列政策法规,引导、激励和约束创新活动,间接介入区域创新系统的发展演化过程中。在市场经济条件下,尽管创新是以市场为主导,但市场也存在失灵的情况,这就需要政府通过这只"有形之手"加以引导和调控,促进创新资源的有效配置并达到帕累托优化。因此,政府在制度创新中发挥着重要作用,它是创新环境的营造者和创新政策的制定者。

4. 中介组织

中介组织具体包括各种行业协会、商会、律师事务所、会计师事务所、金融和保险服务机构、创新创业中心以及知识产权交易中心等。在区域创新系统中,中介组织的作用不可忽视,中介组织是创新活动的关键纽带和桥梁,它辅助企业、大学和科研机构进行技术创新和信息收集,推动"官产学研"的有机合作。区域创新系统越成熟,中介组织越发达,它发挥的作用就越大。在市场经济条件下,由于存在信息不对称现象,中介组织的出现可以减少企业试错的次数和成本。

(二)区域创新系统的资源要素

资源要素是指维系区域创新系统建设和运行的基本和必要创新资源。所谓创新资源是在创新过程中投入的各种物质类和非物质类资源,其中,物质类资源主要包括创新的物力和财力资源,非物质类资源主要包括人力、知识、信息和技术资源等。在区域创新系统建设中,物质类和非物质类资源同等重要。

1. 物质类资源

在区域创新系统的物质资源中,离不开物力和财力的支持。创新物力资源是指用于科技创新活动的各种仪器设备、实验室、各类科研机构,以及分属于大学、企业的各个层次的研究中心;而创新财力资源是指对科技创新活动的投资能力和水平,通常表现为投入的研发经费,它是开展创新活动的物质保证(潘雄锋、杨越,2015)。此外,在区域创新系统建设发展过程中,风险资本非常重要,由于创新是一项风险性极高的经济活动,早期的创新活动急需大量的风险资本投入,美国硅谷之所以能成功崛起,风险投资功不可没。

2. 非物质类资源

在区域创新系统建设中也要同时看到人力资源、知识、信息和技术等非物质类资源的重要功能。人力资源至关重要,它对现代经济增长和科技进步的推动作用早就被诸多学者的研究成果所证实,在区域创新系统中,掌握这些创新资源要素的主体都是人,他们是创新活动的主体,人力资源质量的高低直接决定了一个区域的创新能力和创新潜力。目前,在区域创新系统中要特别强调和树立"人才资源是第一资源"的理念。在全球化时代,随着人才流动规模和速度的加强,世界各国和地区对高技术人才的争夺日趋激烈。

(三)区域创新系统的环境要素

区域创新环境的概念是由欧洲创新研究小组(GREMI)首先提出的,他们认为创新环境是在有限的区域内,主要的行为主体通过相互协同作用和集体学习过程,建立非正式的复杂社会关系。创新环境是创新主体和创新资源赖以生存的基础,它对创新绩效产生重要影响。区域创新系统的环境要素主要有硬环境和软环境。

1. 创新的硬环境

创新的硬环境是指创新活动所依赖的自然环境、基础设施和信息网络,良好的自然环境、基础设施和信息网络建设是开展创新活动的重要保障,创新活动的开展离不开创新硬环境的支撑;纵观世界创新型区域和城市的发展,它们无一不是选择气候条件相对较好、基础设施比较完善和信息网络资源便捷的地区。

2. 创新的软环境

创新的软环境是指区域创新系统中的制度环境(包含正式的制度环境和非正式的制度环境)、文化环境、市场环境和服务体系等,区域创新系统中的软环境对创新活动同样重要,甚至在有些时候起到决定性的作用,尤其是社会文化对创新活动的影响十分深远和长久。

二、区域创新系统的基本特征

区域创新系统作为一种特殊类型的系统,既具有系统的一般特征,又拥有独自的特质。区域创新系统的基本特征主要表现在以下几个方面：

（一）区域性

区域性是区域创新系统的重要特征之一。狭义上讲，区域创新系统是介于国家创新系统和企业创新系统之间的中观尺度创新系统，无论是从行政区划、自然地理还是经济地理单元来看，它一般具有明显的地理边界，即区域性。由于受自然条件、生态环境、资源禀赋、经济基础、科技实力、教育水平、社会文化等因素的制约，区域创新系统的演化动力、演化路径以及运行效率均存在一定区域差异，各个区域创新系统在发展和建设过程中呈现出不同的地域特色。区域创新系统的区域性特征决定了其形成、建设与运行必须立足于区域的基本经济与社会条件，与区域发展的现状和未来目标相适应（江蕾，2010）。因此，区域创新系统的发展演化根植于区域，被深深地打上了空间烙印。

（二）根植性

根植性（embeddedness）一词来源于社会经济学领域，其基本含义是经济行为深深嵌入在社会关系之中。根植性是与区域性紧密相联的区域创新系统重要特征。就区域创新系统而言，其根植性是指区域创新主体创新活动的开展要在特定的区域组织、社会、经济、制度、地理、文化背景之中，这势必会受到当地社会、经济、文化因素的影响和制约，区域创新系统的根植性集中表现在创新主体深深扎根于区域的社会网络、生产网络、市场体系和文化环境之中，只有当区域创新系统有效嵌入本地的社会、经济和文化根脉之中，并与当地的生产网络融合时，才能充分发挥创新主体的创新动力和潜力，积极推动区域创新系统建设和创新能力提升，进而促进区域经济的发展。美国硅谷的区域创新系统的根植性表现得非常明显，硅谷文化强调"没有永远的失败，只有暂时的不成功"，宽容失败的创新环境和良好的风险投资是硅谷区域创新系统运行良好的集中体现。硅谷的巨大成功引发了世界各国和地区竞相模仿，然而硅谷区域创新系统的根植性却很难被复制和效仿。

（三）整体性

整体性是系统的固有特征，因此区域创新系统同样也具有整体性的特质。整体是由部分组成的，区域创新主体由企业、大学、科研机构、中介组织和政府等构成，创新资源由资金、技术、人才、信息和知识等构成，也就是说区域创新系统由许多创新子系统或者创新元构成，这些多元化的要素共同组成一个有机的整体。所谓"牵一发而动全身"，各要素之间相互联系，相互影响，每一个要素的变化都会影响其他要素。因此，在区域创新系统的运行和建设过程中，一方面要能够抓住重点，注重关键问题，抓住主要矛盾；另一方面也要从整体视角出发，处理好各要素之间的相互关系，综合考虑区域创新系统的发展建设，不能"只见树木，不见森林"。

（四）自组织性

自组织是与他组织相对应的概念，它们都是系统中不可分割的两个有机组成部分，相互影响、相互制约，共同推进系统的发展演化。系统的自组织是指在没有外界干扰的情况下，系统内部可以自发产生从无序到有序的行为。系统的自组织性是指系统能够能动地适应环境，并通过反馈来调控自身结构与活动（刘满强，1994）。区域创新系统的自组织特性在区域创新系统演化过程表现尤为显著。区域创新系统在发展演化过程中，一方面，系统内部各个要素和主体之间既各自独立又相互协同，共同推进区域创新系统的不断发展；另一方面，系统内各创新要素也不断与外部环境产生作用，由此导致区域创新系统出现了开放性、非均衡性、涨落性和非线性等自组织特征。一般来说，区域创新系统的自组织程度越高，其运行的效率就越高，也能够更好地发挥系统的整体性功能。

（五）动态性

区域创新系统是一个由资金流、信息流、知识流、技术流以及人才流等要素组成的复杂系统。区域创新系统为了维持其自身的新陈代谢，一方面系统内部的创新资源需要持续更新，另一方面系统需要与外界不断进行物质交换和能量流动。实际上，区域创新系统的演化过程也就是其保持动态变化的过程。在区域创新系统演化的过程中，从动态角度考察，区域创新系统内部各主体之间的协同关系会随着时间的推移而变化，需要不断协调各主体之间的关系，同时区域创新系统需要及时与外界进行联系，一旦外部环境发生变化，区域创新系统内部就需要积极调整，主动迎接外部环境的变化，特别是在激烈的市场竞争环境中，为了提高区域创新系统的运行效率和区域创新能力，保持区域创新系统的动态性就成为一种常态。

（六）开放性

虽然区域创新系统具有一定的地理边界，但这种边界不是封闭的，而是开放的。开放性是区域创新系统的关键特征，区域创新系统在发展建设过程中，需不断与系统外部产生信息、物质和能量的交流。一方面是区域创新系统在运行中的自演化，另一方面是区域创新系统在外部环境作用下的他演化。事实上，区域创新系统的开放性发展是通过自演化和他演化共同作用的结果。尤其是在当今时代，区域创新系统的开放性特征更加显现。区域创新系统的开放性特征表现在两个方面：一是在区域创新系统内部，创新资源能够不受边界限制和阻隔，可以自由流动；二是在区域创新系统的发展演化进程中，需要不断吸纳和引入外部的创新资源，由此推动区域创新系统的建设，同时区域创新要素也可能跨越区域流动到外部。在全球化时代，一个国家区域创新系统的建设既有赖于本土创新主体的推动，又离不开外商研发投资的驱动，区域创新系统建设愈加受到跨国公司研发投资的影响和作用（张永凯，2014）。在开放条件下，对于一国特定的区域创新系统发展而言，其建设一方面要受国外跨国公司在本地研发投资的影响，另一方面也受本土企业海外研发投资的作用。

三、区域创新系统的类型划分

区域创新系统可以从不同角度、按照不同的标准进行划分，根据国内外学者的研究成果，结合笔者的探索研究，可分别从以下几个层面划分区域创新系统的类型。

（一）根据空间尺度分类

区域是一个相对宽泛的空间概念,从理论上讲,它可以是一国之内的区域,也可以是跨越国界的区域。然而,从区域创新系统的实践发展看,区域创新系统作为国家创新系统的子系统,属于中观层次的创新系统,因此区域创新系统中的"区域"概念主要涵盖一国之内的地域空间,它可以是国家内部跨省、跨州、跨邦的地理单元,也可以是国家下辖的省、州、邦一级的行政边界。就我国而言,譬如前者有长三角区域创新系统、珠三角区域创新系统,后者有江苏省区域创新系统、广东省区域创新系统等。此外,根据实际研究和地方政府的具体实践,区域创新系统的空间尺度还可以细化到城市或园区一级。城市层面的有北京市区域创新系统、深圳市区域创新系统;园区层面的有北京中关村区域创新系统、上海张江区域创新系统等(见表2-1)。然而,从研究和实践层面上看,省一级的行政单元是研究和建设规划区域创新系统的合适空间尺度。现有的研究日益表明,以次国家级的区域尺度作为创新系统研究的地域单元,其重要性正在逐步增加(Fischer,2001)。

表 2-1 基于空间尺度的区域创新系统类型

分析视角	空间尺度	典型区域
宏观	跨省域的区域创新系统	长三角区域创新系统
中观	省级区域创新系统	广东省区域创新系统
微观	城市创新系统或园区创新系统	深圳区域创新系统 北京中关村区域创新系统

（二）根据治理结构分类

Cooke(1998)依照治理结构,将区域创新系统划分为草根型(grassroots)、网络型(networks)和统制型(dirigiste)三种类型。其中,草根型区域创新系统是指区域的创新活动主要在当地的管制机构和组织中开展,资金的来源相对分散,比较偏重于应用研究,合作以非正式形式为主,区域创新系统的建设主要依赖于本土机构和组织进行;网络型区域创新系统的创新活动不再局限于本地,它可以与区域外部的创新主体通力合作,建立跨区域的创新网络,共同攻克科技难关,它将理论研究和应用研究并重,该系统的有效运行取决于网络中各个主体的有机协作和联络;统制型区域创新系统的发展建设则是由政府主导的,创新资金由政府拨付,多偏重于基础性的理论研究(见表2-2),系统的有效运行离不开国家机构(尤其是金融机构)的支持。

表2-2　基于治理结构的区域创新系统类型

治理结构	主　要　特　征
草根型	创新活动主要在当地的管制机构和组织中开展,资金的来源相对分散,比较偏重于应用研究,合作以非正式形式为主
网络型	创新活动不再局限于本地,它可以与区域外部的创新主体通力合作,建立跨区域的创新网络
统制型	由政府主导,创新资金由政府拨付,多偏重于基础性的理论研究

(三) 根据创新主体的作用分类

依据上述对区域创新主体的阐释,区域创新主体主要由企业、大学、研究机构、地方政府、中介组织等要素组成。当然,在某个具体的区域创新系统建设过程中,这些创新主体要素并非俱全,个别创新主体可能缺失,而且各个创新主体在区域创新系统中发挥的作用有较大差别。根据创新主体在区域创新系统中发挥的作用来看,把区域创新系统划分为企业主导型、大学和科研机构主导型、政府主导型等三种类型。其中企业主导型是指企业在区域创新系统中发挥着举足轻重的作用,企业之间的合作创新占绝对优势,企业与大学和科研机构之间的合作处于从属地位;大学和科研机构主导型是指大学和科研机构在区域创新系统建设和发展过程中占据压倒性优势,注重基础研究和知识创新,大学和科研机构与企业之间的产学研合作网络完备;政府主导型是指区域创新系统建设主要依赖政府(包括中央政府和地方政府)推动,政府通过政策支持、资金保障、环境营造等手段来推动区域创新系统建设,而且其作用和地位不可或缺,在有些时候甚至是压倒性的。

(四) 根据创新能力/潜力分类

根据创新能力的强弱和创新潜力的大小,区域创新系统可以划分为创新能力强/创新潜力大、创新能力中/创新潜力中、创新能力弱/创新潜力小等不同层次和类型。Braczyk(1998)等人从基础设施、制度设计、区域政策和企业组织等四个方面入手,对欧洲11个区域的创新系统进行研究,根据创新潜力将这11个区域分别划分为创新潜力优异、创新潜力中等和创新潜力较弱等三种类型。其中,在创新潜力优异的区域(譬如德国的巴登—符腾堡),以中介组织为纽带的企业、大学和研究机构运行良好,区域自治水平较高;在创新潜力中等区域(譬如荷兰的 Brabant),区域内部各个子系统发展不平衡,彼此之间的协作水平一般;在创新潜力较弱区域(譬如葡萄牙的 Centro),创新活动相对较少,生产与研发存在脱节的现象,区域创新活力不强。

(五) 根据创新推动力分类

根据创新的推动力,可以将区域创新系统划分为"自上而下型"和"自下而上型"两种模式。"自上而下型"区域创新系统的建设发展主要依赖各级政府的推动,属于外生型的创新系统,政府在区域创新系统建设中发挥着举足轻重的作用,政府拨付创新资金,筹划科技攻关项目,构建创新平台;而"自下而上型"区域创新系统的建设发展主要依靠市场的驱动,属于内生型的创新系统,创新资金通过市场化形式筹集,创新项目根据市场需求进行对接。目前,从世界各国的实践看,美国硅谷为内生型区域创新系统,而我国的区域创新系统多为外生型。当然,在有些国家和地区,并非只有一种模式,也可能是"自上而下型"和"自下而上型"的有机结合,是一种混合型的区域创新系统。

(六) 根据创新社会环境分类

根据创新社会环境,可以把区域创新系统划分为本土化区域创新系统、互动式区域创新系统、全球化区域创新系统。本土化区域创新系统主要是指创新主体主要来自本地,区域外的创新主体很少或者几乎没有参与本区域的创新活动,创新资源的跨区域流动还很难,区域创新系统尚处于相对封闭的环境。互动区域创新系统是指本地创新主体之间的互动开始增强,本土创新主体与外来创新主体之间的联系加强,并且本土创新主体与外国直接投资企业之间出现联系和互动。全球化的区域创新系统是指不仅跨国公司在本地设立研发机构并开展创新活动,而且本土企业也开始跨越区域到外部设立研发机构并开展创新活动,从而促进创新资源在区域内外部自由流动,使本地创新网络借助跨国公司及本土企业海外研发投资而有效地嵌入全球创新网络。

（七）根据创新开放度分类

根据开放度,可以将区域创新系统划分为封闭式、半封闭和半开放式、开放式三种类型(见表2-3)。封闭式区域创新系统是指区域创新系统完全处于封闭的环境,创新资源全部来自区域内部,创新主体切断了与外部的联系,强调自主创新,这类区域创新系统往往处于发展的初级阶段。开放式区域创新系统正好与封闭式区域创新系统相反,区域创新系统完全处于开放的环境之中,创新资源可以来自区域内部,也可以来自区域外部,创新主体与区域外的企业、大学和研究机构联系非常频繁,强调开放创新和协同创新,它处于区域创新系统发展的高级阶段。就一国的区域创新系统而言,不仅入驻大量的跨国公司研发机构,同时,本土企业也开始在海外设立研发机构,开展研发活动,并且企业、大学和科研机构的跨国合作和联系日趋活跃,创新资源的跨国流动比以往任何时候都频繁。半封闭和半开放式区域创新系统则介于封闭式区域创新系统和开放式区域创新系统之间的过渡阶段,它强调模仿创新和引进、吸收与再创新,处于区域创新系统发展的中级阶段。很多创新活动都是从模仿开始,之后创新路径从封闭走向开放,创新资源的来源逐步多元化(张永凯,2018)。从演化的视角看,区域创新系统的发展一般呈现出由封闭式到半封闭半开放式再到开放式的演变态势。

表2-3　基于开放度的区域创新系统类型

开放程度	创新模式	关 键 特 征
封闭式	自主创新	区域创新系统完全处于封闭的环境,创新资源全部来自区域内部,创新主体切断了与外部的联系
半封闭半开放式	引进、消化吸收、再创新	介于封闭式区域创新系统和开放式区域创新系统之间的过渡阶段,它强调模仿创新和引进、吸收与再创新
开放式	开放创新	区域创新系统完全处于开放的环境之中,创新资源可以来自区域内部,也可以来自区域外部,创新主体与区域外的企业、大学和研究机构联系非常频繁

四、区域创新系统的功能与作用

区域创新系统在运行和演化过程中,势必对区域产生深远影响。本书分别从以下不同视角分析区域创新系统的功能和作用。

(一)推动产业结构优化与升级

产业结构是产业各部门之间以及各部门内部之间的结构与比例关系。产业结构是考察一个地区经济发展状况的重要抓手。区域创新系统的运行是区域内企业、政府、高校、科研结构和中介组织相互之间互动的过程(边淼,2007),他们分别在技术创新、制度创新和知识创新等方面发挥着各自的功能和作用。通过技术创新,推动区域创新主体的知识外溢和技术扩散,逐步淘汰落后产能,改造传统产业,发展战略性新兴产业,延长产业链条,提高生产效率,提升产品的附加值,加快产业结构的优化与升级。通过大学和科研机构的知识创新,为企业技术创新提供创新源,确保区域创新系统内部资源得以充分利用。通过制度创新,为区域创新系统内部各子系统的高效运行提供保障,从而促进区域产业结构的升级。事实上,区域创新系统的演化过程是区域产业结构不断优化和升级的过程。

(二)转变经济增长方式

区域经济增长是区域创新系统建设的基础,而区域创新系统的建设也可促进区域经济增长。长期以来,区域经济增长依靠土地、资本、劳动力等传统要素的投入,停留在粗放型的经济增长阶段。随着区域创新系统的发展建设,区域创新主体间的互动逐渐提升了区域的技术创新水平和制度创新能力,这给传统经济增长方式注入了新鲜血液,将技术作为一个外在变量植入新的增长函数,直接推动了资源的利用效率和利用水平,并形成了集约式的经济增长方式。当前,在经济新常态的背景下,我国政府实施创新驱动战略,将经济增长方式由要素驱动、投资驱动向创新驱动转变,推动经济高质量发展。由此可见,区域创新系统的建设可以有效促进经济增长方式的转变。

（三）培育区域创新集群

创新集群是一个新生事物，它最初是从产业集群概念中演化而来的（吕拉昌，2017）。王缉慈（2006）认为，创新集群是区别于低成本产业集群或低端产业集群的，它是产业集群的升级或高端化。经合组织（OECD，2001）则把创新集群直接看作是高技术产业集群。区域创新系统的建设，不是将创新资源均衡地分布于区域之中，而是将有限的创新资源整合起来，把创新主体在区位条件较好的地理空间上集聚，从而形成富有活力和潜力的创新集群。区域创新系统的建设可以培育富有活力的创新集群，同时创新集群的形成反过来能够有效推动区域创新系统的建设。因此，区域创新系统的建设过程也是创新集群的培育过程。此外，区域创新集群的形成不仅依托创新资源的集聚，而且也需要制度和文化的保驾护航，尤其是包容性的创新文化至关重要。

（四）提高区域创新能力

区域创新系统的建设，势必会影响区域创新能力的强弱。区域创新能力的提升既是区域创新系统建设的功能作用，同时也是区域创新系统建设的最终目标。区域创新能力可细分为技术创新能力、制度创新能力以及文化创新能力等。其中，技术创新能力是区域创新能力的核心。在区域创新能力提升过程中，不同的创新主体所发挥的作用和功能有所区别，企业的技术创新在提升过程中发挥关键作用，高等学院和科研院所在基础性研究和知识创新领域至关重要。制度创新是对现有制度的变革，它可以是一种彻底的革命性的变革，用一种新的制度取代原有的旧制度，也可以是渐进式的改革，即对原有制度进行适当的改变和调整。与技术创新相比较，制度创新也同样重要，甚至在某个区域和时间点，制度创新的作用要大于技术创新。当然，政府在制度创新能力建设方面具有主导性的作用。回顾我国改革开放的历程，就可以看出，改革开放的过程就是制度不断创新的过程，尤其是联产承包责任制的推出，就是一个极大的制度创新。总之，区域创新系统建设通过技术创新和制度创新双轮驱动，不断加大创新投入和创新产出，充分挖掘区域创新潜力，释放区域创新活力，从而提高区域的创新能力。

（五）打造区域特色与创新品牌

区域创新系统千差万别，具有很强的根植性，往往扎根于本地生产网络之中。从马歇尔的"产业区"到"第三意大利"再到美国硅谷，这些区域无疑孕育了富有极强根植性的区域创新系统。在全球化的推动下，地方化不但没有消失，反而更为突出。因此，在新的历史发展阶段，各个区域需要在全球生产网络和全球价值链的背景下，依托本地的创新资源优势，形成富有本土特色的区域创新系统，打造区域的特色和创新品牌，不断提升区域的竞争力。我国在区域创新方面重点打造高新技术园区，充分发挥高科技园区在引领区域创新中心建设方面的品牌作用，目前已有的北京中关村、上海张江和深圳等创新型区域和城市已经成为区域发展中的一张靓丽名片。因此，区域创新品牌对区域发展的意义重大，打造区域创新品牌是提升区域竞争力的重要手段，通过区域创新系统的建设，营造独特的创新生态环境，形成富有特色的区域创新品牌。

（六）培育区域创新文化

区域创新系统的建设不仅仅涉及经济发展，还关联到社会文化建设。作为一种非正式的制度安排，区域创新文化以潜移默化的形式为人们提供价值导向和精神动力（张发余，2001）。区域社会文化在一定程度上长期影响着区域经济发展和科技创新的环境，它是区域创新主体共享的一种无形资产，对提高区域创新能力意义非凡。美国知名学者理查德·佛罗里达（Richard Florida）在其著作《创意阶层的兴起》（*The Rise of Creative Class*）中创造性地提出了"3T"（technology，talent，tolerance）理论，即创新型经济的技术、人才和包容三要素，其中包容性文化在区域创新系统建设中至关重要。美国硅谷的成功崛起再次证明了宽容失败的包容性文化对提升区域创新能力的重要性，在硅谷没有失败，只有暂时的不成功，失败不但不会遭到别人的嘲笑，人们反而认为，经历的失败越多就证明经验越丰富。目前，深圳作为我国首个创新型试点城市，正在朝创新之城方向迈进，诸如华为、腾讯、中兴、大疆等一批具有创新能力和潜力的企业开始在深圳落地生根，迸发出强劲的创新活力，这在一定程度上与深圳的创新文化有直接关系。深圳是我国一个典型的超大规模移民城市,它由一个"小渔村"蜕变为"边陲小镇"再发展到今天的国际化大都市,大量的外来人口涌入深圳,他们带来了不同地方的文化特质,不同文化之间开始碰撞与交流,在深圳这片土地上不断融合,形成了具有包容性的区域创新文化,这对深圳开放式创新起到了推波助澜的作用。

(七) 嵌入全球创新网络

由于区域创新系统的开放性特征和全球化潮流的推动,区域创新系统无法在一个完全封闭的环境下生存。区域创新系统的建设需要从外部引进创新资源,尤其是海外跨国公司的高端研发资源。跨国公司依托其强大的全球创新网络,在全球布局其研发机构,开展前沿研发活动。作为东道国的区域创新系统而言,要嵌入全球创新网络,就要加大海外创新资源与本土创新主体之间的合作与互动,采取有效措施吸引跨国公司在东道国设立研发机构,开展研发活动,并建立相应的合作机制促进跨国公司与东道国创新主体开展互动,将跨国公司的创新网络与东道国的区域创新系统有机融合,推动东道国区域创新系统建设;同时,东道国的区域创新主体也需要走出国门到海外设立研发机构,尤其在发达国家设立技术跟踪型研发机构,搜索行业的最新信息,掌握最新的行业动态,积极与发达国家的创新主体建立联系,主动嵌入到由发达国家主导的全球创新网络,从而推动东道国区域创新系统的建设。

五、产业集群与区域创新系统

在了解区域创新系统的基本类型和作用功能之后,还有一个值得探讨的问题,那就是产业集群与区域创新系统之间的关系。在区域创新系统的理论探讨过程中,厘清产业集群与区域创新系统的内在关系尤为重要。

关于产业集群研究最早可以追溯到 20 世纪初期,阿尔弗雷德·韦伯(Alfred Weber, 1909)最早提出要关注对产业集聚作用的研究,并认为产业集聚实质上是工业企业在空间上的一种生产力配置,能使企业获得成本节约的经济效果。后来,马歇尔(Marshall, 1920)对产业集聚效应进行了深入研究,并提出空间集聚的外部性表现。产业集群概念的最早提出者是美国哈佛大学教授迈克尔·波特(Miehael Porter),波特(Porter,1998)指出,产业集群是一组在地理上靠近的相互联系的公司和关联的机构。本书认为波特对产业集群的定义比较准确和到位,并沿用这一概念。

产业集群与区域创新系统虽然从内涵上看有一定的关联性和相似性,甚至很多学者将产业集群、区域创新系统(体系)、创新集群等概念混淆。然而,产业集群和区域创新系统之间存在区别。一方面,产业集群的主体主要是企业以及一定数量的与该产业具有关联性的金融机构、中介机构、科研机构等辅助机构。区域创新系统的主体包括了一个地区所有的企业、大学、科研院所、政府机构、金融机构和创新环境等(见图2-2);另一方面,产业集群的创新主要是产业集群内企业的技术创新,但是区域创新系统的创新不仅包括企业技术创新,还包括制度创新和知识创新等(马永红,2011)。

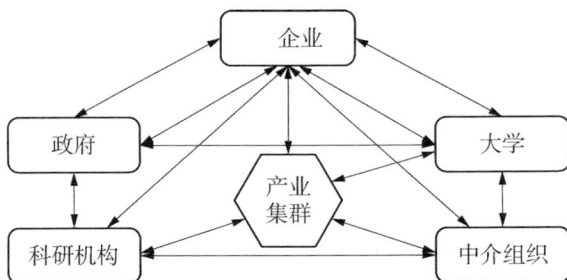

图2-2 产业集群与区域创新系统的关系示意图

实际上,产业集群是区域创新系统的重要载体。区域创新系统功能作用的发挥最终还是要依托产业集群的强有力支撑,没有产业集群,区域创新系统就成为无源之水、无本之木,离开产业集群做支撑的区域创新系统就成了"空中楼阁"。因此,脱离了产业集群去考察区域创新系统建设的研究是片面和肤浅的。

在产业集群的形成和发展过程中,它与区域创新系统相互联系、相互促进。波特(Porter,1998)认为,产业集群是形成区域创新系统的重要模式。Isaksen(2001)指出,产业集群是区域创新系统发展中的一个层次。Asheim(2002)认为,区域创新系统是产业集群活动和区域创新政策涌现的结果。通过文献整理发现,学者们更加关注产业集群对区域创新系统的形成和发展的重要作用。随着产业集群的发展演化,产业链条逐步完善,价值链不断提升,产业集群日益成熟,这对区域创新系统建设具有更加重要的推动作用。实际上,成熟的产业集群类似于完善的区域创新系统。大量文献研究和案例表明,产业集群的一个重要优势便是其巨大的创新效应。产业集群可以通过产业转型升级充分发挥技术创新对区域经济的带动作用。在全球化背景下,地方产业集群通过转型升级和创新驱动,不断提升在全球价值链的位置,从而推动区域经济跨越式发展。总之,产业集群与区域创新系统之间存在地域、结构、功能和目标等多项关联,二者存在着天然的联系和相互影响的关系(方永恒、梁倩,2011)。区域创新系统的建设必然受到产业集群发展的影响和作用。从目前发展的过程和趋势来看,产业集群形成最早,然后在区域创新系统不断发展建设中,随着产业集群的不断成熟与完善,二者的有机结合将发展成为创新集群。也就是说,产业集群是区域创新系统建设的基础,二者之间的有机结合和互动发展逐步催生了创新集群的孕育。

第三章

区域创新系统演化过程与阶段划分

区域创新系统作为一种特殊类型的系统,具有系统的演化性特征。区域创新系统的演化一般是从无到有、由低级向高级、从简单到复杂,经过萌芽、发展、成熟、衰退等过程,也可以是从一种结构向另外一种结构转变,这种发展和转变受内部和外部等一系列因素的影响。在分析区域创新系统演化过程的基础上,本书划分区域创新系统的演化阶段,归纳出各演化阶段的主要特征和发展路径。然后,基于我国国情,根据数据可得性,采用逐步判别分析法,构建区域创新系统演化的阶段判别模型,识别我国区域创新系统的发展阶段,为分析区域创新系统演化机制奠定基础。

一、区域创新系统的演化过程及其特点

(一)区域创新系统的演化过程

根据区域创新系统的演化过程以及上述学者的研究成果,本书将其大致划分为孕育、成长、成熟、衰落或更新等几个发展阶段(见图 3-1),并总结出各个阶段的关键特征(见表 3-1)。

1. 孕育期

在孕育期,区域创新系统的创新要素还不齐全,创新资源比较有限,中介组织缺失,创新主体间的联系呈现随机状态,区域创新环境欠佳,创新能力相对不足,区域创新系统的发展依靠政府推动。此时,区域创新系统处于绝对封闭状态,创新主体与区域外部几乎没有联系,很多创新活动都是完

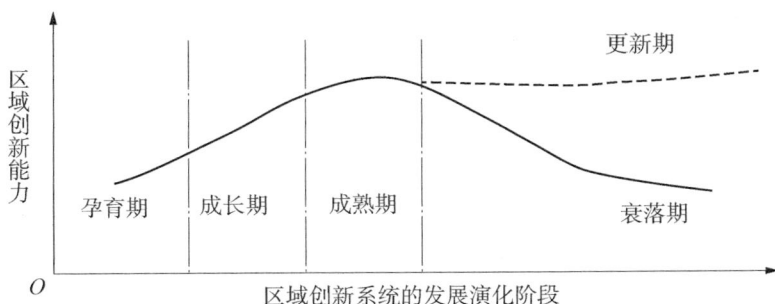

图3-1 区域创新系统发展演化阶段示意图

表3-1 区域创新系统的演化阶段及主要特征

发展阶段	开放程度	主 要 特 征
孕育期	极弱	创新要素还不齐全,创新资源比较有限,中介组织缺失,创新主体间的联系呈现随机状态,区域创新环境欠佳,创新能力相对不足,区域创新系统的发展依靠政府推动,属于封闭式创新
成长期	一般	创新要素逐渐完备,中介机构开始出现并获得一定发展,创新主体间的合作开始增强并趋于固定,创新环境得到改善,创新能力开始增强,区域创新系统的发展逐步过渡为以政府为主、以市场为辅的创新推动模式,区域创新系统的开放性开始显现
成熟期	较强	创新资源相对丰富,创新主体之间的互动频繁,中介组织较为发达,区域创新环境良好,创新动力强劲,并释放出巨大的创新活力,区域创新能力达到顶峰,此时区域创新系统发展的驱动力量由政府让位于市场,市场在创新资源的配置中发挥基础性作用,区域创新系统的开放性显著增强
衰落期	变弱	创新生态系统遭到破坏,创新环境开始恶化,导致创新资源的配置效率降低,创新资源开始向区域外部流失,创新产出明显减少,区域创新能力明显下降,区域创新系统由开放转为封闭,发展陷入停滞甚至出现严重衰退
更新期	增强	创新环境持续改善,且创新主体能够及时适应环境变化,创新元素更加多元化,同时迸发出持续创新活力,创新能力不断增强

全封闭的自主创新模式。

2. 成长期

该阶段区域创新要素逐渐完备,中介机构开始出现并获得一定发展,创新主体间的合作开始增强并趋于固定,创新环境得以改善,创新能力开始提高,区域创新系统的发展逐步过渡为以政府为主、以市场为辅的创新推动模式,市场开始在创新资源的配置中发挥作用,区域创新系统的开放性逐步显现,创新技术是以引进外部为主,通过引进、消化吸收再创新,此时创新主体逐步跨越区域向外部学习,进行模仿创新。

3. 成熟期

这一阶段创新资源相对丰富,创新主体之间的互动频繁,中介组织较为发达,区域创新环境良好,创新动力强劲,并释放出巨大的创新活力,区域创新能力达到顶峰,此时区域创新系统发展的驱动力量由政府让位于市场,市场在创新资源的配置中发挥基础性作用(张永凯,2016)。通常认为,当一个国家或地区的研发强度(R&D/GDP)达到 2%时,区域创新系统就开始走向成熟期(Seiford,1990;Bruce,1999)。这一时期区域创新系统的开放性进一步增强,不仅从外部引进创新资源,而且区域内部的创新主体也开始跨越区域边界到外部寻求创新资源,这一阶段区域创新系统能够将自主创新和开放创新有机地结合起来。

4. 衰落或更新期

随着区域创新系统的进一步发展演变,会出现两种可能。一种可能情况:创新生态系统遭到破坏,创新环境开始恶化,导致创新资源的配置效率降低,创新资源开始向区域外部流失,创新投入开始下降,创新产出明显减少,区域创新能力明显变弱,区域创新系统由开放转为封闭,发展陷入停滞甚至出现严重衰退;另外一种可能情况:区域创新环境持续改善,且创新主体能够及时适应环境变化,创新元素更加多元化,创新活力被再次激发,当一轮创新浪潮就要过去的时候,新一轮的创新浪潮再次来临,重大创新一波接一波,持续推动区域创新系统向前发展。从创新生态系统的角度看,这一时期的区域创新系统就如同生命体一样能够自动新陈代谢,新的资源逐渐替代原有的资源,并不断蜕变。此时,区域创新系统的开放性进一步增强,它能够吸引更加高端的创新资源进入区域创新系统,使得地方创新网络有效嵌入全球创新网络,推动区域创新系统迸发出持续创新活力,创新能力不断提升,构建富有竞争力的区域创新生态系统,重新塑造区域创新景观。

(二)区域创新系统各演化阶段的主要特征

为了更加深入揭示区域创新系统发展演化的特征,需要从创新资源的投入、产出以及支持系统的角度加以考察。一般情况下,随着区域创新系统从无序到有序、由低级向高级发展演化,创新的投入和产出不断增加,创新的支持系统愈加增强和完善。区域创新系统在不同发展阶段的表现特征如表3-2所示:

表3-2　投入产出视角下区域创新系统的演化阶段及特征分析

特征因素	孕育期	形成与发展期	成熟与完善期	衰落期	更新期
创新资金投入	♣	♣♣♣	♣♣♣♣	♣♣	♣♣♣♣♣
创新人力投入	♣	♣♣	♣♣♣♣	♣♣♣	♣♣♣♣♣
创新人才流动	♣	♣♣♣	♣♣♣♣	♣♣♣♣	♣♣♣♣
专利的申请和授权数	♣♣	♣♣♣	♣♣♣♣	♣♣♣	♣♣♣
技术市场的成交额	♣	♣♣	♣♣♣♣	♣♣♣	♣♣♣♣
创新成果的产业化程度	♣	♣♣	♣♣♣	♣♣	♣♣♣
基础设施的完善程度	♣♣	♣♣♣	♣♣♣	♣♣♣	♣♣♣
服务水平的完善程度	♣♣	♣♣♣	♣♣♣	♣♣♣	♣♣♣♣
法律法规的健全程度	♣♣	♣♣♣	♣♣♣	♣♣♣♣	♣♣♣♣
创新精神的浓厚程度	♣	♣♣♣	♣♣♣	♣♣♣	♣♣♣♣♣
创新环境的营造程度	♣	♣♣♣	♣♣♣	♣♣	♣♣♣♣♣

注:♣ 非常低;♣♣ 比较低;♣♣♣ 一般;♣♣♣♣ 比较高;♣♣♣♣♣ 非常高。

此外,如果从开放创新角度审视,区域创新系统的发展通常经历从封闭到开放的演化路径,就其类型而言,具体可划分为封闭型区域创新系统、过渡型区域创新系统和开放型区域创新系统三种类型。区域创新系统在发展初期阶段,往往处于一个相对封闭的环境,创新主体之间的相互联系较少,企业的研发活动仅仅限于企业内部,企业基本遵循传统的创新模式,创新主体多停留在自主创新层面;然而,随着区域创新系统的逐步演变,区域创新环境开始从封闭走向开放,创新主体之间的联系有逐渐增强的趋势,企业的研发创新活动不再仅仅局限于企业内部,一些企业开始在外部设立研发机构,开展创新活动,创新主体逐渐从自主创新向开放创新过渡,创新活动开始跨越行业和区域边界;开放型区域创新系统是区域创新系统发展的成熟阶段,此时区域创新环境完全开放,创新主体的区域内、外部之间联系十分频繁,区域创新系统不但吸纳区域外部的创新资源,而且也鼓励区域内部创新资源扩展到区域外部,使区域创新网络积极参与和嵌入全球创新网络之中(张永凯,2014)。如果从全球化角度审视,开放型区域创新系统不仅吸引外资(特别是跨国公司)到本区域进行研发投资;同时,也激励本区域内的创新主体根据国际形势和自身实力,实施开放创新战略,积极"走出去"到海外设立研发机构,从事创新活动,借外力,强动力,推动区域创新系统的建设和完善。

二、改革开放以来我国区域创新系统演化过程

中华人民共和国成立以来,我国区域创新系统的建设和发展道路比较曲折,起伏变化较大,过程也纷繁复杂,当然也与当时的历史背景紧密相连。为了清晰地刻画我国区域创新系统的演化过程,本书以改革开放为起点,研究我国改革开放40多年来区域创新系统演化过程。改革开放以来,我国积极参与全球化进程,并从全球化浪潮中受益。目前,虽然我国成为当今世界上最大的发展中国家和全球第二大经济体,但总体上讲,我国的区域创新系统发展建设相对缓慢,真正获得快速发展是在改革开放以后,尤其是进入21世纪以来。在全球化浪潮的推动下,一方面,跨国公司在华研发投资势头迅猛,这在一定程度上影响和推动了我国区域创新系统的发展;另一方面,我国本土企业近些年也开始在海外设立研发机构,积极开展创新活动,这也对我国的区域创新系统演化产生了积极作用。

回顾改革开放40多年来我国区域创新系统的发展演化过程,可以将其大致划分为重建、转型、完善和提升四个阶段。每个阶段的区域创新系统的发展变化都有着深刻的政治、经济、文化、社会等背景,且不同时期呈现不同的特征和发展态势。

(一)重建阶段(1978—1985年)

1978年党的十一届三中全会在北京胜利召开,这对于国家发展具有里程碑式的意义,由此拉开了我国改革开放的序幕。在政治、经济、社会、科技

和文化等诸多领域开启了新的航路,工作的重心由"以阶级斗争为纲"转移到"以经济建设为中心"。就区域创新系统而言,"文革"期间,我国的区域创新系统遭受严重破坏,区域创新系统的正常功能和作用难以发挥,导致很多科技创新活动陷入停滞状态,严重影响了我国科技创新活动的发展。为了打破这种局面,改革开放后,首先要完成的任务就是恢复和重建我国在计划经济时期的区域创新系统的运行机制,通过拨乱反正,促使我国科技创新活动回归到正常的轨道上。

从创新主体的角度考察,这一阶段我国的主要创新主体有政府、企业、高等院校和科研机构,中介组织在这一阶段基本上处于空白。在该阶段我国区域创新系统运行和建设中,政府处于绝对的主导地位,且占据压倒性优势,政府在创新活动中扮演了众多角色,既是科技创新政策的制定者,也是创新资金的重要投入者,又是创新活动的关键实施者,这一系列的角色定位与我国当时的高度计划经济体制密不可分,在严格的计划经济体制下,科技资源的配置和科技创新推动都严重依赖于中央政府和各级地方政府。高等学院和科研机构的创新活动在这一阶段处于相对封闭的环境之中,它们与企业和外部的联系较少,知识溢出和技术扩散效应不明显。受计划经济体制影响,我国市场经济发育不成熟,这一时期我国的企业并没有成为区域创新系统的主要创新主体,只是在浙江温州和台州等东南沿海地区出现了一些以劳动密集型生产制造为主的家庭式小作坊和小企业,这些小企业沿用传统的手工技术或者模仿外部的生产工艺流程,并且没有出现严格的劳动分工,而是同类企业在特定的地理空间范围内集聚,这种现象被当地形象地称为"块状经济"①。因此,从创新主体来看,这一时期我国创新主体并不齐全,出现诸如中介组织缺失的现象,创新主体的功能需逐步完善,区域创新系统尚处于恢复重建阶段。

从创新政策和体制来看,1978 年召开的科学技术大会明确提出了"四个现代化,关键是科学技术现代化"的论断,为我国社会经济发展指明了方向,我国科学技术的发展迎来了春天。其间出台的相关政策主要有《1978—

---

① 块状经济是指在一定区域范围内形成的一种产业集中、专业化极强、地方特色鲜明的区域性产业群体的地方经济组织形式。

1985 年全国科技技术发展规划纲要》(1978)、《关于我国科学技术发展方针的汇报纲要》(1981)、《中共中央关于科学技术体制改革的决定》(1985)。尤其需要说明的是《中共中央关于科学技术体制改革的决定》,该决定重点对科技管理体制、科技拨款制度、国家重点项目管理、科研机构的组织结构等方面加以改革,并制定了"科学技术工作必须面向经济建设,经济建设必须依靠科学技术"的指导方针,尊重科学技术发展规律,从我国实际出发,对科学技术体制进行改革,这为我国改革开放科技政策的制定指明了方向(张永凯,2019)。该决定破除了原有科研体系的制度惯性,改变科研机构的激励机制,引导其为经济建设主战场服务(薛澜,2018)。上述这些科技政策的颁布和实施为我国科技创新活动的开展保驾护航,同时也为我国区域创新系统的恢复和重建起到了至关重要的作用。

(二) 转型阶段(1986—1994 年)

20 世纪 80 年代末至 90 年代初,我国先后推出了"星火计划"(1986 年出台,旨在依靠科学技术促进农村经济发展的计划)、"火炬计划"(1988 年出台,旨在推动高新技术成果商品化以及高新技术商品产业化)和"攀登计划"(1991 年出台,旨在加强基础性研究而制订的一项国家基础性研究重大项目计划),这些重大项目计划的出台,对我国的总体科技战略布局和未来长远发展产生深刻影响。

为加快新兴产业的发展,推动科技与经济的有效结合,在全国范围选择若干智力资源密集的地区,采取特殊政策,逐步形成具有不同特色的新兴产业开发区。1988 年批准设立北京市新技术产业开发区(中关村科技园的前身),旨在通过大学和科研院所带动地方经济的发展。该政策随后在全国实施,几乎每个省区都成立了自己的开发区,在我国掀起了一股开发区建设的热潮。截至 1992 年底,全国建立了 52 个国家高新技术产业开发区,开发区的建设为推动我国区域创新系统发展产生了积极的影响。

党的"十四大"明确提出我国经济体制改革的目标是建立社会主义市场经济体制,各地政府积极响应并将工作重点转向发展地方特色经济(王焕祥、孙斐、段学民,2008),这对我国的经济发展具有重要的转折意义,标志着我国开始由计划经济体制向市场经济体制转型。受经济体制转变的影响,我国的科技体制也发生相应的变化,由此推动我国区域创新系统建设出现转型。

从区域创新主体看,该阶段我国创新主体基本完备,中介组织开始出现,虽然中介组织的力量比较薄弱,对区域创新系统建设的作用有限,但与过去相比较而言,取得了从无到有的历史性跨越。政府在这一阶段的区域创新系统建设中,主要起到创新政策的制定和创新环境的营造以及区域基础设施的建设等功能,政府在区域创新系统的发展中依然发挥着主导作用,政府的作用是由直接参加变为间接参与,同时这一时期市场开始在资源的配置中发挥一定作用,只不过是处于次要地位,区域创新系统的发展建设由政府单独推动开始转向政府主导和市场配合的多元化驱动。高等学院和科研院所与外界的封闭状态被打破,它们开始与外界建立相对松散的联系和合作,但这种联系处于相对初级和随机的状态,高等学院和科研机构服务社会经济发展的意识还不强。企业在市场经济体制下获得了较为宽松的环境,随着我国社会主义市场经济的建立,我国一些地区涌现出基于产业链和价值链的地方产业集群,这些中小企业之间的相互联系逐步加强,在一定程度上推动区域内的知识溢出和技术扩散,虽然这些产业集群处于一个相对低级的水平,但大部分企业开始从外部购买技术,实施模仿创新,少部分企业开始在企业内部设立研发机构,开展研发活动,尽管这些研发创新活动处于较低水平,但对提升我国区域创新能力而言意义非凡。总之,这一时期,我国区域创新系统的发展处于由计划经济体制向市场经济体制的转轨过程之中,这一点可以从我国出台的相关科技政策中映射出来。

从科技创新政策的角度看,这一阶段我国先后提出了"863 计划"、"星火计划"、"火炬计划"和"攀登计划",并出台了《中国科技技术政策指南——科学技术白皮书》(1986)、《国务院关于进一步推进科技体制改革的若干规定》(1987)、《国务院关于深化科技体制改革若干问题的决议》(1988)、《中华人民共和国科学技术发展十年规划和"八五"计划纲要》(1991)、《中华人民共和国科学技术进步法》(1993)等一系列有关科学技术方面的规章制度。尤其是在《中华人民共和国科学技术发展十年规划和"八五"计划纲要》中明确指出,企业是科技与经济结合的重要支撑,企业的技术开发和科技成果的应用是企业进步的源泉。重点强调要深化科技体制改革,对关系国计民生的重大科技任务,由政府部门通过计划组织实施,同时引入竞争机制,遵循价值规律;涉及量大面广、变化快、随机性强的科技任务,由市场自行调节。逐步减少指令性计划的比重,扩大指导性计划的范围。由此可见,这一时期我国的科技政策也被深深地打上了"由计划体制向市场体制转型"的烙印。

(三) 完善阶段(1995—2005 年)

1995 年颁布的《中共中央国务院关于加速科技进步的决定》首次提出了"科教兴国"发展战略。同年党的"十四大"正式确定在全国实施"科教兴国"战略,强调科技进步、经济繁荣和社会发展,从根本上说取决于提高劳动者的素质。"科教兴国"战略的提出和实施标志着我国科技创新进入一个新阶段,对我国科技政策的制定和完善起到了一定促进作用,不断推动我国区域创新系统发展演变,对我国科技进步和经济增长产生了长远影响。

2003 年 4 月,科技部在北京首次召开了全国创新系统建设研究工作研讨会,并一致认为区域创新系统是国家创新系统在区域层次上的延伸,加强区域创新系统建设,是提高区域创新能力、增强区域竞争力、完善国家创新体系的重要保证。会议还提出了新时期我国区域创新系统建设的重要任务:第一,把区域创新系统建设纳入地方经济社会发展的"十五"计划和中长期规划当中,在资金、项目、能力建设、政策制定以及推进科技体制改革等方面集中力量切实予以支持。第二,突破行政区划的界限,更加重视内在经济和科技联系紧密的区域,鼓励"珠三角"、"长三角"等跨行政区域甚至跨省级行政区域的区域创新系统建设。第三,各地应根据现实需求,找准突破口,选好切入点,解决好当前区域经济发展所面临的科技创新问题,并应做好长期服务于经济和社会发展需要的准备,突出工作的前瞻性。第四,既要服务地方,又要为完善国家创新系统建设服务,在着力提高区域创新能力的同时,在实现国家目标、完成国家任务、完善国家创新系统等方面,应当确立区域创新系统在国家创新系统建设中的支撑性地位。第五,与转变政府职能相结合,要发挥政府示范和引导作用,逐步完善区域创新系统的各项功能。这次会议的成功召开开启了我国区域创新系统建设的新局面,具有承前启后的重要作用。

这一时期,中介组织作为区域创新系统中不可或缺的重要力量,发展逐步完善,并在技术交易、金融服务以及信息共享等方面发挥重要功能,形成中小企业发展的"孵化器",同时也对区域创新系统的联结和发展起到促进和融合作用。政府在区域创新系统发展建设中的角色也发生了较为明显的改观,逐渐由"管制者"向"服务者"角色转变,政府不再直接参与创新,而是通过出台相关促进科技进步的政策以及营造有利于科技进步的环境,更加间接地参与创新,及时解决创新系统运行过程中的"市场失灵"症结,不断提升区域创新系统的运行效率和质量。高等学校和科研院所在这一时期获得了比较快的发展,尤其是高等学校通过"211 工程"和"985 工程"的建设,教学水平和科研实力取得了巨大成果,为企业和社会培养了高质量人才。企业这一时期在外部激烈竞争的压力作用下,开始加大研发投入,一方面重视自主研发,另一方面也加大力度从外部引进技术,走引进、消化吸收再创新的创新之路,不断提高企业的创新效率和创新能力。总之,这一时期是我国区域创新系统建设的完善期,企业、大学、科研机构在中介组织的作用下形成了有效运行的产学研一体化的网络组织,有效地推动了我国区域能力的提升和创新系统的建设。

从制度安排的角度审视,我国相关科技政策的出台和实施,有效地推动了我国区域创新系统的发展演化。譬如,《关于"九五"期间深化科学技术体制改革的决定》(1996)、《中华人民共和国促进科技成果转化法》(1996)、《迎接知识经济新时代,建设国家创新体系》(1997)、《国家重点基础研究发展规划》(简称"973 计划",1997)、《关于设立中外合资研究开发机构、中外合作研究开发机构的暂行办法》(1997)、《关于外商投资设立研发中心有关问题的通知》(2000)等科技政策的出台,一方面为我国区域经济发展保驾护航,另一方面也为我国科技创新指明方向。在《关于设立中外合资研究开发机构、中外合作研究开发机构的暂行办法》和《关于外商投资设立研发中心有关问题的通知》等政策中,鼓励外资企业在中国设立研发机构,开展研发活动,而且在税收等方面给予优惠条件。由此可以发现,我国的区域创新系统的开放性特征,已经打破了原有的思维定式和战略格局,随着大量跨国公司在华设立研发机构,外资在华研发网络也构成我国区域创新系统的有机组成部分,由此推动我国区域创新系统建设沿着更加开放的方向继续前进。

（四）提升阶段（2006 年之后）

2006 年我国颁布了《关于实施科技规划纲要增强自主创新能力的决定》，同时在《国家中长期科学和技术发展规划纲要（2006—2020）》中就科技投入、税收激励、金融支持、政府采购、引进消化吸收、知识产权保护、人才队伍建设等方面提出了指导性意见，该纲要明确提出自主创新战略，要求我国在 2020 年进入创新型国家行列。自主创新战略的提出，是我国科技力量发展到一定阶段的必然产物，也是我国科技发展战略的一次重大调整。这里需要说明的是，我国提出的自主创新战略并不是关起门来自力更生，自主创新包括原始创新、集成创新和引进消化吸收再创新，它是在全球化浪潮的推动下的开放创新。当然必须要明白，核心技术和重点攻关领域必须要依靠我们自己，绝对不能把技术突破寄托在别人身上。党的十九大报告再次强调，需要建立以企业为主体、市场为导向、产学研深度融合的技术创新体系，加强对中小企业创新的支持，促进科技成果转化。

在我国区域创新系统建设的过程中，创新型城市的建设是非常重要的支撑。为了实施创新驱动发展战略并增强区域创新能力，我国提出了建设创新型试点城市。2008 年深圳被批准成为我国第一个创新型试点城市，2009 年大连、青岛、厦门、沈阳、西安、广州、南昌、南京、杭州、合肥、长沙、苏州、无锡、烟台等城市被列为国家创新型试点城市。2010 年北京海淀区、天津滨海新区、唐山、包头、哈尔滨、上海杨浦区、宁波、嘉兴、合肥、厦门、济南、洛阳、武汉、长沙、重庆沙坪坝区、成都、西安、兰州、海口、昌吉、石河子等城市和地区又被确定为创新型试点城市（区）。此后，我国创新型试点城市（区）的数量在不断增加。截至 2016 年底，全国共有 200 多个城市提出了建设国家创新型城市的发展目标。创新型城市的持续建设有效地推动了我国区域创新系统的发展以及区域创新能力的提升。

此外，我国提出的"一带一路"倡议也得到了沿线国家的积极响应和高度赞赏。"一带一路"沿线国家之间的合作不仅涉及经济、贸易和人文领域，科技合作也是其中重要的内容，"一带一路"也是创新之路。2018 年 11 月，"一带一路"国际科学组织联盟成立大会在北京召开，提出了科技创新合作是"一带一路"创新之路建设的核心内容，充分发挥国际科学组织联盟的平台作用,加强科技创新政策和发展战略相结合,开展重大科技合作,培养创新创业人才,提升科技创新能力,造福"一带一路"沿线国家和人民,推动人类命运共同体的建设。

此时,我国的区域创新系统更加开放,创新的主体要素和资源要素更加齐全和完备,不但继续吸引外资企业在华设立研发机构,而且还鼓励我国本土企业到海外设立研发机构,充分利用全球的创新资源,及时嵌入全球创新网络,不断提升我国区域创新能力。另外,这一时期我国的高等学校也更为开放,积极与海外知名高校联合办学或开展合作研究,并取得了良好的效果。事实上,我国与海外知名高校联合办学的历史较早,近些年取得了重大突破,宁波诺丁汉大学、西交利物浦大学、上海纽约大学就是典型代表。同时,我国一些高校开始走出去到海外设立分校或者校区,探索新的创新型人才培养模式。其中,厦门大学马来西亚分校、老挝苏州大学、同济大学佛罗伦萨海外校区、北京大学英国校区,以及北京语言大学、华侨大学、云南财经大学分别在东京、曼谷等地设立分校(校区),它们都是先行者,这些新的"走出去"办学方向为我国高等教育和创新型人才培养开创了新局面。部分高校已经开始跨出国门到海外设立创新机构,与国外大学合作培养高端创新人才。譬如,2015 年 6 月 19 日,由清华大学、美国华盛顿大学和微软公司联合创建的全球创新学院(Global Innovation Exchange,GIX),标志着中国高校在美国设立的第一个实体校区和综合性教育科研平台正式建立。

另外,为了提高我国高校的人才培养质量和科学研究水平,2012 年,教育部正式启动了"2011 计划"(全称为"高等学校创新能力提升计划"),2015年中央审议通过了《统筹推进世界一流大学和一流学科建设总体方案》(称为"双一流"总体方案),这是继"211 工程"和"985 工程"之后在教育领域的重大举措,旨在全面提升我国高等学校的科技创新能力。2018 年,为了加强高校基础研究,实现创新引领,教育部又制定了《高等学校基础研究珠峰计划》(简称"珠峰计划"),这些政策的出台彰显了我国在新时代对创新驱动战略的意志和决心,坚持自主创新和开放创新的有机统一和相互促进,不断推动我国区域创新系统的建设。

2013 年以来,党中央和国务院高度重视科技体制改革工作,把科技创新作为提高社会生产力和综合国力的战略支撑,置于国家发展全局的核心地位,实施创新驱动发展战略,按照科技创新和制度创新"双轮驱动"相结合的精神,采取了一系列重大改革措施。2015年中共中央、国务院出台了《关于深化体制机制改革加快实施创新驱动发展战略的若干意见》,该文件指出,加快实施创新驱动发展战略,就是要使市场在资源配置中起决定性作用和更好发挥政府作用,破除一切制约创新的思想障碍和制度藩篱,激发全社会创新活力和创造潜能,营造大众创业、万众创新的政策环境和制度环境。2016年,中共中央、国务院发布了《国家创新驱动发展战略纲要》,从顶层设计上系统谋划了我国科技创新未来发展蓝图,明确了到2050年我国创新驱动发展的目标、方向和重点任务。与此同时,我国也及时出台了《关于大力推进大众创业万众创新若干政策措施的意见》,该政策的出台极大地激发了民众创新创业的主动性和积极性,有效推进我国科技创新与双创融合发展。

总之,该阶段我国区域创新系统的发展处于提升阶段,创新要素不断完善,创新环境大为改善,在一些创新型区域形成了创新集群,迸发出强劲的创新活力。此时,我国的区域创新系统更加开放,不断吸引外资企业在华设立研发机构,开展创新活动,同时积极鼓励我国本土企业到海外设立研发机构,通过"引进来"和"走出去"相结合,将我国区域创新系统及时有效地嵌入到全球创新网络之中。

三、区域创新系统演化阶段识别

根据上述研究,区域创新系统在发展演化的不同阶段,其创新投入、产出和支持系统存在较大差异。因此,区域创新系统发展阶段的识别成为提高区域创新资源配置效率的前提条件(王亮,2008)。

(一)区域创新系统演化阶段识别模型选择

为了定量分析区域创新系统演化历程,需要选择合适的数学方法进行统计分析。本书采用判别分析法定量分析区域创新系统的发展演化。判别分析法是多元统计分析法中用于判别样本所属类型的一种统计分析方法。本书所采用的逐步判别分析法是在多组判别分析基础上发展起来的一种方法,判别准则为贝叶斯判别函数。判别分析是在分类确定的条件下,根据某一研究对象的各种特征值判别其类型归属问题的一种多变量统计分析方法。其基本原理是按照一定的判别准则,建立一个或多个判别函数,用研究对象的大量数据信息确定判别函数中的待定系数,并计算判别指标。据此即可确定某一样本的类别。进行判别分析时,根据假设条件、判别准则及处理手法的不同,可以得到不同的判别方法,按照判别准则规划分为距离判别、费舍尔判别分析与贝叶斯判别分析等。本书主要选用贝叶斯判别分析法。贝叶斯判别是根据最小风险代价判决或最大似然比判决,是根据贝叶斯准则进行判别分析的一种多元统计分析法。

贝叶斯判别法的基本思想是:设有 K 个总体,它们的先验概率分别为 q_1, q_2, $\cdots$, q_k(通常会以样本的频率作为各总体的先验概率),各总体的密度函数为 $f_1(x)$, $f_2(x)$, $\cdots$, $f_k(x)$,在观测到一个样本 $X = (x_1, x_2, \cdots, x_k)$ 的情况下,可用贝叶斯公式计算它来自第 j 个总体的后验概率为

$$p(j|x) = \frac{q_j f_j(x)}{\sum\limits_{i=1}^{k} q_i f_i(x)} \quad j = 1, 2, \cdots, k \tag{1}$$

并且当

$$p(t|x) = \max_{1 \leqslant j \leqslant m} p(j|x) \tag{2}$$

时,判定 X 来自第 t 个总体。

在具体判别时,式(2)还可以进一步简化,由于我们只关心寻找使 $p(j|x)$ 最大的 j,而式(1)中的分母不论 j 为何值都是常数,记为 $1/c$。故对于式(2)的判别准则可以转化为

$$q_t f_t(x) = \max_{1 \leqslant j \leqslant m} q_j f_j(x)$$

(二) 区域创新系统发展阶段类别判别

通过考察日本、韩国、芬兰等国家创新系统的演进过程,发现这些国家创新系统一般存在三个阶段:起步阶段、成长阶段、成熟阶段。

在起步阶段主要表现为引进其他国家或地区的先进技术,由于自身创新系统还没有建立起来,自主创新活动较少,技术改进在生产系统内完成,

因此创新活动主要集中在一些具有比较优势的行业。在成长阶段,依然是以引进技术为主,但是已经可以对现有技术进行深度改进,能进行一定程度的产品创新、性能创新、质量提升,适应市场需求的能力逐步提高。在成熟阶段,具有较强的产品研发、设计能力,自主创新能力达到较高水平,形成了强大的技术系统,以及以科技人才、创新资本、政府支持、市场机制等作为支撑的科学创新系统。

直接根据区域创新系统不同阶段的内涵对其进行发展阶段判别,在技术上较难实现。如果把区域创新系统看成创新资源投入与创新成果产出的系统,那么不同发展阶段的特征可以通过创新资源投入与成果产出等指标体现出来。

根据区域创新系统演变规律的分析,本书按照"起步阶段、成长阶段、成熟阶段"的基本特征对我国区域创新系统进行类别判别:$G = \{G_1, G_2, G_3\}$,其中 G_1 为起步阶段,G_2 为成长阶段,G_3 为成熟阶段。使用创新投入和创新产出两个维度的指标来表征区域创新系统的不同发展阶段。其中,创新投入的指标选择包括研发投入、研发人员数量、科学家与工程师数量、科技活动人员数量;创新产出维度的指标主要包括:专利申请量、专利授权量、发明专利数量、技术合同成交额、三大检索收录的科技论文数量。这些指标在判别模型中作为判别变量集合。

(三) 我国区域创新系统演化的阶段判别分析

鉴于数据的可获得性,本书采用 1991 年以来我国省域尺度的创新活动指标作为判别变量集合,建立区域创新系统演化阶段判别模型。数据来源于 1991—2017 年《中国统计年鉴》以及历年各省市统计年鉴。

1. 判别集合以及指标集的确定

本书考虑到已有研究并根据科学性和数据的可获得性,选择技术合同市场成交额(万元)、国内专利申请受理数(件)、国外收录我国论文数(篇)、规模以上(大中型)工业企业新产品销售收入(万元)、各地研发经费支出(万元)和研发人员全时当量(万人/年)这六项指标作为我国区域创新系统发展阶段判别变量集合。并在建立判别模型时,使用上海、北京、浙江和广东四个区域的数据。虽然这些区域在经济发展水平、社会环境等方面存在着很大的差异,但其创新系统基本上都始于 20 世纪 80 年代末至 90 年代初。

2. 我国区域创新系统发展阶段判别模型的构建

本书利用 1991 年至 2017 年上海、北京、浙江和广东四个区域的六项指标数据。根据国家宏观政策,将 1991 年至 2002 年的 4 个区域的 15 个样本作为区域创新系统起步阶段的输入数据,将 2003 年至 2012 年的 4 个区域的 64 个样本作为区域创新系统成长阶段的输入数据,将 2013 年至 2017 年的 4 个区域的 20 个样本作为区域创新系统成熟阶段的输入数据,可以建立区域创新系统发展阶段的判别模型。将数据代入 SPSS 软件中计算,其结果如下:

(1) 判别函数的公式。其中设 x_1 代表技术合同市场成交额(万元)、x_2 代表国内专利申请受理数(件)、x_3 代表国外收录我国论文数(篇)、x_4 代表规模以上(大中型)工业企业新产品销售收入(万元)、x_5 代表各地研发经费支出(万元),x_6 代表研发人员全时当量(万人/年)。

表 3-3 给出了各组均值是否相等的检验,从 $Sig.$ 一列可以看出,都小于 0.05,在 5% 的显著性水平下,可以认为变量 $x_1 \sim x_6$ 在三组中都表现出显著的差异性,即拒绝了 $x_1 \sim x_6$ 在三组中均值相等的假定,这为将全部变量引入判别分析提供了初步的理由。

表 3-3 组均值的均等性的检验

指标	Wilks 的 Lambda	F	df_1	df_2	$Sig.$
x_1	0.696	22.913	2	105	0.000
x_2	0.393	80.949	2	105	0.000
x_3	0.500	52.510	2	105	0.000
x_4	0.930	3.947	2	105	0.022
x_5	0.267	143.95	2	105	0.000
x_6	0.455	62.762	2	105	0.000

表 3-4 区域创新系统识别模型的判别系数表

指标	分类		
	起步阶段	成长阶段	成熟阶段
x_1	-1.34×10^{-7}	-8.85×10^{-7}	-1.27×10^{-6}

（续表）

指标	分类		
	起步阶段	成长阶段	成熟阶段
x_2	-1.12×10^{-5}	-1.35×10^{-7}	4.39×10^{-6}
x_3	9.96×10^{-5}	5.32×10^{-4}	8.20×10^{-4}
x_4	8.89×10^{-10}	5.23×10^{-9}	6.87×10^{-9}
x_5	-3.09×10^{-7}	-1.29×10^{-8}	6.59×10^{-7}
x_6	2.39×10^{-5}	2.83×10^{-5}	1.03×10^{-5}
常量	$-1.947\,4$	-7.34	-21.831

表 3-4 给出了贝叶斯线性判别系数，f_1，f_2，f_3 分别为区域创新系统的起步阶段、成长阶段、成熟阶段三个类别的判别函数，将表 3-4 的判别系数代入判别函数，区域创新系统阶段判别函数的公式如下：

$$f_1 = -1.95 - 1.34 \times 10^{-7} x_1 - 1.12 \times 10^{-5} x_2 + 9.96 \times 10^{-5} x_3 + 8.89 \times 10^{-10} x_4 - 3.09 \times 10^{-7} x_5 + 2.39 \times 10^{-5} x_6$$

$$f_2 = -7.34 - 8.85 \times 10^{-7} x_1 - 1.35 \times 10^{-7} x_2 + 5.32 \times 10^{-4} x_3 + 5.23 \times 10^{-9} x_4 - 1.29 \times 10^{-8} x_5 + 2.83 \times 10^{-5} x_6$$

$$f_3 = -21.83 - 1.27 \times 10^{-6} x_1 + 4.39 \times 10^{-6} x_2 + 8.20 \times 10^{-4} x_3 + 6.87 \times 10^{-9} x_4 + 6.59 \times 10^{-7} x_5 + 1.03 \times 10^{-5} x_6$$

（2）判别分值。将各样本数据代入上述判别函数，可以计算出判别分值，计算结果见表 3-5。

表 3-5 区域创新系统三个主要发展阶段判别分值

年份	区域	起步阶段	成长阶段	成熟阶段
1991	北京	2.713 948	$-0.329\,16$	$-17.002\,4$
	上海	0.358 677	$-3.899\,7$	-19.502
	广东	$-1.193\,07$	$-6.270\,13$	$-21.212\,3$
	浙江	$-1.492\,39$	$-6.604\,51$	-21.303
1992	北京	2.548 779	$-0.672\,47$	$-17.344\,7$

（续表）

年份	区域	起步阶段	成长阶段	成熟阶段
	上海	0.338 947	−3.963 18	−19.570 8
	广东	−1.252 6	−6.355 27	−21.280 1
	浙江	−1.511 55	−6.654 55	−21.368 9
1993	北京	2.537 292	−0.185 76	−16.400 4
	上海	0.184 906	−3.943 83	−19.242 4
	广东	−1.210 39	−6.217 25	−21.089
	浙江	−1.506 21	−6.568 38	−21.211 9
1994	北京	2.344 039	−0.323 93	−16.288 9
	上海	0.068 225	−4.113 46	−19.343 8
	广东	−1.320 26	−6.324 86	−21.107
	浙江	−1.542 37	−6.631 49	−21.267
1995	北京	2.365 036	0.078 852	−15.525 2
	上海	−0.037 03	−4.105 1	−19.129 7
	广东	−1.372 61	−6.350 76	−21.084
	浙江	−1.570 99	−6.643 16	−21.242 6
1996	北京	2.237 294	0.074 166	−15.289 6
	上海	−0.102 33	−4.118 95	−19.045 1
	广东	−1.408 16	−6.330 18	−21.014 5
	浙江	−1.600 92	−6.658 72	−21.233 5
1997	北京	2.075 605	−0.151 19	−15.396
	上海	−0.180 06	−4.268 43	−19.189 9
	广东	−1.448 2	−6.387 37	−21.086 3
	浙江	−1.618 04	−6.640 96	−21.182 4
1998	北京	0.634 403	−1.416 21	−15.184 3
	上海	−0.469 93	−4.449 95	−19.014 2
	广东	−0.486 91	−5.155 74	−20.475 8
	浙江	−1.389 81	−6.254 53	−20.870 7

(续表)

年份	区域	起步阶段	成长阶段	成熟阶段
1999	北京	0.524 701	−1.655 87	−15.422 6
	上海	−0.681 78	−5.446 3	−20.512 7
	广东	−0.571 54	−5.046 11	−20.128 1
	浙江	−1.465 16	−6.592 08	−21.382 7
2000	北京	0.779 752	0.361 047	−12.020 6
	上海	−0.532 6	−3.914 44	−17.926
	广东	−0.737 23	−4.990 17	−19.717 8
	浙江	−1.457 63	−6.074 72	−20.418 4
2001	北京	0.658 814	0.339 794	−11.775 3
	上海	−0.730 8	−3.957 54	−17.610 4
	广东	−0.710 45	−4.762 56	−19.393 7
	浙江	−1.242 05	−5.734 95	−20.189 1
2002	北京	1.117 49	1.675 817	−10.008 3
	上海	−0.743 66	−3.532 12	−16.854 5
	广东	−0.652 89	−4.542 68	−19.143
	浙江	−1.210 47	−5.505 24	−19.855 5
2003	北京	1.095 574	2.768 509	−7.850 53
	上海	−0.648 04	−2.755 63	−15.550 6
	广东	−0.638 48	−4.260 35	−18.737 9
	浙江	−1.092 77	−4.961 66	−19.069 2
2004	北京	2.056 366	4.582 873	−5.876 61
	上海	−0.520 27	−1.827 52	−13.918 5
	广东	−0.727 37	−3.561 7	−17.418 1
	浙江	1.324 753	8.312 089	−1.640 68
2005	北京	2.400 121	5.680 83	−4.311 53
	上海	−0.506 79	−1.303 18	−13.013 3

（续表）

年份	区域	起步阶段	成长阶段	成熟阶段
	广东	−0.437 34	−2.990 61	−17.050 4
	浙江	−0.519 5	−2.460 98	−15.661 2
2006	北京	2.969 231	9.704 939	2.534 578
	上海	0.160 45	1.849 424	−8.173 54
	广东	0.053 235	−0.879 24	−14.184 3
	浙江	0.097 767	0.164 702	−11.919 8
2007	北京	3.097 993	9.670 497	2.518 316
	上海	0.195 953	2.439 932	−7.174 72
	广东	0.978 679	1.018 564	−12.308 7
	浙江	0.507 6	1.599 118	−10.139 6
2008	北京	3.143 937	10.914 76	4.855 203
	上海	0.144 522	2.739 268	−6.503 26
	广东	1.665 96	2.391 177	−10.790 6
	浙江	0.866 111	2.793 949	−8.792 8
2009	北京	3.160 638	12.778 01	8.691 102
	上海	1.085 332	5.609 96	−2.791
	广东	2.248 937	4.850 14	−7.418 96
	浙江	1.264 27	4.384 454	−6.739 97
2010	北京	2.239 759	10.010 8	5.759 416
	上海	0.961 98	6.247 508	−1.451 57
	广东	2.986 814	6.811 167	−5.220 7
	浙江	1.831 595	5.878 425	−5.011 49
2011	北京	3.077 619	14.742 67	13.425 02
	上海	1.224 778	8.667 251	2.683 11
	广东	3.670 658	10.304 71	−0.233 71
	浙江	1.902 014	8.318 864	−1.324 58

（续表）

年份	区域	起步阶段	成长阶段	成熟阶段
2012	北京	1.771 657	7.918 825	3.760 091
	上海	0.816 429	7.418 904	1.201 82
	广东	4.501 482	11.602 36	0.569 971
	浙江	1.269 584	8.865 426	−0.121 37
2013	北京	1.060 242	6.635 436	2.893 607
	上海	0.847 197	8.149 323	2.601 193
	广东	3.671 048	11.436 04	1.691 155
	浙江	1.435 665	10.705 74	2.420 447
2014	北京	1.519 32	10.541 58	9.705 68
	上海	1.177 904	10.685 31	7.033 809
	广东	3.638 458	14.452 47	7.196 993
	浙江	2.431 304	12.842 57	5.253 733
2015	北京	1.455 964	12.602 65	14.042 99
	上海	1.019 158	11.659 17	9.079 865
	广东	2.233 21	14.832 91	9.826 327
	浙江	2.469 09	14.847 58	8.360 874
2016	北京	1.469 158	14.691 58	18.291 16
	上海	1.168 094	14.098 35	13.385 65
	广东	0.235 69	15.462 43	12.647 28
	浙江	4.645 354	15.558 47	3.424 419
2017	北京	1.635 186	14.396 34	18.436 65
	上海	0.957 234	16.232 71	17.82
	广东	−0.489 22	18.737 46	18.795 36
	浙江	1.850 514	16.199 51	11.570 46

区域创新系统三个主要发展阶段判别分值如图 3 - 2 所示：

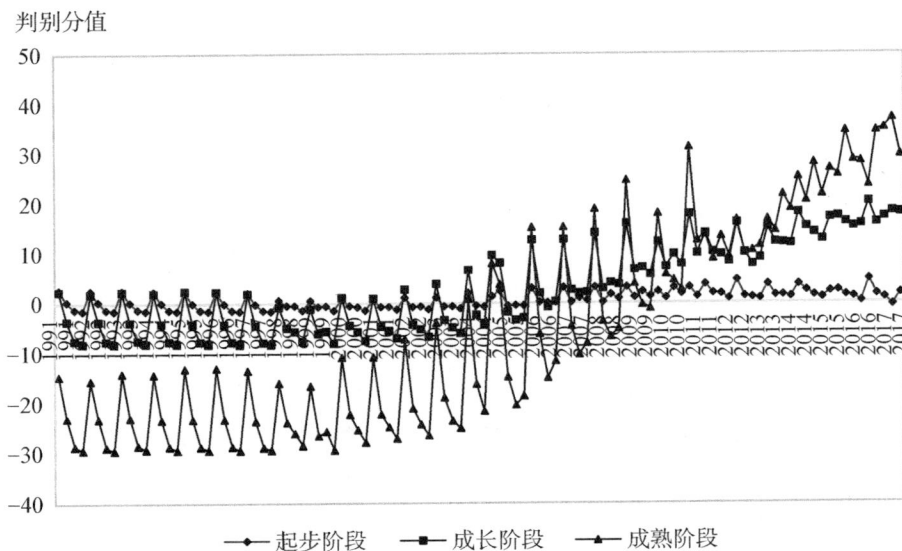

图 3-2　区域创新系统起步阶段、成长阶段、成熟阶段的判别分值

3. 判别分析模型的检验

本书采用交叉验证法对判别模型进行检验，表 3 - 6 给出了正确分类的观测数，错误分类的错误观测数和错误率。由交叉验证的判别分类结果可以看出，对初始样本的 88.9% 进行了正确分类，说明由变量所构成的判别函数显著，即本章所选择的变量体系具有区分区域创新系统三个阶段的能力。

表 3 - 6　分类结果

		分类	预测组成员			合计
			1.00	2.00	3.00	
初始	计数	1.00	50	2	0	52
		2.00	6	28	2	36
		3.00	0	2	18	20
	%	1.00	96.2	3.8	0.0	100.0
		2.00	16.7	77.8	5.6	100.0
		3.00	0.0	10.0	90.0	100.0

（续表）

	分类	预测组成员			合计
		1.00	2.00	3.00	
交叉验证	计数 1.00	50	2	0	52
	计数 2.00	8	24	4	36
	计数 3.00	0	5	15	20
	% 1.00	96.2	3.8	0.0	100.0
	% 2.00	22.2	66.7	11.1	100.0
	% 3.00	0.0	25.0	75.0	100.0

4. 各省市区域创新系统发展阶段的识别

将各省市各年相关指标的统计数据，代入判别函数系数，可以计算出各省市各年度的判别分值，据此对各省市各年的区域创新系统发展阶段进行判别。为了简便起见，各省市各年的判别分值不予列出，本书只列出判别结果（见表3-7）。

从总体上来看，各省市基本上在2004年前处于第一阶段，之后步入第二阶段，到2012年左右步入第三阶段。然而存在几个比较特殊的省市，如天津、内蒙古、江西等。天津在1991年至1999年处于第一阶段，从2000年开始，直接跃迁到第三阶段。内蒙古、江西在1991年就已经步入第二阶段，到2013年和2012年分别进入第三阶段。由于数据缺失，重庆1991—1996年未进行识别，从1997年开始，重庆进入到第二阶段，到2000年进入第三阶段。四川、贵州两省1991年至2005年处于第一阶段，2006年后步入第二阶段。宁夏1991年至2004年处于第一阶段，2005年后步入第二阶段。

表3-7　各省市区域创新系统发展阶段经历时期

序号	地区	第一阶段经历时期	第二阶段经历时期	第三阶段经历时期
1	北京	1991—2002	2003—2012	2013—
2	上海			
3	广东			
4	浙江			

（续表）

序号	地区	第一阶段经历时期	第二阶段经历时期	第三阶段经历时期
5	天津	1991—1999		2000—
6	河北	1991—2006	2007—2012	2013—
7	山西	1991—2004	2005—2012	2013—
8	内蒙古		1991—2012	2013—
9	辽宁	1991—1998	1999—2017	
10	吉林	1991—2003	2004—2012	2013—
11	黑龙江	1991—2012	2013—2017	
12	江苏	1991—2003	2004—2012	2013—
13	安徽	1991—2004	2005—2012	2013—
14	福建	1991—2003	2004—2012	2013—
15	江西		1991—2011	2012—
16	山东	1991—2005	2006—2014	2015—
17	河南	1991—1998	1999—2012	2013—
18	湖北	1991—2004	2005—2012	2013—
19	湖南	1991—2004	2005—2012	2013—
20	广西	1991—2004	2005—2011	2012—
21	海南	1991—2001	2002—2012	2013—
22	重庆		1997—1999	2000—
23	四川	1991—2005	2006—2017	
24	贵州	1991—2005	2006—2017	
25	云南	1991—2004	2005—2013	2014—
26	陕西	1991—2005	2006—2012	2013—
27	甘肃	1991—2001	2002—2010	2011—
28	青海	1991—2009	2010—2012	2013—
29	宁夏	1991—2004	2005—2017	
30	新疆	1991—2006	2007—2009	2010—

第四章

区域创新系统演化的动力机制

动力机制是指创新动机的产生及其作用于创新主体产生创新行为的机理(王焕祥、孙斐,2009)。区域创新系统演化的动力机制就是在区域创新系统的演化过程中,其动力要素作用于区域创新主体的创新活动,推动区域创新主体内部以及创新主体各要素之间相互联系、相互作用、相互促进的结构关系和运行方式。

一、基于政府与市场的动力机制

在市场经济条件下,政府与市场的关系是替代性和互补性共存。替代与互补是市场经济条件下政府与市场关系的两种基本形式。只有同时协调和发挥好这两者之间的关系,市场才能在资源配置中起到关键作用。具体来说,政府与市场的互补关系存在以下三种形式:

(一) 互补优势

政府与市场的理想关系应是二者优势互补。世界经济发展表明,良好的经济运行既要体现政府职能,又要遵循市场规律,把两者优势有效地结合,最大限度发挥互补功能。政府作为干预和协调经济的机制,在稳定宏观经济、协调区域发展、监管规制市场与公共资源均衡配置等领域发挥重要作用,为经济运行体系提供制度保障与政策法规,具有市场机制不可替代的优势。同时,市场机制在资源配置方面的有效作用已经得到公认。然而,市场优势的发挥离不开政府扶持,政府优势的发挥同样离不开市场高效的资源配置环境。由此表明,协同发挥市场在资源配置方面的优势和政府在制度供给方面的长处,以实现资源最优配置、社会福利最大化以及社会经济持续健康稳定发展。

(二) 劣势相克

由于政府与市场都有其自身难以克服的缺陷,即所谓市场失灵与政府失灵。政府自身的局限性会造成政府干预经济活动达不到预期目标、过度干预、社会经济效率低下、寻租和腐败现象等问题。而市场机制固有的趋利性、盲目性与自发性等会造成资源配置扭曲、偏离宏观经济目标、社会福利降低、贫富差距严重等一系列问题。当市场缺陷达到一定程度后会引发经济结构失衡、社会不稳定等矛盾,甚至爆发经济危机。一般而言,市场失灵需要政府进行干预,"有形之手"可以破解市场运行中的障碍,减少市场主体在经济活动中的负外部效应,规范竞争秩序,以弥补市场机制缺陷;而政府失灵需要市场加以调节,"无形之手"能够矫正政府的偏差,有效解决政府机构效率低下、资源浪费等问题,提升经济运行效率。

(三) 价值取向互补

市场与政府在经济活动中具有不同的价值取向,市场机制将效率作为其价值定位,政府则把公平作为其首要考量。市场在资源配置中着眼于追求效率最大化,政府在宏观调控时强调实现社会公平正义。可是,以追求效率为目标的市场和以实现公平为己任的政府都有其不足之处。市场的不足之处表现在追求效率与利益最大化的经济活动过程中会损害社会公平与正义,政府的不足之处表现在对经济活动的调节过程中会出现效率低下问题。因此,市场与政府的互补性就表现为效率与公平的对立统一。

政府和市场作为重要推动力在区域创新系统演化过程中发挥着非常重要的作用和功能。根据区域创新系统演化的推动主体,本书研究政府和市场是如何在区域创新系统中发挥其功能并推动区域创新系统的演化。纵观世界各国区域创新系统的演化过程,可以发现政府和市场在不同国家和地区的不同发展阶段发挥着不同作用,政府可以利用这只"看得见的手"解决

"市场失灵"的问题,市场可以通过这只"无形的手"有效促进区域创新系统中创新资源的有效配置,二者相互补充,相互作用,共同推动区域创新系统的发展演化。通常来讲,在区域创新系统的孵化阶段,政府在区域创新系统发展建设中占据绝对的主导地位,政府通过制定创新发展规划和创新政策,以此来谋划未来区域创新发展的蓝图与愿景。随着区域创新系统的逐步成长,市场的力量开始壮大,市场的作用和功能在区域创新系统的发展建设中日益显现,市场和政府对区域创新系统发展的驱动作用旗鼓相当。当区域创新系统向成熟阶段演化时,政府的主导作用开始让位于市场,市场在区域创新资源的配置中发挥基础性作用,政府的功能由"管制"转变为"服务",政府通过出台相关激励创新的科技政策以及营造良好的创新环境来推动区域创新系统建设(见表4-1)。由此可见,市场是推动区域创新系统演化的内生动力,而政府则是推动区域创新系统演化的外生动力,区域创新系统的演化正是内生动力和外生动力共同作用的结果。内生动力就是来自系统内部的动力,主要表现为市场竞争机制和企业家精神,市场竞争机制的建立和企业家精神的形成对区域创新系统演化起着非常重要的作用,内生动力通过产业链条作用于区域创新系统;外生动力则来自系统外部,它包括制度设计、创新基础设施、创新环境营造等方面,外生动力因素经由区域创新系统吸收,在区域创新系统中的市场竞争机制和企业家精神作用下,直接或间接地影响产业链、价值链和通道网络进而对区域创新系统演化产生影响(李怡,2010)。

表4-1 政府和市场在区域创新系统演化不同阶段的动力作用

发展阶段	政府推动	市场驱动
孵化阶段	政府占据绝对的主导地位	市场作用相对较弱
成长阶段	政府的主导地位开始下降	市场作用开始上升
成熟阶段	政府的作用和功能由"管制"向"服务"方向转变	市场在创新资源配置中发挥基础性作用

回顾我国改革开放40多年来区域创新系统的演化历程,可以发现,在我国区域创新系统的重建、转型、完善和提升等几个阶段中,政府一直起主导性作用,只是在不同阶段政府的主导性作用强度不同而已,准确地说应该是

政府的主导作用逐步由强变弱,市场的力量则日渐强盛。总之,改革开放40多年来我国区域创新系统的演化是政府的外在动力和市场的内生动力共同作用的结果,我国区域创新系统正在由政府指导型向市场驱动型转变。我国区域创新系统的演化是在我国经济体制变化的背景下形成的,并打上了深深的时代烙印。改革开放40多年我国经济体制经历了由计划经济向市场经济的逐步转型,基于此,从政府与市场的关系来考察我国区域创新系统的演化也要充分考虑时代背景因素。就我国区域创新政策而言,在早期的创新政策中,政府的计划色彩比较浓厚,很多政策的出台对市场需求考虑不足,但随着社会主义市场经济体系的建立,市场的力量在随后出台的创新政策中逐渐显现,改革开放40多年来我国区域创新政策呈现出"忽视发挥市场机制"向"注重发挥市场机制"的转变趋势(张永凯,2019)。

二、基于竞争与合作的动力机制

在生物群落的演化过程中,为了生存与发展,种群之间的竞争与合作现象普遍存在。同样,在区域创新系统的演化中,竞争与合作是推动区域创新系统建设和提升创新能力的关键动力之一。

首先,竞争是创新主体因与其他组织存在资源相似性和市场共性,为了实现特定目的而采取的对抗性行动。从市场共性角度看,竞争作为一种信号,能够促使企业敏锐感知外部环境变化,准确评估自身实力,帮助企业预判通过技术突破改变产业格局的可能性。当面临的竞争压力较大时,一方面,创新主体为了获取差异化竞争优势,会自愿选择技术突破;另一方面,创新主体为了避免在竞争中被淘汰,会被迫进行颠覆性研发投入以获得商业上的成功。竞争作为创新网络关系的重要形式,通过主体间博弈改变对有限资源的话语能力,激发创新主体实施技术突破的内驱力。所以,竞争是刺激创新、扩大优势的重要驱动因素。

在区域创新系统中,企业是技术创新的关键主体,为了进一步降低交易成本,不断提高产品的质量,提升企业的运营效率并获得丰厚的利润,企业会不断加大研发投入,通过提升企业的技术创新能力,从而攫取巨大的市场份额,由此导致同行企业之间的竞争日趋激烈。在激烈的技术创新竞争中,企业之间就必然会分出技术创新水平的高低,技术创新能力高的企业在竞争中处于优势,技术创新能力弱的企业则在竞争中处于劣势,尤其是当某个企业在核心技术方面取得突破时,这往往会打破原有的行业竞争格局,有时候甚至是颠覆性的革命。当然,此时对于那些技术落后者,为了在市场竞争中能够存活下来,它们需要采取各种手段与技术先进者(或者是突破者)合作,通过合作手段向技术先进者学习和模仿,由此在区域创新系统中产生知识溢出和技术扩散。因此,从某种意义上讲,竞争是区域创新系统演化的一种无形推力,它不断推动着区域创新系统由低级向高级演化,从无序向有序演化。

其次,合作具有相互性和资源承诺特点,是创新主体通过交换与交流互补性资源和能力以实现共同利益的一种行为。突破式创新对企业已有创新要素的依赖性较低,主要依靠外部资源,而合作正好能嵌入企业外部网络,通过构建区域创新网络,有效降低企业对有限资源的获取成本,充分打破企业间原有的信息壁垒,广泛搜寻和吸收合作企业的开放性资源,为突破式创新带来知识溢出及技术改进。合作虽然以互利共赢为目的,但是创新主体之间的竞争仍然存在,创新主体只有借助足够新的技术创新成果,才能在合作关系中占据优势地位,获得主动权。

在区域创新系统发展演化中,不仅存在竞争,合作往往与竞争如影随形,同时存在。其一是在区域创新系统运行之中,政府、企业、高校、科研机构、中介组织等创新主体和辅助机构需要建立一种基于合作的新型官产学研关系。其二是在激烈的创新竞争中,企业为了能够在激烈的竞争中立于不败之地,需要建立一种合作关系。特别是当行业中的几大巨头在竞争中势均力敌时,短时间内很难分伯仲,激烈的竞争还可能引发两败俱伤(甚至多败俱伤)时,在此情形下,为了垄断市场,企业之间往往倾向于寻求技术合作,通过建立技术联盟的方式确保它们在行业竞争中的霸主地位。其三,由于当今时代技术革命的日新月异和复杂性,再加上国际劳动分工的进一步深化,很多技术攻关往往很难由一家企业在短时间内完成,需要多家企业联合起来,建立密切的技术合作关系,共同攻克技术难关。因此,在这种现实需求导向下,很多企业自然而然地形成了天然的合作关系。

最后,在区域创新系统发展成熟或者是高级阶段,竞争与合作同时存在,并且呈现出一种互利共赢的竞合关系。尤其是在信息技术和互联网高速发展的数字经济时代,区域创新主体之间以及企业之间相互依赖度越来越高,谁都离不开谁,这在客观上要求企业之间摒弃那种"你死我活"的零和博弈,而是从长远发展的角度建立一种基于合作共赢的"互利互惠"的新型竞争合作关系,特别是在共享经济到来之际,区域创新系统的发展演化正在呼唤这种新型的竞争与合作关系。

三、基于全球化视角的动力机制

在全球化的背景下,本书从跨国公司在华研发活动、我国本土创新主体海内外研发活动两个层面,分析全球化背景下我国区域创新系统演化的动力机制。在全球化的推动下,我国区域创新系统发展和建设呈现出新的动态和特征。一方面,受全球化的影响,跨国公司在销售和生产"走出去"之后,开始寻求在海外设立研发机构,开展研发活动,支持海外的生产和销售,不断增强企业的科技创新能力和综合竞争力。在跨国公司海外研发投资的区位选择中,中国凭借巨大的市场潜力和廉价而优质的劳动力资源像磁铁般地吸引着外资企业,在此背景下跨国公司开始抢滩中国,在中国设立研发机构。外资研发机构进入中国,势必会对我国区域创新系统建设产生深刻影响。另一方面,随着经济全球化的进一步发展,我国一些本土企业也开始在海外展开研发投资,设立研发中心,将企业创新网络的触角伸到国外,跟踪全球最新技术,服务本土企业的海外销售和生产。作为我国本土企业在海外的研发机构,它们与本土研发机构发生频繁的交互作用和技术联系,这在一定程度上对我国区域创新系统的发展演化也产生影响和作用。因此,从全球化的视角审视,我国区域创新系统的演化是外资研发投资和我国本土企业海外研发投资共同推动的结果。为了深入探讨全球化背景下我国区域创新系统演化的动力机制,需要首先对全球化有个初步了解。通常讲的全球化多是指经济全球化,本书在经济全球化的基础上,重点分析科技全球化的发展历程及其特征,旨在为我国区域创新系统演化提供一个全球背景。

（一）科技全球化的历史进程、主要特征及发展趋势

1. 科技全球化的内涵

"科技全球化"概念最早由日本通产省于 1990 年提出（薛澜、王建民，1999），为顺应科技全球化潮流，当地政府提出一系列国际合作项目，提倡政府开放研发项目，鼓励外国公司参与。经济合作与发展组织（OECD）曾把科技全球化的发展历程划分三个阶段：第一个阶段主要涉及技术产品或服务的贸易，可称为国际化阶段；第二个阶段主要表现为跨国公司对外直接研发投资的快速增加，可叫作跨国化阶段；第三个阶段是真正科技全球化的阶段，主要特征是跨国公司研发机构的全球布局（Hamdani D.，2003）。经合组织还提出衡量科技全球化发展的三个重要指标，即研发、技术国际收支平衡和高新技术（Godin B.，2004）。Massimo Paoli 和 Simone Guercini（1997）认为，企业技术活动的全球化不仅是在国外设立研发机构，还包括：①诀窍、专利和许可的国际交换；②协议、合资、参与协会、联合体、研发组织；③在国外研发机构培训人员；④从全球招募和雇佣科学家和工程师。Daniele Archibugi（2000）提出，技术全球化的含义包括三个方面：①国产技术的国际利用；②全球创新的产生（包括单个产权人在全球进行的创新活动）；③全球技术合作，它介于前两种类型之间，以企业间协议形式出现。2000年《中国科技发展研究报告》将科技全球化定义为：科技全球化是指科技活动的主题、领域和目的在全球范围内得到认同，科技要素在全球范围内自由流动与合理配置，科技成果实现全球共享，以及科技活动规则与制度环境在全球范围内逐渐一致的发展过程（薛澜，2000）。王春法（2008）认为，科技全球化主要是指科技活动的全球化，核心内容包括三个方面：一是研发资源的全球配置；二是科学技术活动的全球管理；三是研发成果的全球共享。

2. 科技全球化的动力机制

任何客观事物与现象的产生都有其内在的动力与规律，科技全球化也不例外。总体而言，科技全球化是技术带动、成本推动、市场拉动以及竞争驱动等几种动力因素共同作用的结果。

（1）技术带动。通过回顾科技全球化进程可以发现，科技全球化的每一

次拓展和深化均与重要的技术发明创造分不开,蒸汽机、内燃机等技术发明和现代信息技术的发展大大推进了科技全球化的进程。特别是计算机和网络技术的出现,为全球科技工作者之间的交流提供了更为便捷而高效的通道,科技知识在全球范围内的流动更加频繁。科技全球化与信息技术革命更是不可分割,信息技术为科技全球化的发展提供了必要的技术支撑。正如拉兹洛所说:"信息化和全球化并非互不相干,以指数增加的信息和通信网络使各种国际的和跨国的网络及协会的建立成为可能,而这些网络和协会往往导致更实质性的组织结构的形成,世界范围内的信息流动已成为公司全球化进程的主要驱动力。"

当今时代,随着科学技术的日新月异,科学与技术逐渐融合交叉,技术本身变得越来越复杂,诸如全球气候变暖、能源短缺、生物技术、地质灾害、空间技术和基因技术等问题日益呈现全球化。一项科学研究或技术开发很难由某个科研机构或部门独立完成,客观上需要不同国家和不同机构开展跨国科技合作,只有充分发挥各自相对优势,方可实现技术的有效突破。在科技全球化的背景下,面对激烈的国际科技竞争,一国要在国际科技领域中保持领先水平,必须利用国际的科技资源,加强与其他国家的科技交流和合作,通过整合全球科技资源,逐步提升自身的创新能力。

(2) 成本推动。在科技全球化过程中,跨国公司发挥了不可估量的作用。跨国公司为了使其创新产品尽快地进入市场,根据东道国市场的不同消费需要,实施产品本地化战略。跨国公司在海外设立研发机构的初衷是为了实施产品的本地化,进一步降低成本,经济因素对于研发全球化起着关键作用。Nagesh Kumar(1995)指出,在许多研发密集型产业中,将研发活动布局在海外主要是出于成本因素考虑;Nagesh Kumar(2001)又指出,跨国公司研发全球化可能受到一系列因素的影响,其中,追求成本的最小化是一个重要因素,由于研发是知识密集型活动,对科技人才有着特殊的要求,因此追求高素质而廉价的科技人才是降低成本的重要环节。

以新药研发为例,新药研发包括三个主要环节:早期研究(调研、先导化合物和活性药物中间体合成及工艺)、中期研究(药代动力学、药理病理学、动物模型和Ⅰ期临床研究)和后期研究(Ⅰ—Ⅳ期临床研究和临床样本测试等)。受母国劳动力成本上升因素影响,跨国公司一般选择把后期的临床研究与测试等环节分包给成本更低的国家和地区,以此来提高企业在全球的竞争力。辉瑞公司计划把外包服务占研发的比例从15%提高至30%(吴卫星,2008),阿斯利康和葛兰素史克也将大幅度提高外包比重。

(3)市场拉动。科学技术的有效性最终可通过其经济价值体现出来。当前,由于世界各国的科技实力悬殊,因此各国通过技术贸易来满足各自的发展需求,国际技术贸易成交量大幅攀升。第二次世界大战后,国际技术贸易发展十分迅速,以技术许可证贸易为例,20世纪60年代中期全世界贸易额仅为25亿美元,70年代中期升至110亿美元,80年代中期增加到500亿美元,进入90年代后,已高达数千亿美元,到21世纪的发展更是突飞猛进。跨国公司凭借雄厚的技术与资金实力,在国际技术贸易中扮演着重要角色。一方面,跨国公司已成为当今世界新技术、新发明的主要发源地;另一方面,跨国公司也成为国际技术贸易的主要践行者,主要是利用对外直接投资的机会,把技术贸易和国际投资结合起来,目前90%左右的国际技术贸易是通过跨国公司完成的。

(4)竞争驱动。在技术日趋复杂和产品研发周期缩短的背景下,面临激烈的市场竞争,一国要保持其科技领先水平,必须加大本国科技投入,及时跟踪世界科技发展的前沿。一国科技力量的壮大最终要依托本国的企业,只有本国企业的科技创新能力得到提升,才能真正谈得上成为科技强国。因此,各国的企业不断增加研发投入,在科技领域展开激烈的竞争,推动科技全球化的发展。另外,跨国公司研发全球化的一个重要动机就是跟踪并获取世界先进技术。跨国公司在东道国的研发机构,往往涉及东道国研发实力较强的行业,尽可能通过地理邻近性产生知识溢出效应,欧洲和日本企业在美国的生物技术与微电子领域的研发活动、美国企业在德国化学领域的研发活动、欧洲和美国企业在日本的半导体研发活动均属此类。

与此同时,在国际竞争驱动下,越来越多的跨国公司开始意识到在激烈的竞争时代,为了避免在竞争中出现"两败俱伤",公司之间有必要"强强联合"来增强各自竞争优势。企业也开始意识到,如果仅依靠自己开展研发活动,不但研发效率有限,而且风险巨大,甚至有可能被竞争对手很快超越。因此,企业的技术战略联盟诞生了。20世纪90年代,IBM与西门子公司的结盟就是一个"强强联盟"的范例,在联盟内,双方都专注于知识和技术创新,并在设计、制造以及计算机芯片测试方面共享新技术,同时在芯片开发领域以外,双方仍然保持着竞争对手的关系(黄兆银,2006)。

3. 科技全球化的发展历程

20世纪90年代以来,随着信息网络技术的飞速进步,科学技术对经济发展的影响不断加深,科技全球化初露端倪,科技全球化不断推动着世界经济向纵深发展。当前,全球化的浪潮已经席卷到地球的每个角落,世界各国和地区正在受到全球化带来的冲击,各国的经济、科技和文化已经被深深地打上全球化的烙印。特别是进入21世纪以来,科技全球化呈现出新的特点和发展趋势,这一方面给我国的科技和经济发展带来难得机遇,另一方面也提出严峻挑战。

由于研发全球化是科技全球化的重要内容,加之科技全球化涉及的面非常广,内容比较庞杂。为了厘清科技全球化进程的发展阶段,本书同时以研发全球化为主线,深入梳理科技全球化的发展和演进历程。

从历史发展的过程来考察,研发全球化并非一个新生事物。事实上,早在19世纪80年代,瑞典企业家阿尔弗雷德·诺贝尔(Alfred Nobel)就以信托基金的名义在欧洲建立了世界上第一个真正意义的跨国研发组织。"二战"前,像飞利浦这样的跨国公司已经开始在海外设立研发机构,以支持其在海外的生产与销售。当然,在这一时期内跨国公司主要关注的是其在海外的生产和销售,研发机构基本上属于支撑生产和销售的类型,企业研发活动的国际化程度还相当有限。

"二战"后,跨国公司更是热衷于在公司母国以外的区域设立研发机构,使得企业的研发活动逐渐走向国际化。特别是在20世纪60年代到70年代,跨国公司进入了全球扩张的早期阶段。20世纪60年代,企业利用已有技术优势,在海外设立研发机构,对产品进行调整,以便在当地的市场销售,主要涉及研发国际化的行业有机械、电子、工程和汽车等领域;20世纪70年代,跨国公司扩大其在海外的研发活动,主要目的是攫取在海外的巨大市场份额,跨国公司不仅在公司母国以外的国家设立新的研发机构,而且通过兼并国外企业的研发机构,对产品进行改造,适应当地市场需求,实施本土化战略。

20世纪80年代到90年代,跨国公司研发国际化开始向纵深发展,从国际化逐渐迈向全球化。跨国公司在海外的研发机构开始升级,研发机构的服务半径不断扩大,研发战略定位开始转变,逐渐由"本地对本地"(local for local)转变为"本地对全球"(local for global)。总之,该时期跨国公司海外研发机构的级别在提升,服务范围在扩大,技术创新能力在增强。

20世纪90年代以来,随着经济全球化的发展,科技全球化进入了加速发展阶段。由于技术变革不断加快,跨国公司根据东道国人才、技术、科技基础设施和投资环境等条件,在世界不同区域建立了不同类型和等级的研发机构,构建企业的全球研发网络,以此增强企业的研发实力。该阶段跨国公司海外研发活动主要集中在美国、德国和英国等国家,同时新兴工业化国家和部分发展中国家正在成为跨国公司海外研发投资的热点区域,跨国公司开始加大在新加坡、印度和中国的研发投资,该时期研发全球化主要涉及的产业有电子、生物、医药、化学以及软件等。

4. 科技全球化的基本特征与表现形式

(1) 科技问题的全球化。科技问题的全球化是指世界各国科学家和工程师作为一个整体所要探索和解决的主要问题逐渐趋同(薛澜、沈群红,2001)。当前,诸如全球气候变化、空间技术开发、极地研究、地震、新能源的利用与开发、核聚变、人类基因图谱、生命与健康等议题,日益成为全人类共同面临的问题,人们逐渐认识到许多科技难题只有世界各国联合起来,才有可能攻克,仅仅靠某个国家或某几个国家的作用是不够的,甚至是不可能的。全球气候变化问题可谓是这方面的一个典型案例,全球气候变化主要表现在气候变暖、大气臭氧层的破坏、大气中氧化作用减弱等现象。由于全球气候变化牵扯到每个国家的切身利益,只有世界各国共同努力与相互配合,加大环境保护与治理、重视节能减排,采取一系列措施和行动,才可能使问题得到妥善解决。因此,为应对气候变化问题,在世界各国的倡议下,世界气象组织(WMO)和联合国环境规划署(UNEP)在1988年共同建立了政府间气候变化专门委员会(IPCC),它是一个政府间科学技术机构,所有联合国成员国和世界气象组织会员国都是该委员会的成员,该机构旨在获取气候变化及其影响与减缓和适应气候变化措施方面的科学和社会经济信息,以综合、客观、开放和透明的方式进行科学评估,并根据需求为联合国气候变化框架公约(UNFCCC)成员国会议(COP)提供科学、技术和社会经济方面的建议。

由于科技问题的全球化,科学研究的选题也出现全球性的特点。信息通信技术和网络技术飞速发展,为研究者了解外部世界提供了一个便捷通道,突破了以往的时间和空间限制,极大地拓展了人们认识世界、了解世界的视野。如今科学研究问题已经与过去存在很大不同,学科的交叉和融合发展趋势明显,不再局限于本国或本地区,而在全球范围内进行展开。耗资巨大的人类基因组计划(human genome project,HGP)就是一个典型代表,虽然它是从生物学、医学角度提出的,但由于人类基因组工程的复杂性,该研究将带来社会、法律、伦理方面的问题与冲突,该项目的实施不仅要借助于物理学、化学、信息科学等最新的研究成果和先进技术手段,还需要社会科学提供支持与保障,有待于各国的通力合作与配合。

(2)研发活动日益全球化。本书认为,研发全球化是科技全球化的重要组成部分,而且跨国公司是研发全球化的重要推动力量。跨国公司研发全球化是指跨国公司将其研发活动扩展到公司母国以外的地区,充分利用各国各地区的研发资源,以研发项目为依托,跨国开展研发活动。

由于科学技术的突飞猛进,为充分利用世界各国现有的研发资源,降低新产品研制过程中的成本和风险,跨国公司一改过去以母国为研发中心的传统布局模式,而是根据东道国在人力资源、科技实力、市场潜力以及基础设施上的相对优势,在全球范围内进行研发要素的优化配置,合理布局研发机构,从事新技术、新产品的研发活动,推动跨国公司的海外研发投资不断增长。

联合国贸易和发展会议(UNCTAD)的调查显示,跨国公司海外研发投资占总研发投资的比例从 1995 年的 15%增加到 1998 年的 18%,到 2001 年达到 22%,2003 年高达 28%(UNCTAD,2005a)。从国家层面上来看,全球主要研发大国的跨国公司海外研发活动逐渐增强。美国跨国公司在 1994 年至 2002 年拥有多数股权的跨国公司的研发投入在逐年增加,2002 年美国跨国公司海外研发投入达到 210 亿美元,占跨国公司研发总支出的比例从 1994 年的 11%增长到 2002 年的 13%(Moris,2005)。与此同时,美国跨国公司外国子公司的员工人数占跨国公司总人数的比例也在不断上升,从 1994 年的 14%上升到 1999 年的 16%(见表 4-2),美国跨国公司海外研发人员的比重仍在攀升;20世纪90年代,德国企业在海外设立的研发机构相当于过去50年的总和,1995年到2003年,德国跨国公司在海外建立的研发机构从20家增加到78家,对海外研发机构的直接投资存量从4300万美元增加到8.9亿美元,海外研发人员从2000人增加到11000人,海外研发投入在1995年到2001年间增长了130%。日本公司的海外研发投资从1986年的0.4%增加到2002年的4%,15年左右时间竟然增加了10倍(Roman Boutellior,2008)。

表4-2　主要年份美国跨国公司海内外研发人员及研发投入规模

	员工总数/千人	研发人员/千人	研发投入/百万美元	研发人员人均投入/美元	研发人员占总员工比例/%
总计[a]	24273	727	103451	142338	3.0
国内母公司[a]	18565	625	91574	146565	3.4
海外子公司[a]	5707	102	11877	116441	1.8
总计[b]	30773	770	144435	187505	2.5
国内母公司[b]	23007	647	126291	195255	2.8
海外子公司[b]	7766	124	18144	146915	1.6
总计[c]			159119		
国内母公司[c]			137968		
海外子公司[c]			21151		

数据来源:UNCTAD,World Investment Report(2005a)。
注:上标a、b、c分别表示1994、1999、2002年的统计数据。

大量实证研究表明,跨国公司的研发全球化在不断增强。2004年11月至2005年3月,联合国贸易和发展会议(UNCTAD,2005b)对全球研发投资企业的一项调查研究发现,跨国公司的研发全球化正在加速发展,被调查企业2003年的海外研发支出比例平均达到28%,海外研发人员占跨国公司研发总人数的比例也在上升。根据跨国公司海外研发支出占总支出的比例,不同国家和行业的研发全球化水平存在较大差异。就国别研发全球化差别而言,西欧的跨国公司研发全球化水平最高(41%),其次是北美的跨国公司(24％),日本(15％)和韩国(2％)跨国公司海外研发支出比例最低(见图4-1)。从研发全球化的产业差别来说,化学(47％)和制药行业(38％)的研发全球化水平最高,其次是电子(32％)、汽车(30％)以及 IT 硬件(30％)等行业(见图4-2),但 IT 硬件行业的海外研发人员比例要明显高于海外研发支出比例,这说明从外部获取人力资源是海外投资的一个重要因素。

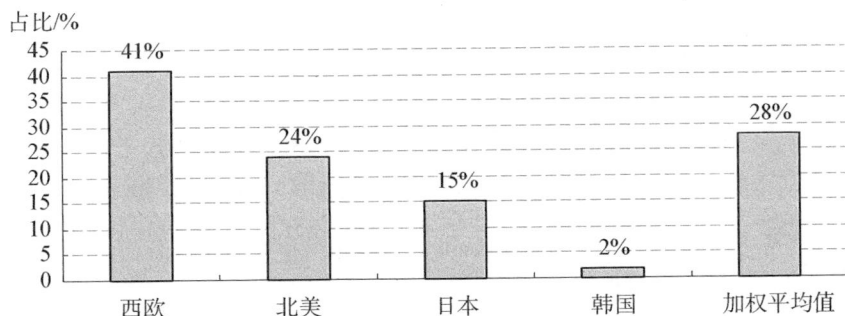

图4-1 2004—2005 年部分区域跨国公司的研发国际化水平

数据来源: UNCTAD(2005b)。

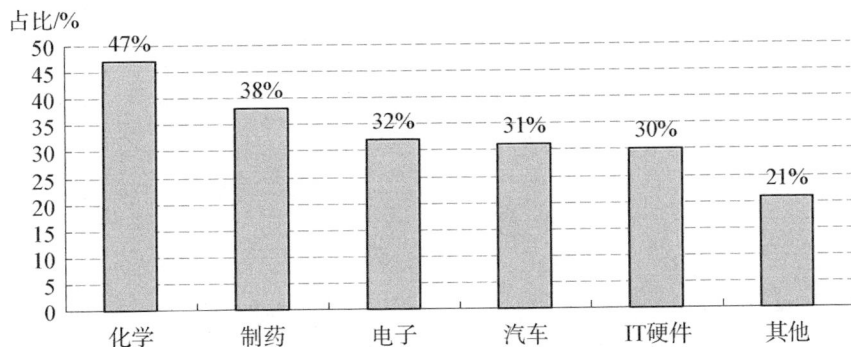

图4-2 2004—2005 年跨国公司在不同产业中的研发国际化水平

数据来源: UNCTAD(2005b)。

(3) 科技人才的全球性流动。在知识经济时代,由于各国经济的不断开放以及对移民政策的放宽,特别是对科技移民限制的减少,作为知识重要载体的科技人才,在全球的流动比以往更加便利与频繁。从全球来看,美国、英国、法国、德国、加拿大和澳大利亚等发达国家是人才的主要输入国(见表4-3),而中国、印度等发展中国家成为人才的输出大国。2006 年联合国发布的世界移民报告称,2005年全球移民人数达到1.9亿人,在这近2亿的全球移民中,有1.15亿人流入发达国家,0.75亿人流入发展中国家。发达国家与发展中国家之间研发人才流动的逆差日趋明显,在一定程度上加剧了全球科技人才空间分布的不平衡性。科技人才的全球性流动主要体现在技术移民、科技人员留学以及国际合作交流等方面。其中,技术移民是发达国家引进科技人才的主要手段。据估计,从20世纪60年代到20世纪90年代,发展中国家流入到发达国家的技术移民总数超过了200万人。根据联合国开发计划署的统计,发展中国家在国外工作的专业人才数以百万计,并正以每年10万人的数量递增(谭绮球,2009)。发展中国家以亚太地区人才外流最为严重,印度每年外流的高科技人才达6万余名,土耳其平均每年外流370余名专家,菲律宾培养的专门人才有12.3%移居国外,我国在1978—2007年间,出国留学人员超过105万人,毕业后回国人数只有27万人,回流率仅为7.6%左右(魏浩,2009)。

表4-3　1998—2007年部分发达国家人才流入数量　　单位:万人

年份	澳大利亚	加拿大	法国	爱尔兰	新西兰	英国	美国
1998	9.42	17.42	11.07	2.17	2.74	28.74	65.32
1999	10.1	19	8.28	2.22	3.1	33.84	64.48
2000	11.13	22.75	9.19	2.78	3.76	37.93	84.1
2001	13.12	25.06	10.69	3.27	5.44	36.95	105.89
2002	12.12	22.9	12.43	3.99	4.75	41.56	105.94
2003	12.59	22.14	13.64	4.24	4.3	40.86	70.35
2004	15	23.58	14.16	4.18	3.62	49.79	95.79
2005	16.73	26.22	13.59	6.61	5.41	46.64	112.24
2006	17.98	25.16	13.51	8.89	4.98	50.98	126.63
2007	19.19	23.68	12.89	8.95	4.68	50.18	105.24

数据来源:根据OECD(2009). International Migration Data整理。
注:美国、加拿大和澳大利亚的数据为永久性人才流入数量。

　　在发达国家中,美国凭借雄厚的经济基础、优厚的工资待遇、良好的工作环境以及宽松的技术移民政策,正在吸引着全球越来越多的科技人才在此汇聚,并成为全世界最大的人才流入国。据世界银行统计,仅在1969—1979年的10年间,美国就接受了近50万名有专门知识和技术的外来移民,其中3/4来自发展中国家,有一半来自亚洲的发展中国家;20世纪90年代以来,每年在美国获博士学位的有30%为非美国公民,而这些留学人员中有相当多数在毕业后都选择了留在美国工作。截至1993年,居住在美国的73岁以下的博士中,有23%是移民,在产业界也有15%的科学家和工程师是在外国出生的(薛澜等,2000);据2004年的统计,美国的科学与工程劳动力中,具有博士学位并在学术和工业界从事研究工作的外国人超过其总人数25%;根据国际教育协会(Institute of International Education,IIE)的统计,2003—2004年度,美国主要大学聘用的外国专家达8.3万人,其中生命与生物学、医学、物理学、工程、计算机与信息、工商管理等领域的专家占到总数的78.7%;另据美国杜克大学与加州大学伯克利分校2007年发布的一份报告显示,在过去10年由移民兴办的美国科技企业中,26%的企业拥有一名印度裔创始人,这一比重超过英国、中国和日本兴办人的总和。目前在新兴工业化国家和发展中国家中,印度是美国人才的最大输出国,其次为中国、墨西哥和巴西,在1997年到2006年间,印度、中国、墨西哥和巴西累计向美国输送人才24.41万人、13.64万人、6.30万人和3.21万人(见表4-4)。另外,科技人才的全球流动不仅表现在由发展中国家向发达国家流动,而且在发达国家之间的流动也相当频繁。据欧共体报告称,1992年从欧共体流入美国的人才占当年流入美国人才总数的14%,其中以英国人才流失最为严重,英国皇家学会中英籍会员现有1/4在国外工作。到2003年,欧盟大约有40万高级人才在美国工作。《欧洲2003年度科技指标报告》指出,在美国工作的欧洲籍高级研究人员中有75%愿意留在美国。苏联解体后,许多独联体国家的科技人才失去工作,大批优秀科学家流向美国等科研条件优越的发达国家,仅美国和日本就从独联体国家挖走9万名专家(其中2000多名高级核专家被美国挖走)。截至1999年底,俄罗斯有3万名科技专家定居海外(陈力,2003)。到2006年,流入美国的科技人才高达126.63万人,打破历史纪录。

表4-4　1997—2006年部分发展中国家和新兴工业化国家流入美国的人才数量

单位：人

国家	1997年	1998年	1999年	2000年	2001年	2002年	2003年	2004年	2005年	2006年
中国	13 510	7 598	5 282	13 772	22 361	20 713	7 511	15 583	20 626	9 484
巴西	1 161	1 141	1 296	2 240	3 353	3 437	1 517	3 605	8 866	5 553
印度	8 745	8 694	5 362	15 557	39 010	42 885	20 560	38 443	47 705	17 169
墨西哥	3 040	2 941	2 637	3 950	7 291	7 492	3 261	7 225	16 347	8 864

资料来源：http：//stats. oecd. org/WBOS/Index. aspx? DataSetCode＝CSP2009。

　　(4)战略性技术联盟迅速形成。早在20世纪70年代上半期,战略性技术联盟还几乎不存在,但到70年代下半期,战略性技术联盟应运而生。80年代初期,与研发相关的战略性联盟迅速扩大到整个工业界,到90年代初期,技术联盟每年都在增加。据统计,1980—1998年间,美国、欧洲和日本企业达成的战略性技术联盟数量将近达到9 000个。据美国MERIT－CATI数据库分析,企业的技术联盟在20世纪六七十年代就有了增长,到80年代开始快速增长,从90年代以来进入了波动增长阶段。1960—1998年间,有3 500多家跨国公司结成大约一万个战略性技术联盟。1991—2001年间,新组建的国际技术联盟数量增加了一倍,从339个增加到602个。

　　从战略性技术联盟参与企业的国别来看,80年代跨国公司间技术联盟主要集中在欧洲、美国和日本等发达国家之间。1990—1998年间,美国企业参与了80％的已知战略性技术联盟(其中,半数是在美国企业之间达成的,半数是与非美国企业达成的),欧洲企业参与了42％的已知战略性技术联盟,而日本企业参与了15％的已知战略性技术联盟。在跨国公司组建战略性技术联盟的过程中,美国公司的参与度最高,2001年美国公司在国际技术战略联盟中所占份额仍高达73％;欧洲企业的参与度也较高,1990—1998年间欧洲企业参与了4 700家战略性技术联盟,其中比较活跃的是英国(1 036家)、德国(994家)、法国(715家)、荷兰(680家)、意大利(338家)、瑞典(278家)、瑞士(267家)和比利时(119家)等国的企业(王春法,2008)。

　　就技术联盟的产业分布而言,在生物工程、新材料、信息技术三大技术领域的国际性合作中诞生了大量战略性技术联合体。1980—2001年20多年间,在信息技术领域共建立了 4 000 多个战略技术联盟,涉及计算机硬件和软件、通信、工业自动化、微电子学专业(周倩,2005)。1991—2001 年间,技术联盟由以信息产业为主导转移到以制药和生物技术产业为主导。其中,制药企业面临降低新药开发成本和承担研发风险的巨大压力,促使该领域的跨国公司急需与同行业的其他公司和研发机构建立技术战略联盟。2000 年,信息技术领域的战略技术联盟占整个战略性技术联盟总数的51.72%;其次是生物技术领域,占 40.89%;再次为新材料领域,占 7.39%(蔡红梅,2004)。技术战略联盟作为科技全球化的一种重要组织形式,汇聚了全球的优质科技资源,推动研发全球化的纵深发展。

(5) 国际科技合作不断深化。科学技术的发展早已超越了国界,不同国家联合起来开展国际科技合作研究的现象越来越普遍。根据联合国教科文组织的定义,国际科技合作就是科技知识的共享,即两个或两个以上国家的公民在彼此接受的协议下,进行知识的交换。近年来,在政府的支持下,那些地理上邻近或者有着共同研究兴趣的国家开展国际科技合作研究的势头十分强劲,国际科技合作成为推动科技全球化发展的一支重要力量。从现实情况来看,国际科技合作主要包括国际合作研究、国际共同开发、国际科技交流和国际技术转让等几个主要形式。目前主要的国际区域科技合作有欧盟的区域合作、以美国为主的区域科技合作、亚太地区的科技合作以及大科学项目等类型。其中,欧盟各成员国之间的科技合作最为密切。在欧盟成立的前 10 年中,科技合作主要是围绕煤、钢和核能等基础领域。目前,最有影响力的是欧盟研究开发框架计划(FP)和"尤里卡"计划。"尤里卡"计划的研究重点是高新技术领域的生产、工艺和服务,包括信息和通信、机器人、新材料、制造业、生物技术、海洋技术、激光、环境保护和交通技术等(见表 4 - 5),该计划对所有有能力的机构开放,鼓励欧洲的企业和研究机构进行高技术标准的技术交流,"尤里卡"计划的主要目的是通过建立跨国技术合作发展协调机构,把欧洲各国分散的技术力量、资金和技术系统整合起来,推动科技一体化的发展。此外,欧盟又启动了诸如智能制造系统(IMS)、科技研究合作项目(COST)、生命科学和生物社会的社会经济研究、国际能源合作项目(SYNERGY)、通信和信息系统的安全性研究以及创新政策的研究等多个合作项目。

表4-5 "尤里卡"计划第一批项目及承担国家

项目名称	承担国家
教学用 SPC	法国、英国、意大利
新型计算机元件	法国、德国
高速计算机	法国、挪威
激光裁剪系统	法国、葡萄牙
淡化海水的渗水膜	法国、丹麦
高能激光器	法国、英国、德国、意大利
欧洲大气污染监控和环保体系	德国、奥地利、芬兰、挪威、荷兰
欧洲科研信息交流网	荷兰、瑞典、瑞士
光学电子仪	法国、意大利
流比仪和医疗器械	西班牙、英国

资料来源：王春法（2008）。

大科学项目也是国际科技合作的重要形式，目前主要集中在全球变化、生态、环境、生物和地学领域。如今影响较大的有人类基因组计划、国际空间站计划、全球变化研究计划（GCRP）、大洋钻探计划（ODP）、国际大陆科学钻探计划（ICSDP）、全球地震检测网（GSN）、国际南极科学探险计划（ITSE）、人类和生物圈计划（MBP）、人类前沿科学计划（HFSP）、国际热核试验反应堆计划（ITER）等研究项目。其中，人类基因组计划是美国科学家杜伯克于1985年率先提出的，主要由美国、德国、日本、英国、法国和中国6个国家的科学家来负责完成；国际空间站计划是美国航空航天局在20世纪80年代初期提出的，由美国、俄罗斯、日本、欧洲航天局、加拿大等共同建造，计划耗资超过630亿美元；全球变化研究计划始于1989年，是迄今规模最大、范围最广的国际合作研究计划之一，目前的研究主要集中在大气组成、生态系统变化、全球碳循环、全球气候多样性和变化、全球水循环等领域（张延茜，2009）。

5. 科技全球化的最新发展动态

第一，全球研发活动多极化倾向显现。

长期以来，研发投资主要集中在经合组织成员国之间，美国是全球研发资金流入的最大吸纳者。在经合组织成员国中，最大的跨国研发资金流动主要集中在美国、欧盟和日本三个区域，并形成跨国公司海外研发资金流动"大三角"格局。从 2010 年和 2011 年全球研发投资的规模看，美国、欧洲和亚洲还是全球研发投入强劲的地区。尽管美国依然是全球研发投入的主要推动者，但是美国研发投入占全球研发投入比重已经下降到 32%。与之形成鲜明对照的是，亚洲地区成为全球研发投资的热点区域，特别是中国和印度的研发投资迅速上升，并演绎为跨国公司在全球研发投资角逐的主战场。以 2011 年为例，当年亚洲的研发投资占全球研发投资的比重已经达到 35.5%，其中，中国的研发投资比重已经超过日本的 11.4%，高达 13.1%（见表 4-6）。根据《2012 年全球研发投资预测》(2012 Global R&D Funding Forecast)，2012 年亚洲的研发投入规模约为 514 400 000 美元（约占全球研发投资的 36.7%），将超过美洲的 505 600 000 美元（约占全球研发投资的 36.0%），成为世界研发投入规模最大的地区（见表 4-7）。

表 4-6　各国和各地区占全球研发投资的比重　　　　单位：%

国家和地区	2010 年	2011 年	2012 年
美洲	37.8	36.9	36.0
美国	32.8	32.0	31.1
亚洲	34.3	35.5	36.7
日本	11.8	11.4	11.2
中国	12.0	13.1	14.2
印度	2.6	2.8	2.9
欧洲	24.8	24.5	24.1
其他地区	3.0	3.1	3.2

资料来源：Battelle, R&D Magazine。

表 4-7　2010 年、2011 年全球研发投资规模和强度及 2012 年全球研发投资预测

国家和地区	2010 年研发总支出	2010 年研发强度	2011 年研发总支出	2011 年研发强度	2012 年研发总支出	2012 年研发强度
美洲	473.7	2.3	491.8	2.3	505.6	2.3
美国	415.1	2.8	427.2	2.8	436.0	2.8
亚洲	429.9	1.8	473.5	1.9	514.4	1.9

（续表）

国家和地区	2010 年研发总支出	2010 年研发强度	2011 年研发总支出	2011 年研发强度	2012 年研发总支出	2012 年研发强度
日本	148.3	3.4	152.1	3.5	157.6	3.5
中国	149.3	1.5	174.9	1.6	198.9	1.6
印度	32.5	0.8	38.0	0.8	41.3	0.8
欧洲	310.5	1.9	326.7	1.9	338.1	2.0
其他地区	37.8	1.0	41.4	1.1	44.5	1.1
总计	1 251.9	2.0	1 333.4	2.0	1 402.6	2.0

资料来源：Battelle，R&D Magazine。

注：研发总支出的单位为百万美元；研发强度为研发投入占 GDP 的比重，单位为%。

第二，跨国公司的研发投资向新兴经济体转移。

随着经济和科技全球化浪潮的推进，跨国公司不仅重视在发达国家的研发投资，而且也开始关注在发展中国家的研发投资，并将发展中国家和新兴经济体纳入跨国公司全球研发网络之中。长期以来，跨国公司一般将研发高端环节保留在公司母国或发达国家，而把研发低端环节转移到发展中国家。但是，随着一些新兴经济体的崛起，凭借强大的市场潜力和高质量的廉价劳动力资源，跨国公司为了降低研发成本，纷纷将其研发机构搬到发展中国家和新兴经济体，其中不乏先导性研发中心和面向全球市场的研发机构。2007 年，中国是全球最大的研发投资净流入国，流入研发资金约 247 亿美元，而当年印度的研发资金流入量为 129 亿美元，位居世界第二。跨国公司特别关注中国、印度和巴西的市场潜力和人才资源，纷纷前来设立研发机构，中国、印度和巴西迅速成为跨国公司全球研发投资争夺的"主战场"。《研发杂志》（*R&D Magazine*）对美国企业的调查显示，有 30%的企业希望到中国设立研发机构，开展研发活动；有 24%的企业愿意到印度进行研发投资；有 11%的公司愿意到亚洲的其他地区设立研发机构，开展研发活动。统计结果表明，有 60%～70%的美国公司愿意来亚洲进行研发投资。由此可见，发展中国家和新兴经济体已成为跨国公司海外研发投资的热土，并蕴藏着巨大潜力。

自 2008 年国际金融危机爆发以来，虽然跨国公司在总体上都受到不同程度的影响，多数跨国公司开始削减海外研发投资，但跨国公司在中国的研发投资似乎未受到影响,中国依然是跨国公司研发投资的热土,新一轮研发的"中国潮"正在到来。自2008年以来,许多跨国公司依然抢滩登陆中国,全球研发中心正在"移师"中国,上海、北京、苏州、成都和西安等城市是外商研发投资的首选桥头堡。虽然受国际金融危机冲击,但跨国公司在华研发投资规模仍在不断上升。据笔者2009年3月份对跨国公司在沪研发机构的调研,3M上海研发中心、通用电气中国研发中心、霍尼韦尔上海研发中心、汽巴精化(中国)有限公司研发中心、阿海珐(中国)输配电研发中心、思爱普(SAP)中国研究院等绝大多数外资研发机构的负责人都表示,尽管金融危机对跨国公司全球研发有一定影响,但他们非常看重中国的市场前景和成本优势,他们仍将继续加大在中国的研发投资。通用电气上海研发中心的负责人认为,通用电气作为一个具有130年发展历史的跨国公司,历经美国数次经济大萧条,总结的一条历史经验是:大多数公司往往在经济不景气的时候减少研发投入,而在经济好转的时候才加大研发投入;而通用电气却是越困难越加大研发投入,许多具有竞争力的产品往往都来自经济困难时期研发成功的项目,这样就能把竞争对手远远甩到后面。虽然2009年通用电气在全球的研发投入与2008年持平,但通用电气上海研发中心2009年的研发投入却增加了20%。另外据丹尼斯克公司(Danisco)亚太研发中心的负责人透露,丹尼斯克对中国和亚洲市场很有信心,金融危机对丹尼斯克亚太研发中心几乎没有造成影响,尽管该公司在欧美有裁员现象,但在亚洲没有裁员,在中国的研发机构还要招聘新员工,丹尼斯克上海研发中心2009年的研发投入比2008年增长20%以上。

　　跨国公司在看好中国研发投资的同时,也不断加大力度在印度设立研发机构,开展研发活动。特别是21世纪以来,开始在印度设立研发机构的跨国公司越来越多,平均每年新设的研发机构大约在35～40个,到2005年印度已经有145个外资研发机构,2006—2007年前后,印度外资研发机构已达200家左右。与此同时,研发投资的经费也在不断增长,印度技术信息预测和评估委员会(英文缩写为TIFAC)①对印度145家研发机构(包括中小企业

① 印度技术信息预测和评估委员会受政府资助,在2004年对印度1998年到2004年之间的145家跨国公司的研发机构进行调查,并出版了2006TIFAC调查报告。

的研发机构)的调查数据显示,1998 年到 2003 年间,外资在印度的研发投资大概达到 13.5 亿美元。根据 2006 年 5 月印度通信与信息技术产业部的统计数据,印度最大的研发投资者来自美国,而且研发投资主要集中在信息和通信技术产业,例如微软、英特尔、IBM、思科、惠普、摩托罗拉、太阳系统公司、甲骨文(Oracle)等美国跨国公司都在印度设立研发中心,并高度集聚于班加罗尔,部分跨国公司甚至在印度设立多个研发机构,许多研发机构不仅是区域研发中心,而且也是跨国公司的全球研发中心,服务于跨国公司全球研发布局战略(见表 4-8)。

表 4-8　部分美国公司在印度设立的研发机构

公司名称	研发机构	设立地点	涉及行业 或研发方向	定位
英特尔	英特尔印度设计中心	班加罗尔	软件开发	全球研发中心
德州仪器	德州仪器印度研发中心	班加罗尔	软件开发	区域研发中心
甲骨文	甲骨文印度研发中心	班加罗尔、海德拉巴	数据库产品和应用型产品的工具开发	美国本土以外的最大研发中心
太阳微系统公司	印度工程中心	班加罗尔	软件开发	区域研发中心
IBM	IBM 软件实验室	新德里、班加罗尔、浦那	软件开发	全球研发中心
微软	微软印度开发中心	海德拉巴	软件开发	全球研发中心
惠普	惠普印度实验室	班加罗尔	新兴市场的未来技术研究	区域研发中心
思科	思科印度研发中心	班加罗尔、海德拉巴	软件开发	全球研发中心
摩托罗拉	摩托罗拉印度研发中心	班加罗尔、海德拉巴	通讯技术和软件设计	全球第二大研发中心
Google	Google 印度研发中心	班加罗尔	数据挖掘与搜索	美国本土以外的第一个研发中心

（续表）

公司名称	研发机构	设立地点	涉及行业或研发方向	定位
Adobe	Adobe 印度研发中心	班加罗尔、诺伊达	软件开发	区域研发中心
通用汽车	印度科学实验室	班加罗尔	汽车	全球研发中心
戴姆勒-克莱斯勒	克莱斯勒研发中心	班加罗尔	汽车（电子设备、仿真和软件开发）	区域研发中心
通用电气	韦尔奇技术中心	班加罗尔	软件开发、飞机发动机及涡轮部件开发、医疗器械	美国本土以外的最大研发中心

资料来源：根据相关企业资料和网络查询整理。

第三，国际研发外包方兴未艾。

随着国际劳动分工的不断深入以及产品研发的复杂化，研发外包作为一种新的经济现象，已成为影响科技全球化的一支重要力量。由于研发活动的外部化，企业为了降低成本和风险，提高研发能力，将其非核心或不擅长的研发环节外包给其他企业，因此国际研发外包开始兴起。在国际研发外包活动中，跨国公司是一股重要的推动力量，跨国公司不再把所有的研发中心控制在母国，不但在母国以外的国家和地区设立研发中心，并且把部分研发环节进行外包，由此形成了复杂的跨国公司全球研发网络。

近年来，全球研发外包的发展规模在不断扩大。以软件研发外包为例，IDC市场分析显示，2006年全球软件外包市场规模达500亿美元，增长20％，2009年将达到800亿美元，年增长率为19.75％。其中，印度软件研发外包市场的规模从2003年的13亿美元，增加到2010年的80亿美元；另外，以生物医药研发外包为例，20世纪90年代以来，国际生物医药研发外包服务业迅速兴起，研发外包规模不断扩大。《研发杂志》（R&D Magazine）2000年的一项调查显示，世界40％的制药企业将其部分研发业务外包；2002年，世界生物医药产业研发外包服务市场规模为100亿美元，2005年增长到163亿美元；2008年全球市场总规模为210亿美元，到2010年增加到360亿美元（任志武，2008）。

第四,个人学术交流与合作更为密切。

随着科技的日趋复杂化和尖端化,许多研究课题仅凭研究者个体很难完成,迫切需要各国的研究者通过学术交流与研究合作共同攻克。当前,世界各国的学术交流日益频繁,国家间通过互派访问学者、举办国际学术会议和科技论坛等形式,促进研究者之间进行相互交流与合作,在短时间内了解国际同行的研究领域和最新进展,及时掌握学科领域的前沿问题。

个体之间的相互交流为学术合作奠定了基础。由于科技问题日益国际化,在世界范围内不同国家学者的合著论文数量都迅速增长,国际合作论文不断增加。到2003年,20%的论文至少有1名外国作者。美国国际合著论文数量最多,其合作的国家数量也最多。2003年,参与国际合著论文的国家有192个,美国研究人员与172个国家的研究人员都开展了合作,美国作者参与的国际合著论文占到44%,美国作者发表的论文中每4篇就有1篇是国际合著论文;日本和欧盟国家的国际论文合著数量也较多。从合著论文的趋势来看,美国、欧盟和日本等国加强了与发展中国家的合作,当前东亚地区各国之间的科技合作日趋活跃,并形成新兴的研究密集区(黄军英,2007)。

以中国的国际合著论文为例,2007年收录中国内地的SCI论文中,国际合著论文为20 828篇,比2006年增加了1 982篇,增长率为10.5%,国际合著论文占我国发表论文总数的21.9%。其中,中国作者为第一作者的国际合著论文11 355篇,占我国全部国际合著论文的53.5%,合作伙伴涉及90个国家(地区),合作伙伴排前6位的分别是美国、日本、英国、德国、加拿大和澳大利亚(见表4-9)。其他国家作者为第一作者、中国作者参与的国际合著论文为9 473篇,合作伙伴涉及77个国家(地区),合作伙伴排前6位分别为美国、日本、德国、英国、加拿大和澳大利亚(见表4-10)。

表4-9 以中国学者为第一作者而其他国家学者参与的国际合著论文数量

排序	国家	论文数量/篇
1	美国	3 754
2	日本	1 322
3	英国	853
4	德国	777

（续表）

排序	国家	论文数量/篇
5	加拿大	695
6	澳大利亚	682

资料来源：人民网（http://scitech. people. com. cn/GB/25509/56813/141009/141017/8510993. html）。

表4-10 中国学者参与而其他国家学者为第一作者的国际合著论文数量

排序	国家	论文数量/篇
1	美国	3 033
2	日本	991
3	德国	546
4	英国	479
5	加拿大	434
6	澳大利亚	395

资料来源：人民网（http://scitech. people. com. cn/GB/25509/56813/141009/141017/8510993. html）。

第五，中国和印度等国家科技人才开始回流。

第二次世界大战后，美国凭借优厚的工资待遇、良好的工作环境和优越的科研条件，吸引了欧洲、俄罗斯、印度和中国等地方的科学家和工程师来美国工作。然而，"9·11"事件之后，受恐怖势力影响，美国缩紧了其移民政策，很多优秀的科技人才无法进入美国，美国第一次出现了"人才逆流"现象。微软创始人比尔·盖茨2007年3月在美国国会批评道："在我们最需要人才的时候，美国的移民政策赶跑了那些最优秀、最聪明的人。"

中国和印度与美国形成鲜明对比。长期以来，中国和印度一直是全球人才流失最严重的两个国家。但是，随着中国、印度等国经济实力的增强和国内环境的改善，越来越多的海外人才选择回国，人才的回流现象开始显现。据美国Steven Raymer教授估计，自2003年印度承认双重国籍以来，仅从海外回到印度的IT专业人员就有大约5万到6万人次，他们大多数回到了新德里、海德拉巴和班加罗尔。另据统计，从1978年到2007年，我国各类出国留学人员总数达 121.2 万人,遍布世界五大洲 100 多个国家和地区。从 1978 年到 1989 年,留学回国的仅 2 万多人。到 2007 年底,留学回国人数已达 32 万人,我国的人才回流趋势已经十分明显。

第六,发展中国家和新兴经济体的企业寻求海外研发投资。

长期以来,跨国研发投资一直被发达国家所主导,发展中国家的企业海外研发投资仅仅是近年来的新生事物,也就是说,在全球研发投资活动中,发达国家的跨国公司一直唱"主角",而发展中国家的企业往往扮演"配角"。但是,最近几年,这种传统角色出现了重大转换。跨国公司海外研发投资不再是由发达国家单向流动到发展中国家,发展中国家的企业也开始寻求到发达国家和其他发展中国家设立研发机构。在科技全球化浪潮的推动下,不少发展中国家的大企业也纷纷跨出国门,到海外寻求研发投资。就中国而言,华为、海尔、联想、TCL 等企业较早就在境外设立研发机构,开展研发活动。例如,海尔集团在中国企业走出去发展过程中起步较早,具有很好的带头作用。华为技术有限公司则长期坚持将不少于 10% 的销售收入用于研发投入,并坚持将研发投入的 10% 用于预研,对新技术、新领域进行持续不断的研究和跟踪,目前华为已在瑞典斯德哥尔摩、美国达拉斯及硅谷、印度班加罗尔、俄罗斯莫斯科等地设立海外研发机构,并开展相关研发业务(见表 4-11)。世界知识产权组织最新公布的数字显示,2019 年华为以 4411 件专利申请连续第三年成为全球企业专利申请的榜首,随后是日本三菱电机株式会社(2 661 件)、韩国三星电子(2 334 件)和美国高通公司(2 127 件)。许多跨国公司纷纷将华为视为潜在的竞争对手。

表 4-11　华为在海外的研发机构分布及关键研发业务

机构地点	开展的关键研发业务
瑞典斯德哥尔摩	基站结构和系统设计、模拟/混合信号设计(射频电路)、运算法则
俄罗斯莫斯科	运算法则、设计
印度班加罗尔	嵌入式软件与平台的开发
美国达拉斯	CDMA 整体解决方案、3G 通用无线通信系统、CDMA 移动智能网络、移动数据服务、VOIP 网络电话

（续表）

机构地点	开展的关键研发业务
英国伊普斯维奇	光通信技术研发（收购英国集成光电器件公司/CIP光子研发中心）
法国伊西市	移动宽带研发
法国塞尔日	无线技术的基础性研发
法国拉尼翁	固定宽带研发
意大利米兰	微波技术研发（全球性研发中心）

资料来源：根据华为技术有限公司网站和相关网络资料查询。

　　与此同时，印度等国的大企业也开始在欧美等国设立研发机构。印度的兰伯西制药公司（Ranbaxy）、塔塔汽车公司（Tata Motor）、印孚瑟斯信息技术有限公司（Infosys）、维普罗（Wipro）等声名鹊起的本土企业也纷纷在境外设立研发机构。其中，塔塔汽车公司先后在韩国、西班牙和英国设立研发中心，与本土共计拥有六个研发中心、1 400多个工程师和科学专家，车辆出口至欧洲、非洲、中东、东南亚、南亚以及南美地区。正如塔塔汽车公司常务董事拉维·坎特（Ravi Kant）所说："我们的想法完全改变了，我们不仅准备应对国内竞争，还将走出国门，迎接来自其他国家的挑战。"另外，印度的萨蒂亚公司将全球销售网络拓展到45个国家，并在美国、英国、新加坡、中国、日本和澳大利亚等国设立研发中心，服务范围涉及自动化、银行金融服务、保险与保健服务和制造业等领域（文富德，2009）。

　　在21世纪初期，特别是在美国经济危机、欧债危机以及日本经济衰退的国际大背景下，以中国和印度为代表的发展中国家和新兴经济体的企业充分抓住国际金融危机带来的机遇，开始在发达国家掀起新一轮海外并购的热潮。在海外并购过程中，许多发展中国家的企业同时也并购了海外企业的研发机构，这也是近年来海外研发投资的一种新业态。以印度企业为例，近年来不少印度企业明显加快了海外并购的步伐和速度，印度汽车零件业、制药业、软件业的一批大型私营企业纷纷将目光瞄准海外市场，掀起了一股在印度商业发展史上前所未有的海外收购热潮。据印度工商联合会统计，2000—2007年印度公司共收购了300多家海外企业，总价值高达数百亿美元。印度企业通过海外并购,整合全球资源,完善产业链条,不断提高企业的研发实力和水平。例如,印度一些钢铁和汽车行业中的核心企业(譬如 Mittal Steel,Tata Steel,Bharat Forge,Tata Motors 等公司)通过海外并购的方式嵌入全球生产网络,并在技术创新方面得到收益。2000—2007 年,印度企业在海外收购的规模空前,涉及的行业多样,收购的企业国别来源也较广(见表 4 - 12)。

表 4 - 12 2000—2007 年印度企业的主要海外收购案例

印度企业	被收购企业	国家	收购年份	交易价格	所属行业
ONGC Videsh Ltd	Petrobras	巴西	2006	1 400	石油
	Greater Plutonic Project	安哥拉	2004	600	石油
	Greater Nile Oil Project	苏丹	2002	760	石油
	Sakhalin-I PSA Project	俄罗斯	2000	323	石油
雷迪博士实验室公司	Betapharm Arzneinmittel	德国	2006	572	制药
Suzlon Energy Ltd	HTI	比利时	2006	565	能源
兰伯西实验室公司	Therapia S. A.	罗马尼亚	2006	324	制药
Opto Circuits India	Eurocor GmbH	德国	2005	600	医疗设备
塔塔茶叶	Tetley	英国	2005	407	食品饮料
塔塔汽车	Daewoo Commercial	韩国	2004	465	汽车
VSNL	Teleglobe	加拿大	2005	239	电信
塔塔化学	Brunner Mod	英国	2005	798	化学
塔塔钢铁	Corus Steel	英国	2007	12 100	钢铁
	PT Bumi Resources Tbk	印尼	2007	1 100	电力
	Millenium Steel	泰国	2006	404	钢铁
	Natsteel	新加坡	2005	285	钢铁
塔塔咖啡	Eight O'Clock	美国	2006	220	食品饮料
Hindalco	Novelis	加拿大	2007	5 892	铝业

（续表）

印度企业	被收购企业	国家	收购年份	交易价格	所属行业
Videocon	Daewoo Electronics	韩国	2005	729	电子
Ispat Industries	Finmetal Holdings	保加利亚	2005	300	钢铁
Reliance Ind.	Flag Telecom	百慕大	2003	212	电信
Matrix Laboratories	Docpharma NV	比利时	2005	235	制药
Ballarpur Industries	Sabah Forest Industries	马来西亚	2006	209	造纸
SC	Bornia Hightec	芬兰	2006	210	信息技术
Essar Steel	Algoma	加拿大	2007	1 600	钢铁

资料来源：V. V. Krushna(2009)。

注：交易价格以百万美元为单位；SC 为 Sasken Communications 公司的缩写；HTI 为 Hansen Transmissions International 公司的缩写。

　　与印度本土企业相比，中国本土企业的海外并购起步较晚。但是近年来中国一些大企业不断寻求海外并购，在跨国并购的国际舞台上开始崭露头角。2004 年底，中国联想公司以 12.5 亿美元的价格（并承担 5 亿美元的债务）并购 IBM 的个人计算机分部，这震惊了国内外经济界，使中国企业的跨国并购活动立刻成为国内外经济界关注的焦点。美国著名的财经杂志《商业周刊》就撰文认为，未来 10 年中国企业将进行大规模的跨国并购，从而将深刻改变全球企业竞争的整体格局。特别是全球金融危机发生以来，发达国家和发展中国家的经济均受到了重创，在全球经济的不景气中，中国经济一枝独秀，这给中国企业实施海外并购提供了难得的历史机遇，中国企业跨国并购更是风生水起。从表 4－13 中可以看出，近几年我国企业海外并购主要集中在能源和机械制造等行业，且多数并购发生在 2008 年的金融危机之后，并购的成本相对较低。当然，在看到中国海外并购的成功案例的同时，也要看到我们在海外并购中遇到的许多失败和教训，跨国并购蕴藏着巨大的风险和危机，如果在并购过程中处理不好这些问题，将会带来灾难性的后果。

表 4-13　2006 年以来中国企业的主要海外收购案例

中国企业	被收购企业	被收购企业所属国家	收购时间	交易价格	所属行业
中国化工集团公司	安迪苏集团	法国	2006	31.8 亿元	能源
中海油	Oil & Gas Assets 公司	尼日利亚	2006	168.7 亿元	能源
工商银行	南非标准银行	南非	2007	341.1 亿元	银行
中国平安	富通	比利时	2008	170.9 亿元	金融
中海油	Awulco Offshore ASA	挪威	2008	156.2 亿元	能源
华菱集团	FMG 公司	澳大利亚	2009	78.0 亿元	钢铁
中石化	Addax 公司	瑞士	2009	452.4 亿元	石油
中国海南航空集团	allco 金融集团飞机租赁业务	澳大利亚	2010	9.4 亿元	航空
五矿集团	OZMinerals 公司	澳大利亚	2010	43.7 亿元	能源
苏宁	LAOX 公司	日本	2010	5 730 万元	家电
中海油	马拉松安哥拉 32 区块公司	安哥拉	2010	81.2 亿元	能源
吉利	沃尔沃公司	瑞典	2010	112.5 亿元	汽车
联想集团	NEC 公司	日本	2011	10.9 亿元	电子
海尔集团	三洋电机株式会社	日本	2011	8.3 亿元	家电
中海油	OPTI 公司	加拿大	2011	131.2 亿元	能源
中海油	Nexen 公司	加拿大	2012	943.4 亿元	能源
兖州煤业	Felix 公司	澳大利亚	2012	216.8 亿元	煤矿
三一重工	普茨迈斯特公司	德国	2012	26.5 亿元	机械制造
吉恩镍业	GBK 公司	加拿大	2012	6.3 亿元	能源
国家电网	葡萄牙国家能源网	葡萄牙	2012	32 亿元	能源
恒立数控	SumiKura 株式会社	日本	2012	0.158 7 亿元	机械制造
大连万达	AMC 影院公司	美国	2012	200 亿元	娱乐
恒大健康	卡耐新能源	日本	2019	14.64 亿元	新能源
中化国际	Elix Polymers S. L.	西班牙	2019	11.20 亿元	新能源

（续表）

中国企业	被收购企业	被收购企业所属国家	收购时间	交易价格	所属行业
赣锋锂业	Minera Exra.	阿根廷	2019	11.10亿元	新能源
宁德时代	Pilbara	澳大利亚	2019	2.63亿元	新能源
天顺风能	Ambau	德国	2019	1.68亿元	新能源

注：交易价格以亿元人民币为单位。
数据来源：根据相关网络查询整理。

　　第七，新兴创新经济体开始崛起。

　　在参照新兴经济体概念的基础上，本书主要根据各经济体的研发投入规模、研发投入强度、人力资源的丰富程度、吸纳外资研发以及研发的产出等指标，提出了新兴创新经济体的概念。与成熟经济体相比，新兴创新经济体由于经济和科技发展的起步较晚，其经济崛起是本土研发投入加大和吸引外资研发增多两种因素共同作用下的产物。因此，在衡量其研发水平时，不但要关注本土的研发投入规模和强度，而且也要考察外资研发投入规模与比重。根据本土研发和外资研发的投入规模与强度，本书认为新兴创新经济体是指除美、日、欧等发达经济体外，本土研发投入较大、吸引外资研发较多、研发增长速度较快且研发产出较高的新兴工业化国家和地区。从表4-14中可以发现，目前中国、韩国、印度、巴西、以色列、新加坡、阿根廷、土耳其、墨西哥、南非等经济体的本土研发总投入较大（2010年和2011年平均本土研发总投入大多数都在30亿美元以上）。从创新产出来看，很多发展中大国开始跻身于专利申请和授权大国。以PCT国际专利申请为例，根据世界知识产权组织（WIPO）公布的数据，2017年中国提交的PCT国际专利申请量达48882件，排名全球第二，在PCT国际专利申请量前15位的原属地中，中国和印度是仅有的两个中等收入国家。另外，从2018年全球主要国家和地区研发投入（按购买力平价计算）来看，中国、韩国、印度、俄罗斯、巴西的研发投入规模均位居世界前列（见表4-15），在前十名中有五个均属于金砖国家和新兴创新经济体，由此可见新兴创新经济体的快速发展，科技创新对这些经济体的经济发展起到了巨大推动作用。诚然，新兴创新经济体的崛起不是一蹴而就的，它是在本土科技政策、创新激励和经济发展共同推

080

动下的结果,一方面新兴创新经济体都十分重视本土的研发投入和产出,另一方面及时出台相关政策,大力吸引跨国公司前来设立研发机构,开展研发活动。新兴创新经济体的崛起,改变了全球研发的格局,对世界科技布局将产生深远影响。对于这一新的现象,企业界、政界和学术界应该给予更多的关注和重视,如何协调本土研发和外资研发互动发展,做好官产学研一体化发展已成为一个重要的议题。

表 4-14　主要新兴创新经济体研发投入规模与强度

经济体	排名	2010 年研发总投入/亿美元	2010 年研发强度/%	2011 年研发总投入/亿美元	2011 年研发强度/%
中国大陆	2	1 493	1.48	1 749	1.55
韩国	5	490	3.36	527	3.40
印度	8	325	0.80	380	0.85
巴西	9	239	1.10	275	1.20
中国台湾	13	189	2.30	207	2.35
以色列	19	94	4.27	98	4.20
土耳其	21	82	0.85	94	0.90
新加坡	22	74	2.52	82	2.60
墨西哥	25	58	0.37	63	0.38
南非	28	49	0.93	53	0.95
阿根廷	31	30	0.51	38	0.58

资料来源:Battelle, R&D Magazine, International Monetary Fund, World Bank, CIA World Factbook。
注:排名为全球范围,是以 2010 年的本土研发总投入为准(按购买力平价计算)。

表 4-15　2018 年全球主要国家和地区研发投入(按购买力平价计算)

排名	国家	研发投入(亿美元)	同比	占 GDP 比重	全球份额
1	美国	5 529.8	2.86% ↑	2.84%	25.25%
2	中国	4 748.1	6.74% ↑	1.97%	21.68%
3	日本	1 866.4	0.60% ↑	3.50%	8.52%
4	德国	1 165.6	1.50% ↑	2.84%	5.32%
5	韩国	882.3	3.28% ↑	4.32%	4.03%

（续表）

排名	国家	研发投入（亿美元）	同比	占GDP比重	全球份额
6	印度	832.7	8.27%↑	0.85%	3.80%
7	法国	631.2	1.59%↑	2.25%	2.88%
8	俄罗斯	586.2	1.40%↑	1.52%	2.68%
9	英国	496.1	0.92%↑	1.72%	2.27%
10	巴西	374.5	0.83%↑	1.17%	1.71%
11	澳大利亚	314.7	2.01%↑	1.80%	1.44%
12	加拿大	295.0	3.00%↑	2.34%	1.35%

（二）跨国公司在华研发投资对我国区域创新系统演化的影响

1. 跨国公司在华研发投资的历程及其特征

（1）研发机构数量不断增多。党的十一届三中全会以来，随着改革开放政策的实施，我国的国门逐渐被打开，外资开始进入中国寻求投资。然而，外商研发投资的进入是在20世纪90年代以后。自从1994年加拿大北方电讯公司与北京邮电大学合作成立研发中心以来，跨国公司在华设立研发机构的数量逐步增长，而且规模也在不断扩大。根据商务部外资司的不完全统计，1996年，跨国公司在华设立研发中心的数量是34家。到2000年，研发中心的数量激增到100家。此后，研发中心数量持续增加，到2006年8月底，跨国公司在华设立研发中心的数量达到了750多家。据不完全统计，截至2006年底，跨国公司在华研发机构累计投资达到190.80亿美元，每家机构的平均投资规模达到1709.50万美元。近年来，大型跨国公司在华设立研发机构的速度尤为迅猛。截至2007年上半年，在华各类外资研发机构总数达到1200多家。其中，世界500强跨国公司在华设立的研发机构已达340多家（杜德斌，2009）。联合国贸发会议调查显示，62%的跨国公司将中国作为其2005—2009年设立海外研发机构的首选地。另外根据商务部的统计，截至2012年，在华的外资研发中心数量已经超过1800家（见图4-3），其中有一半左右从事先导技术开发，六成以上面对全球市场。

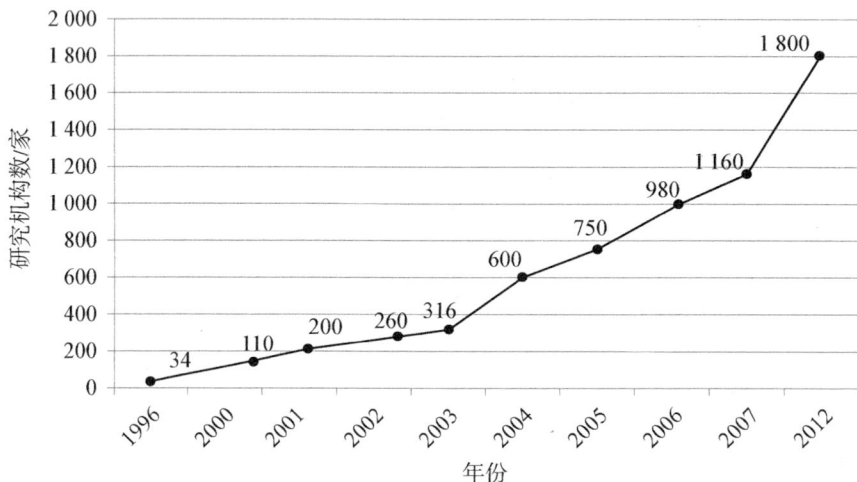

图4-3　1996年以来跨国公司在华设立研发机构的增长数量
数据来源：根据商务部官方网站统计数据和新闻联播报道整理。

（2）研发活动高度集聚。从投资的区域来看，跨国公司在华研发投资主要集中在东部沿海地区，特别是高度集聚在以北京为中心的环渤海地区、以上海为中心的长三角地区、以深圳和广州为中心的珠三角地区。从投资的城市来看，跨国公司在华研发机构主要集中在北京、上海、深圳、苏州、天津等特大城市。

（3）研发产业分布相对集中。从总体上来看，跨国公司在华的研发产业主要集中于电子、信息、软件、化工、电气、生物制药和汽车等高新技术领域。其中，北京主要集中在计算机、软件、通信等领域；上海主要集中在化工、汽车、医药领域；广州、深圳、天津、苏州等以 IT 领域为主。以世界 500 强为例，世界 500 强在华设立的 342 家研发机构中，从事电子及信息通信技术领域的就有 185 家，占总数的一半以上。

2. 跨国公司在华研发投资的发展趋势

（1）跨国公司在华研发投资的态势有增无减。中国依靠巨大的市场潜力和低成本的劳动力优势不断吸引着越来越多跨国公司前来在华设立研发机构，开展研发活动。对跨国公司研发部门负责人的问卷调查显示，有 61％的受访者表示愿意在中国进行研发投资（见图 4-4）。同时有 62％的受访者表示投资中国的最大吸引力是研发要素的低成本（见图 4-5）。

研发投资吸引力

地区	百分比
中国大陆	61%
印度	50%
西欧	29%
东欧	20%
南美	17%
日本	15%
新加坡	15%
韩国	13%
北欧	8%
中国台湾	7%
马来西亚	5%
澳大利亚	4%
其他地区	2%
印度尼西亚	2%

受访者/%

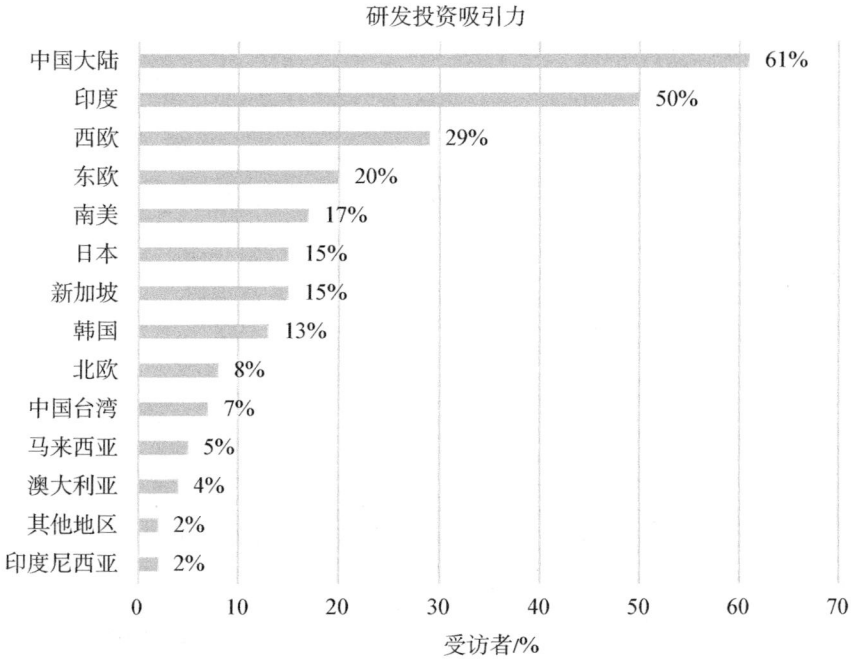

图4-4 跨国公司研发部门负责人问卷调查结果的区域研发投资倾向
资料来源：R&D Magazine，Battlelle，OECD。

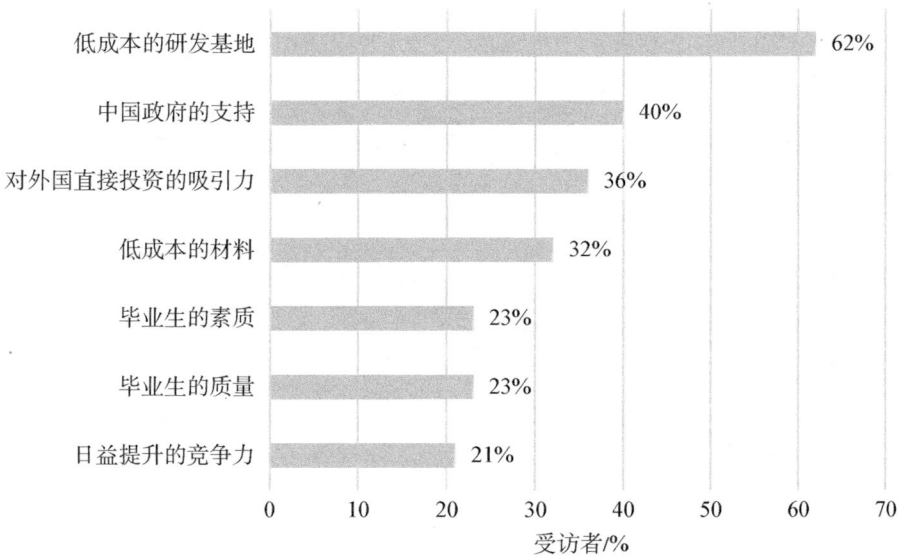

动因	百分比
低成本的研发基地	62%
中国政府的支持	40%
对外国直接投资的吸引力	36%
低成本的材料	32%
毕业生的素质	23%
毕业生的质量	23%
日益提升的竞争力	21%

受访者/%

图4-5 受访的跨国公司研发部门负责人倾向研发投资中国的动因调查结果
资料来源：R&D Magazine，Battlelle，OECD。

2008 年由美国次贷危机引发的国际金融危机全面爆发,全球经济遭受了巨大打击,跨国公司资产严重缩水,国际贸易与投资减少,世界经济增长开始放缓,跨国公司开始削减了其在海外的生产和研发投资。由于中国相对严格的金融管制措施和丰富的外汇储备,受到金融危机的影响相对有限,某种程度上在这场金融危机中扮演了"稳定器"的角色。但是,随着全球金融危机的不断扩散蔓延,我国部分在建的外资项目放慢或取消,一些外商投资企业海外订单减少,跨国公司也开始调整在华投资战略。同时受欧美市场需求减少影响,中国出口明显受挫,出现下滑迹象。

虽然跨国公司在金融危机时对华整体投资出现萎缩,但是其在华的研发投资非但没有减少,反而逆势增长,新一轮的研发"中国潮"正在到来。中国市场潜力与低成本优势对跨国公司具有强大吸引力,跨国公司对华投资依然充满信心,并在金融危机背景下呈现出新的研发投资动态与发展趋势。由于中国金融体系比较健全,经济基本面较好,资金相对充裕,投资环境日益完善,受到金融危机的直接冲击相对较小。因此,跨国公司来华设立研发机构的势头依然不减,许多跨国公司(尤其是世界 500 强企业)表示会继续在中国增设研发机构(见表 4 - 16),如飞利浦在 2009 年投资 4 000 万欧元在中国设立研发中心。另外,拜耳北京研发中心也在金融危机发生后的五年内给中国投资 1.292 2 亿美元用于研发。

表 4 - 16　金融危机前后部分世界 500 强企业在华新增研发机构

时间	公司名称	来源母国	研发产品	机构定位	所在城市
2008 年 9 月	亨斯迈(Huntsman)亚太技术中心	美国	化学品	亚太研发中心	上海
2008 年 9 月	博世(Bosch)上海研发总部	德国	机械设备	研发总部	上海
2008 年 10 月	IBM 上海研发实验室	美国	IT	在华第二个研发中心	上海
2008 年 10 月	礼来(Eli Lily)中国研发总部	美国	医药	研发总部	上海
2008 年 11 月	Nestle 雀巢北京研发中心	美国	食品	在华第二个研发中心	北京

（续表）

时间	公司名称	来源母国	研发产品	机构定位	所在城市
2008 年 12 月	DSM 广东研发中心	荷兰	化学品	欧美以外最大研发中心	广州
2009 年 1 月	陶氏（Dow）化学上海研发中心	美国	化学品	全球研发中心	上海
2009 年 1 月	卡特彼勒（Cat）江苏研发中心	美国	机械与矿山设备	在华第三个研发中心	无锡
2009 年 2 月	拜耳（Bayer）北京研发中心	德国	医药保健产品	全球研发中心	北京
2009 年 2 月	英特尔（Intel）上海研发中心	美国	芯片	亚太研发中心	上海
2009 年 3 月	可口可乐（Cocacola）上海研发中心	美国	饮料食品	亚洲最大的创新与技术中心	上海

资料来源：笔者根据网络资料整理所得。

　　（2）跨国公司在华研发活动的"西扩"苗头显现。随着我国东南沿海地区的研发成本推高，部分跨国公司开始将其在华的研发机构搬往我国内陆地区。近年来跨国公司在西安、成都、重庆等西部地区成立的研发机构数量日渐增多。目前跨国公司在华研发中心偏重于下游的实用新型研发，即测试本土市场的适应性。因此许多设立于西安、成都等西部城市的研发中心基本属于"劳动密集型"研发测试中心。在金融危机的背景下，西部吸引跨国公司研发中心具有低成本优势。2008 年百事宣布今后 4 年内将在中国市场投资 10 亿美元，尤其是在内地和西部地区扩大生产能力、增设研发机构、拓宽分销渠道；在调研访谈过程中，3M 公司研发负责人表示将进一步深化"中国创造"的本土化发展战略，并到西部地区进行研发投资；阿尔卡特上海研发中心一位负责人认为，跨国公司在华研发投资有两个浪潮，第一个浪潮是主要集中在北京、上海和广州、深圳等大城市，第二个浪潮是转移到西安、重庆和成都等西部条件相对较好的低成本区域，西部城市未来吸引跨国公司研发投资的潜力十分巨大。阿尔卡特研发中心负责人还表示，降低研发成本是跨国公司必须面对的现实问题，阿尔卡特现在十分重视设在成都的研发中心。据统计，英特尔、微软、惠普、思科、IBM、SAP、AMD、BOSCH、甲骨文、赛门铁克、三星、福特、通用电气、西门子、富士通、飞利浦、霍尼韦尔等 80 多家跨国公司都在西安、成都和重庆等西部内陆城市设立研发机构,开展研发活动。跨国公司在华研发活动的"西扩"苗头客观上是跨国公司自身发展的需要,但这一行为对我国西部内陆地区的创新发展意义重大,地方创新网络可以借助与跨国公司接触、联系和合作,从而更好地嵌入全球创新网络。

(3) 研发外包趋势明显。近年来,跨国公司的研发活动出现分散化、专业化趋势,研发外包迅速发展。其中,医药和软件产业研发外包位于所有产业前列,并有发展成为研发产业的趋势。根据 2008 年 9 月普华永道发布的《亚洲地区医药研发外包发展动态》报告,中国已经超过印度成为亚洲研发外包的首选地。在国际金融危机时期,跨国公司为了降低风险和成本,开始逐渐扩大在华研发外包项目。据不完全统计,截至 2008 年底中国医药研发外包的市场规模已达到 50 亿元人民币左右,并以年均 100% 的速度快速增长,形成了以北京、上海、天津等为重点区域以及江苏无锡药明康德、中国生物技术外包服务联盟等在内的优势企业和组织,使得我国医药外包服务的规模和竞争力大大提高。工业和信息化部的数据显示,2008 年中国软件产业整体保持快速增长态势,软件外包服务收入 203 亿元,增速超过 100%。随着 2009 年《电子信息产业振兴规划》的出台,软件与服务外包业将获得政策的大力支持。可以预见,跨国公司在华研发外包还有很大的发展空间。

(4) 研发机构的功能不断提升。跨国公司在华研发投资从一开始主要是服务于其在东道国的生产和销售,大多外资研发中心都属于生产支撑型机构。然而,随着中国的吸引力不断增强,跨国公司在华研发投资数量和规模逐步扩大,其研发机构的功能也在不断提升,原来在华的生产支撑型研发机构逐步升级为区域研发总部,有些甚至升格为全球研发中心之一,越来越多的跨国公司将其在华的研发机构纳入其全球研发网络之中。以微软公司(下称微软)为例,早在 1992 年微软就开始在北京设立办事处,1993 年正式成立微软北京测试中心,1995 年成立了微软中国研究开发中心,由此拉开了微软在中国研发投资的序幕;随着微软在中国的业务量的扩大以及技术需求的不断提升,1998 年微软在中国成立中国研究院,该研究机构是微软在海外设立的第三个研发中心。2001 年微软中国研究院发展为微软亚洲研究院,该研究院在亚太地区设立,且是微软在美国本土以外规模最大的研发机构。2010年,微软中国研发集团更名为微软亚太研发集团,标志着微软的研发服务范围进一步扩大,研发机构的功能进一步提升。

(5)跨国公司在华研发投资独资化趋势明显。根据跨国公司在华研发机构与东道国创新主体之间的关系,可以将其划分为中外合资研发机构、中外合作研发机构以及外商独资研发机构。从外商在华研发机构的性质来看,外商独资研发机构占据绝大多数,而且随着跨国公司在华研发投资的不断推进,研发机构的独资化趋势越来越明显,越是高新技术产业,外资越倾向于对企业控股;越是技术先进的企业,跨国公司越是倾向于采取独资方式。跨国公司在华研发投资的独资企业所采用的技术要优于合资企业,合资企业中,跨国公司控股的企业所使用的技术要优于其非控股的合资企业。跨国公司在华研发投资独资化现象和趋势无疑对我国区域创新系统的发展演化提出了严峻挑战。

3. 跨国公司在华研发活动对我国区域创新系统演化的影响

随着跨国公司在华研发活动的逐步增加,在华设立的研发机构越来越多,投资规模越来越大,研发功能定位越来越高。这在一定程度上对我国区域创新系统的运行和发展产生深远影响。对我国区域创新系统而言,跨国公司在华研发活动犹如一把"双刃剑",对东道国区域创新系统的影响既有积极的一面,同时也具有消极的一面。本书从区域创新主体、区域创新要素和区域创新环境等几个层面来剖析跨国公司在华研发活动对我国区域创新系统的影响和作用。

第一,跨国公司在华研发活动对我国区域创新主体的影响。

区域创新系统的主体要素主要由区域内的大学、企业、研究机构、中介组织以及政府等组成。跨国公司在华研发活动势必对我国区域创新系统中的企业、大学、研究机构等创新主体产生影响和作用。

(1)基于企业层面。在跨国公司进入中国之前,我国本土企业的创新相对封闭,与海外的联系相对较少;但是,随着跨国公司在华设立研发机构的增多,特别是跨国公司与我国本土企业合作设立的中外合作和合资研发机构,为我国本土企业学习国外先进的技术和管理经验提供了地理临近优势和接触平台,可以让我国本土企业更加方便地获取国际创新资源,引领我国本土企业朝国际化方向发展。因此,从这个意义上,跨国公司在华研发投资推动着我国本土企业由封闭式创新逐渐向开放式创新演化。然而,近些年跨国公司在华研发活动出现了独资化的趋势,内资企业和外资企业在技术合作方面的通道愈来愈窄,这在一定程度上给我国企业向跨国公司近距离学习先进技术设置了障碍。

(2) 基于高等院校和研究机构层面。在跨国公司在华设立的研发机构中,有相当一部分是与我国知名高校和科研机构建立研发合作关系。跨国公司与我国高等院校和研究机构的合作,主要目的是获取信息,吸引高素质的劳动力(见表 4 - 17),关键是看重我国高等院校优质而廉价的人力资源,从而能够充分利用我国的研发创新资源,弥补其自身的不足与劣势。当前,跨国公司与我国高校和科研机构的研发合作方式主要有项目委托、联合研究与开发、共同培养、共同设立中外合作研发机构等四种形式。跨国公司与我国高校和科研机构研发合作对推动我国高校和科研机构的国际学术交流具有重要意义。一方面,可以使研发人员及时掌握国际学术前沿的最新动态,尤其是关注科技领域中出现的新热点、新交叉点(崔新健,2011);另一方面,通过产品开发使科研人员及时了解国际市场的最新需求信息,有效开展产学研合作,拓展研发人员的国际视野。与此同时,跨国公司与我国国内科研院所合作所取得的科研成果绝大部分原则上由合作双方共享,但由于"未经对方允许,不得不转让第三方"等条款的制约,所以研发成果实际上最终多数归属跨国公司研发机构所独有,国内的科研院所难以获得知识产权带来的持续收益(杜德斌,2009)。

表 4 - 17　个别跨国公司在华研发机构与我国科技院所的合作情况

公司	研发机构名称	国内合作机构	合作方式	合作目的
陶氏化学	陶氏化学(中国)研发中心	北京大学、清华大学、复旦大学、上海交通大学、同济大学	签约项目、人员培训	获取信息、吸引高质量劳动力
3M	3M 中国研发中心	上海交通大学、华东理工大学、中国科学院	签约项目、人员培训	获取信息、吸引高质量劳动力
GE	GE 中国研发中心	浙江大学、上海交通大学、上海硅酸盐研究所	签约项目、人员培训	获取信息、吸引高质量劳动力

（续表）

公司	研发机构名称	国内合作机构	合作方式	合作目的
霍尼韦尔	霍尼韦尔中国研发中心	清华大学、复旦大学、上海交通大学、天津大学、西北工业大学、上海飞机设计研究所	签约项目	吸引高质量劳动力
罗克韦尔	罗克韦尔自动化研究中心	清华大学、浙江大学、哈尔滨工业大学	签约项目、合作实验室	优势互补
拜耳	拜耳上海聚合物研究开发中心	同济大学、上海交通大学	签约项目	信息交流、提高本地劳动力素质
惠普	惠普中国软件研发中心	清华大学、中国科学院	资金设备支持、技术指导	扩大知名度、利用研发成果

资料来源：根据参考文献杜德斌（2009）整理。

（3）基于政府层面。政府是创新政策的制定者和创新环境的营造者。一方面,跨国公司在华投资是在我国中央政府和地方政府优惠的投资政策的吸引下展开的,特别是针对研发投资的优惠政策,对跨国公司在华设立研发机构起到了十分重要的作用。然而,吸引跨国公司来华研发投资仅仅依靠政府制定政策还不够,政府也不能一味地大包大揽,最终还是要回归到市场机制中来,要让市场在资源配置中发挥基础性的作用,因此跨国公司在华研发机构的进驻对我国政府职能的转变也起到了积极的推动作用;另一方面,跨国公司在华设立研发机构和开展研发活动非常看重我国的创新环境。根据近年来跨国公司在华研发投资的现状来看,外资企业非常在意我国的知识产权保护问题,对我国的知识产权保护和创新环境改善提出了明确要求,也在一定程度上推动了我国创新环境的演化和变迁。事实上,跨国公司在华研发机构与我国政府之间是一种竞争合作关系,也是一种"非零和"博弈关系。跨国公司作为企业,追求利润是其终极目标,跨国公司在华研发投资也非常看重我国优惠的税收政策以及中国吸引外资的相关配套政策。而我国政府通过吸引外商研发投资,一方面可以弥补我国研发资金投入不足的局面,另一方面可以通过"以市场换技术"的战略间接提高我国科技创新能力和水平。

第二,跨国公司在华研发活动对我国区域创新要素的影响。

(1) 对研发资金的影响。跨国公司作为全球技术的领跑者,具有强大的资金实力。因此,跨国公司在华研发投资首先直接增加了我国的整体研发投资规模和品质,在客观上弥补了我国研发资金不足的缺口。其次,由于跨国公司非常注重研发资金的投入,这也给我国本土企业带来了示范效应,要提升我国本土企业的科技创新能力,就要加大研发资金投入。再次,跨国公司进驻中国,加剧了我国产业发展的行业竞争力,这从另外一个侧面迫使我国本土企业不断增加研发资金投入,以保障在激烈的行业竞争中求得生存。最后,在研发全球化影响下,国际创新资源的流动比以往更加频繁,我国本土企业(特别是初创企业)有可能吸纳到更多的风险资本,这对企业的技术创新至关重要。

(2) 对创新人才培养的影响。创新人才的培养对区域创新非常关键,当今科技竞争说到底还是人才的竞争。跨国公司在华设立研发机构,以优厚的待遇和良好的用人条件在我国招揽研发人才,结果造成国内企业、大学和研究机构等创新主体的人才流失,这不利于我国的技术创新活动,也可能造成我国现有技术成果的"逆向扩散或溢出"。结果可能是中国没有达到利用外资的目的,反而被外资利用(樊增强,2008)。然而,在全球化的推动下,创新人才是流动的,而且流动的规模和速度史无前例,这些创新人才在国内外之间、内资企业与外资企业之间、国有企业和民营企业之间的流动十分频繁。因此,通过跨国公司对招聘人才的技术和管理培训,加之这些创新人才在干中学(learn by doing)的锻炼,其研发创新能力和管理水平大幅提升,并且这些人才不一定终生服务于一家外资企业,他们可能回流到内资企业或我国的高校和科研机构,有的甚至自主创业,这无疑对我国的创新人才培养具有直接的推动作用。根据笔者对在沪的跨国公司研发机构调查和后期跟踪,原来在霍尼韦尔中国研发中心、通用电气中国研发中心、3M中国研发中心等工作的研发部门负责人,后来都纷纷跳槽或者辞职后选择自主创业,这间接说明跨国公司在华研发投资对我国创新人才培养的驱动作用。此外,由于跨国公司具有丰厚的工资待遇和良好的工作环境,吸引我国本土研发人才加入,在客观上抑制了我国优秀研发人才的外流,同时跨国公司一般倾向于指派一些以前在其总部工作过的中国研发人员来华担任研发中心的负责人或首席科学家,这有助于吸引某些领域的顶级华人科学家回国(章文光,2011),带动海外高端人才回流。

(3) 对技术扩散和知识溢出的影响。跨国公司在华研发投资行为基本上属于发达国家的企业到发展中东道国的投资活动。一般来说,投资国和东道国之间的科技水平越接近越有利于技术扩散和知识溢出,如果二者之间的科技实力相差较大,就会直接制约技术扩散和知识溢出的效果。跨国公司往往将核心的关键技术视为珍宝,并对其严加保密,防止在东道国投资过程中泄露技术,导致其丧失国际产业竞争力。但是,在跨国公司与我国本土创新机构的互动和合作过程中,通过合资、合作以及产业链的上下游关系,一些非核心和低端技术还是非常有可能扩散到我国的区域创新系统之中。特别是近些年来,随着我国科技实力的整体提升,我们与西方发达国家的技术差距在缩小,这非常有利于促进跨国公司在华研发投资的技术扩散和知识溢出效应。同时,跨国公司是全球创新网络的重要构架者和推动者,跨国公司在华设立研发机构,可以为我国本土创新主体近距离地嵌入全球创新网络,将我国区域创新系统与全球创新网络有机地结合在一起。另外,知识溢出是研发活动的基本特征,技术越复杂,隐性知识含量就越多,而隐性知识则依附在人脑之中,其溢出要依托人的流动来实现。因此,跨国公司在华研发活动的知识溢出主要借助于人才流动,人才流动越频繁越有利于知识溢出。来自北京中关村园区的数据显示,2005 年外资研发机构的人才流出率为 18.6%,绝大部分员工平均 3 年调换一次工作(杜德斌,2009)。

第三,跨国公司在华研发活动对我国区域创新环境的影响。

1985 年成立的欧洲创新研究小组率先提出了区域创新环境(regional innovative milieu)的概念,并认为区域创新环境是在有限的区域内,主要的行为主体通过相互之间的协同作用和集体学习过程,而建立的非正式的复杂社会关系。盖文启(2002)认为,区域创新环境包括两方面的含义:一是促进区域内企业等行为主体不断创新的区域环境;二是为进一步促进区域创新活动的发生和创新绩效,区域环境自身随着客观条件的变化,随时进行的自我创新和改善的过程。本书认为,区域创新环境主要包括硬环境(基础设施环境、公共服务设施和生态环境等)和软环境(市场环境、社会环境和政策环境等)。区域创新环境是区域创新系统的重要参与要素和有机组成部分,跨国公司在华设立研发机构并开展研发活动势必会对我的的区域创新环境产生影响和作用。

从硬环境方面看,跨国公司在华研发投资往往选择我国基础设施、公共服务设施和生态环境相对较好的地区和城市,区域创新的硬环境对吸引跨国公司在华设立研发机构并从事研发活动非常关键,譬如笔者对在沪的部分跨国公司研发机构调研发现,一些来自跨国公司母国的研发人员对东道国的教育等公共服务设施非常重视,他们往往是拖家带口来到东道国的,要求投资地拥有国际学校以满足子女入学教育,如果投资地没有国际学校,很可能会给跨国公司在东道国投资带来一定的障碍或者不确定因素。因此,从反方向来说,为了吸引更多的跨国公司前来设立研发机构和从事研发活动,投资地必须下大力气建设好当地的基础设施、公共服务设施和生态环境,营造良好的区域创新硬环境。

从软环境来看,跨国公司在华研发投资非常看重我国的市场环境和政策环境,公平自由有序的市场环境是企业创新发展的前提条件。跨国公司的入驻,使跨国公司研发机构与东道国创新主体之间形成了竞争与合作的双重格局,必然对东道国的市场环境产生深远影响。跨国公司在投资地的入驻,标志着投资地原有的市场格局已经被打破,一方面推动当地的市场竞争趋于更加激烈,另一方面也使得当地的区域创新主体有更多的合作对象。同时,为了吸引外商在华研发投资,我国先后出台了多项鼓励外商在华设立研发机构的政策,这些政策涉及税收、土地、外汇管理、财政资助和奖励制度等多方面的内容,其中涉及税收的政策较多。早期的这些优惠政策对吸引跨国公司在华研发投资在一定程度上起到了推波助澜的作用和功能。然而,随着外资在华的国民待遇实施,跨国公司与我国本土企业在政策环境中处于同一起跑线上,这有效地调动了我国本土企业在研发创新活动中的积极性。此外,跨国公司在华设立研发机构非常看重我国的知识产权保护制度和环境,跨国公司非常担心东道国的知识产权保护环境会导致其核心技术的扩散和外泄。为了有效吸引外商在华设立研发机构,我国政府也非常重视知识产权制度建设,努力营造良好的知识产权保护环境。客观上讲,跨国公司的入驻以及我国本土企业研发创新的崛起,在一定程度上促进了我国知识产权保护环境的改善和建设,华为、海尔、格力、联想、腾讯等一大批创新型企业的强大,与它们对知识产权的重视有很大关系,也从侧面印证了我国知识产权保护环境取得了长足进步和改善。

(三) 我国本土企业海外研发投资对我国区域创新系统演化的影响

1. 我国本土企业海外研发投资的现状

根据 2017 年度发布的我国对外直接投资统计公报,截至 2017 年底,我国 2.55 万家境内投资者在国(境)外共设立对外直接投资企业 3.92 万家,分布在全球 189 个国家和地区,年末境外企业资产总额 6 万亿美元,对外直接投资净额(流量)1 582.9 亿美元,对外直接投资累计净额(存量)18 090.4 亿美元,分别占全球份额的 11.1% 和 5.9%,流量位列按全球排名的第 3 位,存量由 2016 年的第 6 位跃升至第 2 位,占比提升 0.7 个百分点。从中可以看出,随着全球化的不断发展,中国企业"走出去"到海外投资的数量和规模空前,中国参与全球化的程度越来越强。

在经济全球化的推动下,发展中国家的企业也开始跨出国门到海外设立研发机构,开展研发创新活动。我国作为最大的发展中国家,近年来已经涌现出一批创新型大企业,这些企业不满足于国内市场,并开始寻求海外研发投资。我国本土企业海外研发投资是在我国对外直接投资大规模发展的基础上逐步发展起来的。近年来,在研发全球化的背景下,我国本土企业也开始纷纷跨出国门到海外设立研发机构,跨国界地开展研发活动。根据 Maximilian Zedtwitz(2005)对中国企业研发国际化的研究,到 2006 年,中国企业在海外设立的研发机构就达 37 个,有 26 个研发机构位于发达国家,在地域空间上主要分布于欧美国家,其中 11 个在美国,11 个在欧洲。此外,国家发改委、科技部共同制定了《关于加快推进民营企业研发机构建设的实施意见》[发改高技 1901 号](2011),提出积极鼓励大型民营企业发展海外研发机构,鼓励有实力的大型民营企业积极"走出去",采取多种形式建立国际化的海外研发机构,增强企业的技术创新活力。根据科技部、国资委和全国总工会认定的 550 家创新型(试点)企业,截至 2010 年共有 68 家企业在海外设立了 106 个研发中心。其中,华为、海尔、联想等企业是"走出去"到海外设立研发机构的探路者和佼佼者。从区域布局看,多数海外研发机构设在美国、欧洲、日本等发达国家或地区;从投资方式上看,主要通过独资建设、合作共建、并购等方式投资;从设立时间看,绝大多数是 2000 年以后建立的,其中约 1/3 的海外研发机构是 2008 年以后设立的,近年来呈现逐步加快的趋势。总体上看,除了华为、海尔等少数企业已经开始考虑全球研发布局外,多数企业仍处在探索或起步阶段。

胡曙虹(2018)构建的"中国企业海外研发投资数据库"显示,自 1991 年上海复华实业股份有限公司在东京成立研发中心以来,我国企业在海外设立研发机构数量不断增多,投资规模逐步扩大。具体大致可以分为三个阶段:①20 世纪 90 年代末到 21 世纪初,属于我国企业海外研发投资的起步阶段;②2005 年至 2010 年,属于我国企业海外研发投资的发展阶段,我国企业海外研发机构由 2005 年的 41 家增至 2010 年的 87 家;③2010 年至今,属于我国企业海外研发投资的加速阶段,我国企业海外研发机构由 2014 年的 312 家增至 2015 年的 782 家(见图 4-6)。

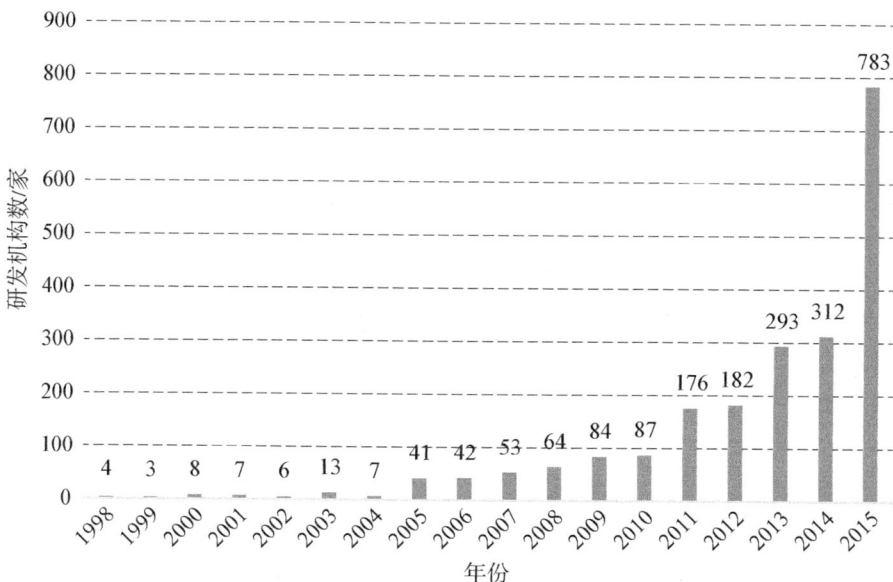

图 4-6 1998—2015 年我国企业海外设立研发机构数量增长示意图
数据来源:引自胡曙虹(2018)。

另外,根据中华人民共和国商务部"走出去"平台统计,2010 年至 2014 年间,有 1 500 多家中国企业在全世界的 88 个国家和地区设立了海外研发机构(柳卸林、吴晟、朱丽,2017)。

本书以"境外投资企业名录(1998—2015)"以及官网查询数据为基础研究数据,建立中国企业海外研发活动的基本数据库。根据对数据库的初步统计分析,截至2018年,中国企业在海外的研发机构数达到2194家,达到了历史上的峰值。由此可见,中国不仅是全球重要的经济大国,而且开始积极参与科技全球化进程,并成为全球创新网络的重要建设者。

2. 我国本土企业海外研发投资的主要特征

第一,新建海外研发机构数量持续增加,尤其近几年增长迅猛。

海外研发机构是指跨国公司在东道国专门从事研发活动的机构,研发全球化最直接的表现就是海外研发机构数量的增加(杜德斌,2001),本书主要考察中国企业对其他国家和地区进行的研发投资,在数据处理过程中首先剔除设立在中国香港和中国澳门的研发机构,但由于客观条件限制,除1998—2015年数据较全外,2016年后数据很难获得,因此,据1998—2018年不完全统计,中国在海外设立研发中心共2194家(见图4-7),且近几年呈现快速上升的趋势,1998年中国企业在海外设立5家研发机构,全部位于美国,其中包括中兴通讯在美国的新泽西、圣地亚哥和硅谷设立的3家研发机构,主要从事软交换、世界信息领域最新技术发展动态的跟踪引进。另外两家分别为康佳集团在硅谷设立的康盛实验室和厦门华侨电子股份有限公司

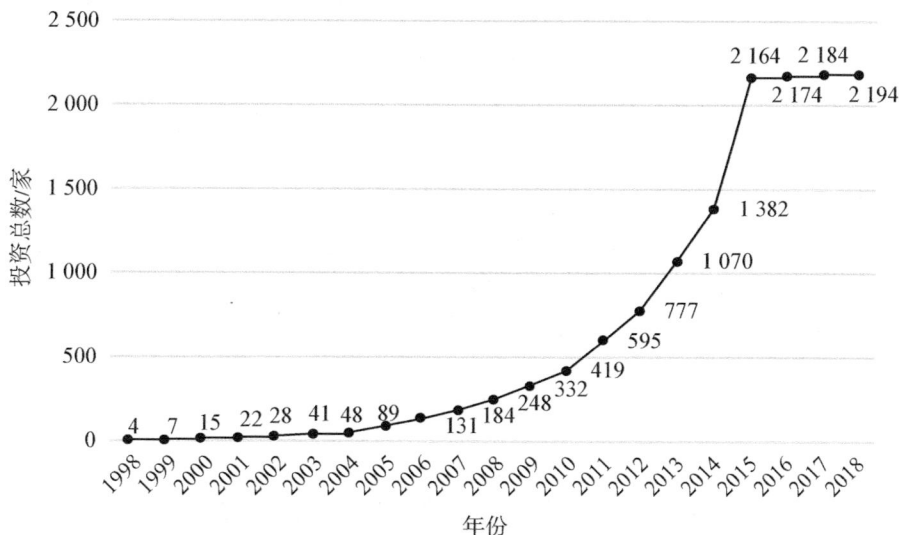

图4-7 1998—2018年中国企业新建海外研发投资总数
资料来源:根据课题组建立的"境外投资企业名录"以及网络资料整理所得。

驻美国分公司研发部,两家研发机构均负责类似数字高清电视等高端产品的研发与制造,值得一提的是康盛实验室很快就研发出了中国彩电行业第一块电视机控制芯片。2002年,国家加速实施"走出去"战略,企业海外研发的步伐也在逐渐加快,截至2002年,中国海外研发中心已扩展至28家,2010年增加至87家,自2011年开始,中国企业在海外设立研发机构的数量每年都不断上升,且增长速度加快。随着"一带一路"倡议的推进以及亚洲基础设施投资银行的成立,我国本土企业对外投资规模不断增长,其在海外设立的研发机构从2014年的312家急剧增加到2015年的782家。以华为为例,目前,华为在美国、法国、印度、俄罗斯、德国、瑞典、比利时、意大利等地设立了研发中心,成为我国高科技领域率先在海外设立研发机构的领头羊。

第二,海外研发投资区域分布广泛,主要分布在发达国家。

中国企业海外研发投资已逐步形成覆盖全球的研发体系,从洲际分布来看,也从起步阶段以亚洲及北美洲为布局重点,逐渐向欧洲、大洋洲及非洲扩展。据不完全统计,1998—2018年中国企业在北美洲设立的海外研发机构多达898家,占中国企业海外研发机构总数的比重达40.9%,位列各大洲之首,成为中国企业进行海外研发投资的首选之地。紧随其后的是亚洲,中国企业在此设立的海外研发机构为601家,占比为27.4%,此外,中国在欧洲(23.2%)、大洋洲(3.4%)、非洲(3.4%)和拉丁美洲(1.7%)均设立了研发机构(见图4-8),从具体企业看,华为已经在亚洲、北美洲、欧洲、南美

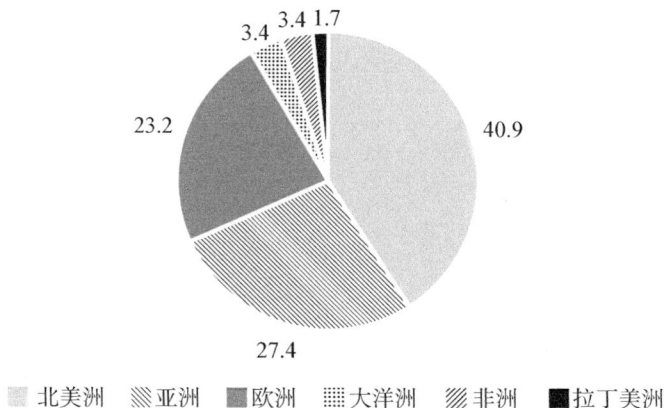

图4-8 中国企业海外研发机构比重

资料来源:根据笔者建立的"境外投资企业名录"以及网络资料整理所得。

洲和非洲设立了 43 个研发中心。由此可见,中国企业海外研发的投资区域分布广泛,研发机构已扩张至除南极洲外的其他洲际,逐步构筑了覆盖全球的研发体系,其中,北美洲、亚洲和欧洲成为中国企业海外研发机构布局的主要区域。

从中国企业海外研发机构所在东道国空间布局来看,截至 2018 年,中国企业在全球 102 个国家设立了研发机构,覆盖了全球 46.7% 的国家,新建的 2194 家海外研发机构中有 1604 家分布在发达国家,即超过 1/2 的中国企业研发机构布局在发达国家。这是因为中国企业海外研发投资主要是寻求技术创新,因此,都会选择技术先进、研发资源丰富的发达国家进行研发投资,企业很少会在发展中国家和地区实施研发投资,美国、日本和德国作为世界上技术最先进、创新资源最密集的国家也成为中国企业海外投资的集聚地,据不完全统计,1998—2018 年在科技强国美国的中国研发企业有 829 家,在所有国家中占比高达 1/3,1998 年中国企业设立的海外研发机构全部布局在美国,从微观区位看,集中分布在旧金山市、硅谷地区以及大洛杉矶地区的部分城市,如华为公司在圣塔克拉拉的硅谷研发中心聘用了 200 多个本地研发人员,阿里巴巴云计算部门和京东分别在该市设立数据分析中心和新的研发中心,百度在美国加州 Sunnyvale 成立了人工智能实验室,主要用计算机模拟人类的大脑。日本和德国为仅次于美国的中国企业海外研发投资的东道国,1998—2018 年中国企业在这两个国家设立的海外研发机构从数量上来看相差不大,分别为 181 家和 167 家。中国企业在日本的投资主要包括 IT、医药、电子信息、新能源、节能和环保等科技含量高的行业,在德国则主要集中在汽车制造业、IT 设备和工业设备制造业。除此之外,新兴创新经济体也是海外研发机构投资的热点区域,新兴创新经济体是指除发达国家外,研发投入较大、吸引海外研发投资较多、研发增长速度较快且研发产出较高的发展中国家和新兴工业化国家和地区,除中国外还主要包括印度、土耳其、阿根廷、墨西哥、南非等国家(张永凯,2010)。例如,印度作为新兴经济体国家,深受中国研发投资机构的喜爱,中国针对印度的海外研发投资主要集中在计算机、IT、生物制药等行业,以计算机为例,2014 年,江西省摩西智能科技有限公司在印度分别创立印度摩西智能科技(孟买)有限公司、印度摩西智能科技(艾哈迈达巴德)有限公司、印度摩西智能科技(海得拉巴)有限公司,主要负责手机、计算机及其相关技术产品的研发、贸易进出口。

第三,海外研发投资的行业分布差异较大,地理分布不均衡。

基于产业集群,每个省份或城市都有自己的主导产业和优势产业,因此,相对应每个省份"走出去"的产业不尽相同,例如,北京市作为我国首都,以新兴产业发展为主;上海市医药、光电和机械产业发展较快;浙江省则以电子、机械、化工材料造纸业为主。

同时,投资东道国的产业分布差异也非常明显,东道国的产业技术优势、科技人才、投资环境等都会对企业海外研发投资产生影响。从中国企业在海外研发机构所从事的行业来看,主要为制造业、农林牧渔业、软件与IT服务业以及新能源产业等。中国作为制造业第一大国,在国际上有一定的竞争力,但是,由于核心技术领域长期受人压制,制造业进行海外研发投资的目的之一就是获取其他国家的技术,进一步寻求技术创新,因此,制造业海外研发投资主要集中在美国、日本、德国这些号称工业强国的发达国家。农林牧渔业海外研发投资主要以对东南亚的技术出口为主,但是占海外研发机构总数偏低,1998—2018年中国企业在海外设立的农林牧渔业研发机构仅39家,亚洲以25家位居榜首,占比64.1%,具体而言,由于农林牧渔业受气候条件约束,因此,中国企业在亚洲设立的海外研发机构主要集中在东南亚国家,例如越南、柬埔寨、马来西亚、印度尼西亚、缅甸、泰国、老挝等国,主要从事热带、亚热带作物及相关农业技术的研究及生产、销售等工作。以与水稻研发相关的企业为例,2015年天津天隆农业科技有限公司在印度尼西亚设立的亚洲农业技术中心,主要负责水稻新品种研发、种子生产销售、进出口等业务;同年,天津天隆农业科技有限公司在越南设立越隆农业开发联营公司,主要负责农作物新品种研究及产业化,水稻种子、大米、生物肥料和饲料的经营及进出口,一般货物进出口等业务。由于东南亚和我国南方地区气候环境相差不大,中国企业在这些国家进行杂交水稻的研发,从某种程度上类似于国内杂交水稻技术的空间转移。软件与IT服务业作为引领科技创新、推动经济发展的主要力量,在相关政策的支撑下,我国的软件与IT服务业也步入了新阶段。1998—2018年,中国软件与IT服务业共设立236家研发机构,占中国企业海外研发总数的10.8%,从地理分布来看,主要集中在新加坡、韩国、日本和美国,其中,美国和日本为中国软件和信息技术服务业海外研发机构的主要集聚地。除此之外,新能源产业也是新一轮国家竞争的热点,在《2016 全球新能源企业 500 强》排行榜中,中国企业占据 169 家,入选企业数量远超排名第二的美国(65 家)和排名第三的日本(46 家)(胡曙虹,2017),中国新能源产业海外研发机构建于 2007 年,至 2018 年,共成立了 153 家海外研发机构,占中国海外研发机构总数比重的 7.0%,从分布国家来看,主要是美国(43 家)和德国(26 家),例如,硅谷作为美国的创新型城市,成为中国海外研发投资首选之地,2018 年合众新能源在硅谷设立合众新能源智能驾驶硅谷研发中心,主要负责聚焦于智能驾驶的算法与 AI 研究、智能驾驶产业化及核心前瞻技术的研发。2012 年海之宝海洋科技有限公司在德国设立研发中心,主要负责海洋食品特别是海藻类产品的生物科技和新能源开发。

第四,研发投资主体的国内来源地多元,且空间差异显著。

由于经济发展基础、产业特征、资源禀赋、区位优势及一定时期内实施的投资政策等差异导致我国对外直接投资空间分布极不平衡,这也会在不同程度上影响不同地区企业的海外研发投资决策,对进行海外研发投资的企业来源地进行分析,能够更好地了解中国企业研发投资主体来源地的空间分布特征及空间差异。

研究发现,中国企业海外研发投资主体的来源地经历了由沿海向内陆扩张的发展趋势。首先,以传统的东、中、西三大经济带划分作为考察方法,1998—2018 年,东部地区设立海外研发基地的企业数为 1 712 家,占全国对外研发投资企业数量的 78.0%,由此可见,东部地区在海外研发投资方面扮演着"领头雁"的角色。从设立海外研发机构投资主体数量的变化趋势来看,西部地区起步最晚,从 2012 年开始数量才有所增长。从来源地分布来看,存在着明显的区域差异性,从时间变化趋势分析,呈现从东南沿海向北及内陆逐渐扩散的趋势,但是,主要以东部沿海地区为主。

另外,东部地区实施海外研发投资的主体主要来自环渤海地区、长三角地区、珠三角地区三大区域。其中从事海外研发投资主体的数量分别为 663 家、658 家、267 家,这三大地区共计 9 个省(市)从事海外研发投资主体的数量占总数的比重高达 72.4%,从省域视角来看,三大区域内各省市从事海外研发投资数量仍存在较大差异,设立海外研发投资的企业数量从多到少依

次为江苏省(296 家)、广东省(266 家)、北京市(248 家)、浙江省(241 家)、上
海市(195 家)、辽宁省(184 家)、山东省(109 家)、河北省(76 家)、天津市(46
家)(表 4‐18),成为中国企业对外研发投资的主要来源地。最后,从城市层
面的分析可以发现,从事海外研发企业的机构在各城市间也并非均匀分布,
相反,其分布只集中在少数几个城市。其中,以北京市、上海市和深圳市居
多,分别为 248 家、195 家和 154 家,占全国海外研发机构数的比重
为 27.2%。

表 4‐18　1998—2018 年三大区域海外研发企业来源地分布及比重

来源地	数量/家	比重/%
江苏省	296	13.5
广东省	266	12.1
北京市	248	11.3
浙江省	241	11.0
上海市	195	8.9
辽宁省	184	8.4
山东省	109	5.0
河北省	76	3.5
天津市	46	2.1

资料来源：笔者根据建立的"境外投资企业名录(1998—2015)"以及网络资料整理所得。

3. 我国本土企业设立海外研发机构的主要方式

杜德斌(2007)对跨国公司研发全球化的研究表明,总体来看,跨国公司
海外研发机构按照其投资动机,大体可以分为生产支持型、技术跟踪型、资
源利用型三种类型。所谓生产支持型海外研发机构就是实现跨国公司技术
的本地化、开发设计适合当地市场的产品以支持其在东道国的生产活动。
发达国家的跨国公司在发展中国家设立的研发机构绝大多数属于这一类
型,主要服务于跨国公司海外生产部门;技术跟踪型海外研发机构主要是通
过技术外溢的形式获取或跟踪东道国先进的技术,发展中国家的跨国公司
在发达国家设立的海外研发机构绝大多数属于该类型,主要服务于跨国公

司母公司;资源利用型海外研发机构主要是为了获得东道国优质的科技人才、基础设施以及创新环境等资源,这一类型也是跨国公司充分利用全球创新资源弥补自身不足的主要手段和方式。

我国本土企业设立海外研发机构的动机与美国、日本和欧盟等发达国家有所区别。从我国的科技经济发展现状来看,目前,我国的区域创新系统还处于不断建设之中,缺少高科技知识密集型领域,大多数中国企业与欧美企业相比仍存在较大的技术差距,新产品开发速度落后于欧美竞争对手,创新能力较弱(张迺聪,2015)。有鉴于此,我国本土企业通过在海外设立研发机构,及时获取行业的最新信息,跟踪国际前沿技术,充分利用全球创新资源,促进中国企业国际化水平和创新能力的提升。从资金构成和投资形式两个维度来看,我国本土企业在海外设立研发机构的主要方式可大致划分为独资新建、合资新建、独资并购、合资并购等四种类型。

(1)独资新建。独资新建就是企业独自出资在东道国新建海外研发机构,在国际投资领域又称为"绿地投资"①(Green Field Investment),这类研发机构的优势是母公司对海外子公司的控制能力较强,可以充分实施公司总部的发展战略,但不足之处是投资额度大,建设周期长,与东道国联系的渠道不畅通。华为技术有限公司(下称"华为")在海外设立的研发机构绝大多数属于独资新建类型,譬如华为在美国硅谷和印度班加罗尔设立的研发机构等等。

(2)合资新建。合资新建一般是我国本土企业与东道国企业合作共同出资新建的研发机构,这类研发机构可以发挥公司母国和东道国企业的彼此优势,特别是在技术合作领域,通过合作共赢的模式,实施优势互补,利用东道国企业充分了解当地市场环境。但是,从近年来我国企业海外研发投资的实际情况来看,这类研发机构较少,原因是我国本土企业在海外设立研发机构的动因不是因为缺乏资金,而主要是技术创新能力不足。

(3)独资并购。独资并购可以是我国本土企业对国外研发机构的直接并购,也可以是我国本土企业通过对东道国企业(包括并购其内设的研发机

---

① 绿地投资是指跨国公司等投资主体在东道国境内设置的部分或全部资产所有权归外国投资者所有的企业,这类投资会直接导致东道国生产能力、产出和就业的增长。

构)并购而实现跨国投资,这类研发机构的优点是投资周期短,见效快,企业可以通过并购迅速整合现有资源实现快速增长,借助原有企业的技术、人才和创新模式有效嵌入东道国的区域创新系统之中。联想集团对 IBM 的 PC 业务收购就属于这一类型,通过并购,联想获取了位于美国北卡罗来纳州的罗利研发中心和位于日本横滨的大和研发中心,两个研发中心兼并后极大地提高了联想在个人电脑业务领域的技术创新能力和海外市场占有率。我国企业海外研发并购热潮是在 2008 年国际金融危机之后掀起的,受国际金融危机冲击,很多海外企业面临资金短缺的困难境况,此时,我国本土企业紧紧抓住机会,利用手中雄厚的资金优势快速到海外实现兼并,这一现象曾经引发全球高度关注。

(4) 合资并购。合资并购是多个企业合资对东道国目标企业的并购,可以是我国本土企业联合一家(或多家)本土或海外公司实现对东道国企业(含研发机构)的兼并,由于该并购涉及多个企业的利益和技术发展战略,先期的谈判周期较长,而且容易在控制权方面出现分歧和矛盾,并购后的企业运行和管理相对较为复杂。

4. 我国本土企业海外研发活动对我国区域创新系统的影响

虽然本土企业海外研发投资尚处于起步阶段,但已经对我国区域创新系统的演化产生深远影响。以下分别从创新主体要素演化和功能要素演化两个层面分析本土企业海外研发投资对我国区域创新系统演化的驱动机制。

(1) 本土企业海外研发投资对我国区域创新主体要素的影响。我国本土企业海外研发活动对我国区域创新主体的影响,实际上主要表现在海外研发机构与母公司之间的相互作用。从上述对我国本土企业海外研发机构投资方式的分析可以看出,我国在海外研发投资主要动机是为了跟踪全球前沿技术,掌握该行业中的最新信息,缩小与发达国家的技术差距。我国本土企业的海外研发机构作为子公司,必然服务于母公司的发展战略,通过设立海外研发机构,利用当地人才、技术等创新资源,建立与当地创新主体之间的联络,从而提高海外研发机构的创新能力和水平,子公司在获取技术进步后必然向母公司共享其技术创新与突破,进而形成以母公司为中心的企业网络,享有共同的知识和技术成果。以华为为例,华为作为中国本土企业国际化的先锋,其国际化的发展战略和路径非常值得很多国内企业学习和效仿。为了推动 5G 技术的发展,华为在英国伊普斯威奇、剑桥和布里斯托尔等地均设立了研发中心,华为创始人任正非表示,英国拥有全球高科技尖端人才,这些人才的创新能力是华为在研发领域付诸努力的最大财产,帮助华为推出最先进、最具竞争力的电信和宽带服务。2014 年底,华为与英国萨里大学共同启动了全球首个 5G 通信技术测试床。目前,华为的 5G 技术领域在全球处于绝对领先水平,这样来之不易的成果无疑与其早期在海外研发投资具有很大关系。根据德国市场情报公司 IPlytics 的观点,华为是世界上最大的 5G 专利持有者之一(见图 4-9),为建立 5G 国际标准作出了巨大贡献。

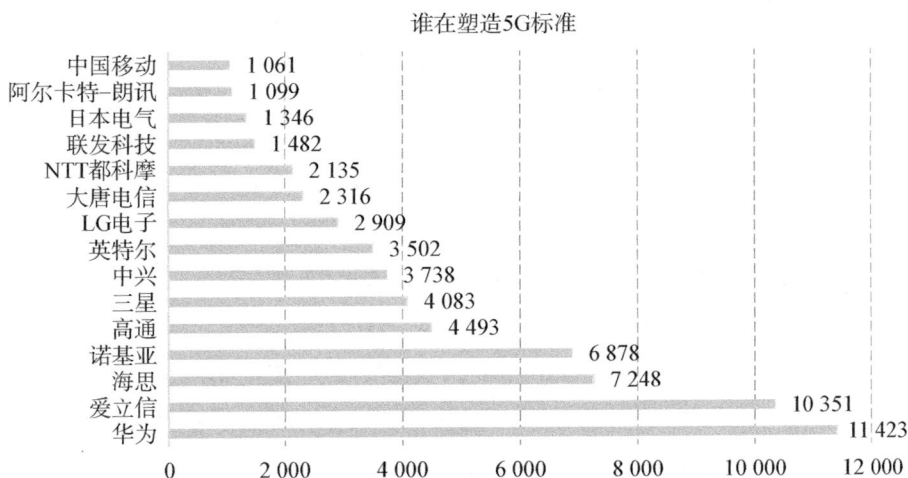

谁在塑造5G标准

公司	专利数量
中国移动	1 061
阿尔卡特-朗讯	1 099
日本电气	1 346
联发科技	1 482
NTT都科摩	2 135
大唐电信	2 316
LG电子	2 909
英特尔	3 502
中兴	3 738
三星	4 083
高通	4 493
诺基亚	6 878
海思	7 248
爱立信	10 351
华为	11 423

图 4-9　世界主要公司在 5G 领域获得的专利数量
数据来源:Iplytics。

同时,不仅是绿地研发投资对母公司产生深远影响,跨国并购也同样对母公司有较大作用。以吉利并购沃尔沃为例,吉利并购沃尔沃是我国本土企业并购海外汽车企业的最大规模项目,通过并购,吉利获得了沃尔沃的核心技术、专利等知识产权,沃尔沃的安全技术在吉利汽车上得到了使用,极大地提升了吉利汽车的国际形象和核心竞争力。此外,沃尔沃在新能源技术上已经投入了十几年的时间和上百亿美元的资金,吉利并购沃尔沃将大幅缩短其在新能源领域的研发周期,对吉利在新能源汽车的技术研发起到很大作用(王小燕,2013)。

(2) 本土企业海外研发投资对我国区域创新功能要素的影响。首先,随着经济全球化的纵深发展,我国本土企业海外研发投资步伐逐步加快,投资规模不断加大,并开始嵌入东道国的区域创新系统之中。然而,从研发资金投入总量来看,我国本土企业在东道国的研发资金会被纳入东道国的研发投入规模之中,因此,从这个意义上讲,在研发经费既定的情况下,我国本土企业海外研发投资的加大可能会影响其在国内的研发投资强度。其次,我国本土企业在海外设立研发机构或者并购海外企业(包括海外研发机构),与此同时,母公司或子公司之间的技术人员开始互派和交流,这对我国本土企业的技术人才培养提供了难得的机会,很多研发人才在"干中学"过程中逐步成长起来。最后,企业海外研发投资势必会引发研发人员的流动和知识溢出以及技术逆向扩散(孟媛媛,2015)。由于我国本土企业海外设立的研发机构大多数位于发达国家,我们与发达国家在技术上尚存在一定的差距。因此,我国本土企业海外研发投资难免也会接受来自发达国家企业的知识溢出和技术逆向扩散。茹玉骢(2004)认为,跨国公司海外研发投资与东道国之间会产生双向的知识溢出和技术扩散,除了跨国公司将技术传给东道国以外,东道国已有的知识资源也会传递给跨国公司,这种逆向知识溢出和技术扩散会缩小母国与东道国之间的技术差距。

(3) 本土企业海外研发投资对我国区域创新环境的影响。区域创新环境对于创新主体而言好比是阳光和雨露,对区域创新系统建设和创新能力提升至关重要。无论跨国公司在海外设立研发机构、并购海外企业或者是与其他企业建立技术战略联盟,都必定要适应东道国的区域创新环境,融入当地的创新网络。我国本土企业海外研发投资一定要遵循当地的法律法规,适应东道国的创新环境,在消化吸收的基础上实现再创新,不断提高子公司的科技创新能力。我国企业海外研发投资对母公司创新环境的影响主要表现在知识产权保护、包容性社会文化和风险投资等几个方面。首先,如果东道国有良好的知识产权保护制度,我国企业在海外投资的子公司必然要严格遵守当地的知识产权保护制度,并在潜意识中加强自身知识产权保护,这无疑对母公司在知识产权保护和走国际化道路起到非常重要的促进和带动作用。其次,包容性的社会文化是创新活动产生和生存的土壤,这一点已经被世界上许多创新型区域所证实，美国硅谷就是典型的案例，宽容失败的包容性创新环境对初创企业十分重要，因为创新活动是一项风险极高的行为。我国本土企业海外研发投资自然应当融入当地的社会文化之中，并将这种社会文化"血液"渗入到企业文化之中，进而输送到以母公司为核心的企业创新网络中，从而对母国区域创新系统的演化产生间接影响和作用。最后，风险投资的活跃程度也是衡量一个国家或地区创新能力强弱的关键指标。目前，总体上看我国的风险投资行业缺乏经验，为创新企业和不断增长的高科技企业提供服务的其他机构同样如此（世界银行/国务院发展研究中心联合课题组，2012）。我国本土企业在海外研发投资的过程中，可以近距离地了解和学习东道国吸引风险投资的经验和做法，进而将这些经验和做法移植到母公司，从而对公司母国的区域创新系统演化产生积极作用。

第五章

区域创新系统演化的博弈机制

　　为了深入研究区域创新系统的演化机制，需要将博弈论引入到区域创新系统中，把博弈理论和动态演化有机地结合起来揭示区域创新系统的演化机制。博弈论（Game Theory）又叫"赛局理论"或"对策论"，它是研究多个个体或团队之间在特定条件制约下的对局中利用相关方的策略而实施对应策略的学科。博弈论是将数学方法与逻辑学有机融合在一起进行科学决策的一种决策理论，目前已成为经济学和管理学等学科的重要分析工具。博弈的分类根据不同的视角存在不同分类标准。通常认为，博弈主要可以分为合作博弈和非合作博弈。合作博弈和非合作博弈的区别在于相互发生作用的当事人之间有没有一个具有约束力的协议，若有协议，就是合作博弈，若无协议，则为非合作博弈。从行为的时间序列性考察，博弈论可进一步分为静态博弈、动态博弈两类。其中，前者是指在博弈中，参与人同时选择或虽非同时选择但后行动者并不知道先行动者采取了什么具体行动；后者是指在博弈中，参与人的行动有时间顺序。区域创新系统演化的博弈机制一方面分析合作博弈，另一方面也要分析非合作博弈，不但考虑静态博弈，而且要重点考察动态博弈。

一、区域创新系统演化博弈的理论分析

　　区域创新系统演化的博弈机制主要体现在区域创新主体之间的博弈，也就是企业、政府、大学和科研机构之间的博弈。从已有的文献研究来看，

关于区域创新系统中创新主体博弈的成果主要集中在企业与政府、企业与高校、企业与科研机构、企业之间、政府之间的博弈关系。为了深入分析区域创新系统演化的博弈机制,下面分别从企业与政府的博弈、企业之间的博弈、政府之间的博弈、其他创新主体之间的博弈等几个层面来加以考察。

(一)企业与政府之间的博弈

莫琦、杨春(2009)通过构建政府和企业的动态博弈模型,阐释区域创新系统中政府和企业合作创新的内在机理;Etzkowits Henry, Loet Leydesdoref(1995,1998)利用博弈论构建了三螺旋模型,将政府放在了与高校和企业同等重要的地位,并认为,在区域创新系统中,政府和企业的博弈存在合作博弈和非合作博弈两种情形。事实上,在区域创新系统中,企业和政府作为两种不同的组织,代表着不同的利益主体,企业作为区域创新的重要主体,以追求企业利润最大化或股东利益最大化为终极目标,企业的行为活动受这一目标的影响。政府作为非营利组织,它的任务是区域创新的政策制定者和创新环境的营造者,追求的是整个区域创新系统的整体效益最大化(李柏洲、苏屹,2009),不仅考虑经济效益,还要考虑社会效益和环境效益,综合统筹区域协调发展。因此,在区域创新系统建设中,一方面,政府需要出台相关政策来规范和引导企业的研发创新活动,推动区域创新能力的提升,另一方面,政府也要和企业通力合作,建立新型的政商关系,共同推动区域创新系统的建设。实际上,在区域创新系统演化发展过程中,企业和政府的这种博弈关系好比是"委托方"与"代理方",政府充当"委托方"的作用,而企业扮演"代理方"的角色(见图5-1),双方围绕各自的目标和任务,在博弈下共同推动区域创新系统的演化。纵观改革开放以来我国区域创新系统的演化过程,可以发现此过程伴随着我国经济体制由计划经济向市场经济转型。在计划经济体制下的区域创新系统中,政府主要向企业发号行政指令,企业也只能被动地接受;然而在市场经济体制下,政府和企业之间的关系开始变化,由以前的"领导者"和"被领导者"的关系转化为"合作者"的关系,两者之间建立了新型合作关系,共同推动区域创新系统的演化。

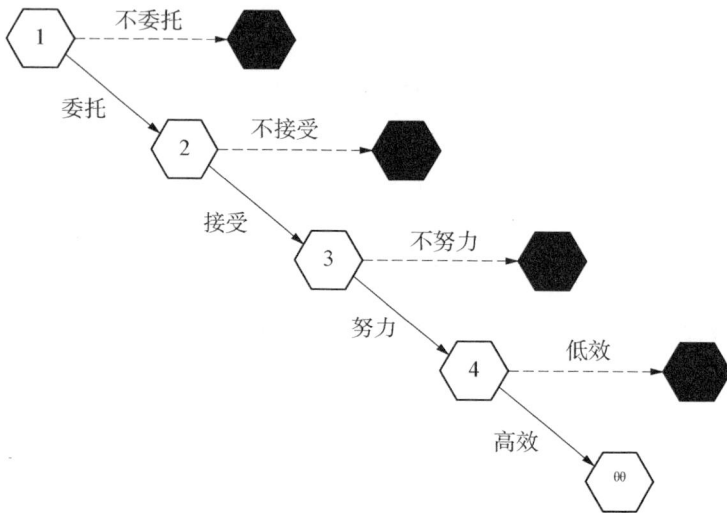

图 5-1 区域创新系统中政府与企业之间的博弈过程

资料来源：根据参考文献（李柏洲、苏屹，2009）整理绘制。

（二）企业之间的博弈

在区域创新系统中，企业之间的博弈主要体现在技术先行者与技术模仿者之间、技术并驾齐驱者之间、内资企业与外资企业之间：

1. 技术先行者与技术模仿者之间的博弈

在区域创新系统孕育阶段，系统内的企业技术水平都差不多，很多都是初创企业（Start-ups），在激烈的竞争环境下，企业为了提升自身的竞争实力，都会投入一定经费开展研发活动，这些投资属于风险投资，因为研发投资是一项风险极高的创新活动，当然仅仅有少数企业在技术创新中取得突破，成为行业当中的技术领先者。一旦在行业中出现个别企业实现了技术突破，成为行业中的技术先行者，区域创新系统原有的竞争格局就会打破，随后企业技术创新水平就开始分化，技术水平落后的企业就沦落为技术模仿者或者技术跟进者，此时技术先行者与技术模仿者之间更多的是建立一种合作关系，通过分工协作，共同推进区域创新系统建设。

2. 技术并驾齐驱者之间的博弈

在区域创新系统的演化过程中，某个行业经过激烈的竞争，最后往往形成几个具有影响力的大企业,这些企业在技术创新、管理经验和商业模式等方面都具有各自独特的运行机制,当然在很多方面同样要面临激烈的竞争。这些企业之间的竞争可以有效推动整个行业的技术进步。同时,根据全球投资的发展历史,当行业中的巨头之间的竞争格局出现势均力敌的情形时,可能会形成战略联盟,并使整个行业形成垄断。这一点从中国互联网企业的发展中可以看得很清楚,曾被称为中国互联网企业三大巨头(BAT)的百度(Baidu)、阿里巴巴(Alibaba)和腾讯(Tencent)之间就曾展开激烈角逐,共同推动中国互联网的发展和进步。在移动支付领域,阿里巴巴推出的"支付宝"与腾讯推出的"微信支付"也曾展开非常激烈的竞争,阿里巴巴推出的"快的"与腾讯推出的"滴滴"也展开对市场的占领,结果是双方势均力敌,谁也打不败谁,最后只能在外部力量的撮合下"快的"与"滴滴"合并,此类案例不胜枚举。

3. 内资企业与外资企业之间的博弈

在开放条件下,尤其是在当今全球化时代,跨国公司的海外投资的规模日益扩大,这势必给东道国区域创新系统带来影响,并与东道国企业展开了博弈。基于占领市场、获取资源或者是技术跟踪等不同目的,外资企业入驻东道国进行投资,一方面给东道国带来资金和近距离学习的机会,另一方面也给内资企业带来了巨大压力。一般来说,外资企业在技术和品牌影响力方面处于优势地位,很多都是全球行业中的巨头,一旦外资企业进入东道国后,就会出现与东道国企业争夺人才,引发很多研发人员和管理团队由内资企业流向外资企业,这给内资企业的发展带来了很大的威胁。当然,虽然内资企业在技术和品牌影响力上可能赶不上外资企业,但是内资企业对本国的市场行情和文化环境更为熟悉和了解,外资企业为了能够在东道国站稳脚跟,也需要与内资企业建立合作关系。就中国而言,自改革开放以来,外资企业不断寻求在华投资,这给中国社会经济发展带来了巨大变化。就区域创新系统而言,重点体现在外资在华研发投资上。鉴于中国巨大的市场潜力和廉价的劳动力资源,跨国公司在华设立研发机构不断增多,开展的研发活动日益增强,跨国公司对我国区域创新系统产生了深远影响,中国区域创新系统被打上了全球化的烙印。改革开放初期,我国对外资在华研发投资做了一些规定和限制,当时形成了中外合资企业、中外合作企业和外商独资企业等三种类型,为了保护某些特殊行业,对外资企业的进入做了一些特殊规定,譬如在汽车行业,当时规定外资汽车企业进入中国必须要采取与中国本土企业合资的形式。回顾改革开放 40 多年的外资企业在华研发投资历程,可以发现,外资企业在华研发投资增加了我国的研发资金投入规模,一定程度上促进了我国内资企业的技术创新和管理经验,但是在进入中国市场后也与我国本土企业产生了激烈的竞争,并造成了"技术逆向扩散"和人才抢夺以及市场瓜分等不良倾向。从近些年的发展趋势来看,外资企业在华研发投资出现了独资化的倾向,这一点要引起我们的警觉与思考。

(三) 政府之间的博弈

从目前已有的研究成果来看,关于政府之间的博弈大多是建立在理性经济人的基础上。在创新活动中,政府的主要职责是制定创新政策和提供与创新活动相关的服务以及营造创新环境等,政府之间的博弈主要体现在上级政府(中央政府)与下级政府(地方政府)之间、地方政府(尤其是省级政府)之间。从上级政府和下级政府的博弈来说,通常是上级政府制定创新政策,下级政府遵照执行,但在有些条件下,下级政府也可以根据本地区的实际情况向上级政府申请提出一些特殊要求,通过出台特殊政策来支持本地区的创新活动。从地方政府之间的博弈关系来看,主要体现在竞争与合作方面。各个地方政府为了发展经济,都想借助科技创新来推动区域经济的快速增长,因此地方政府之间在区域创新系统建设中首先表现出来的是竞争关系,彼此都试图在科技创新方面超越对方。然而,我们知道,各个地区的区域经济发展水平和科技创新能力不是停留在同一水平的,往往存在较大差异,因此,欠发达地区的政府会向发达地区政府提出合作的意愿,从而实现优势互补,共同发展。就我国而言,政府之间的竞合博弈关系主要体现在地方政府之间,由于在我们现行的地方政府官员考核体系中,把经济指标GDP 作为一个重要考核依据,因此引发地方政府在考核指标的导向下出现相互竞争格局。另外,除了地方政府之间的主动合作之外,根据西部欠发达地区的发展现实,通过中央政府协调,发达地区(东部地区)和欠发达地区(西部地区)之间建立了东西部协作与对口援助机制,这对西部欠发达地区的经济发展和科技进步产生积极作用。

（四）其他创新主体之间的博弈

在区域创新系统中,高校和科研机构作为重要的创新主体,与政府和企业之间也存在博弈关系。高校作为知识创新的重要来源地,在区域创新系统建设过程中扮演了知识创新源的角色,高校在区域创新系统中还承担人才培养、科学研究、服务社会和文化传承等任务,要完成这些任务,首先需要高校与政府通力合作,一方面寻求政府大力支持,特别是在资金拨付和科研项目立项等方面,另一方面高校的教学和科研活动要积极投入到服务地方社会经济发展中去。科研机构作为区域创新系统中的关键创新主体,在技术产业化应用方面具有独特优势,首先,要与大学建立联系,从大学及时吸收基础研究成果,并从大学获得优秀的技术人才,夯实科研机构的研究队伍。其次,科研机构还要积极与政府部门建立联系,寻求政府在指引研究方向和风险投资等方面的支持,可以在某些国家和地区发展面临应急需求项目时展开联合合作攻关,破解国家和地区发展中亟待解决的难题。最后,科研机构与企业的关系也较为密切,尤其是在科技成果转化方面,科研机构想从企业的技术成果转化中获得回报,但由于技术成果的信息不对称,科研机构与企业在成果转化问题上都非常谨慎,通过反复磋商和谈判,最终才可能达成共识和决议。总之,高校和科研机构在区域创新系统中扮演着极其重要的角色,它们与政府和企业更多地表现出合作的关系,通过官产学研共同推动区域创新系统的建设和演化。

二、区域创新系统博弈演化模型

（一）博弈模型假设

假设 1：在区域创新系统中,演化博弈的主体均为理性经济人。鉴于博弈各方所追求的目标迥异,掌握的资源和信息不同,各方在博弈初期往往不能找到最优的策略,而是需要在博弈的过程中不断根据对方的策略来调整自己的策略,以便谋求自身利益的最大化。

假设 2：在区域创新系统中参与创新活动的主体有企业、政府和创新机构(大学、科研机构和中介机构等)。企业与创新机构的策略集合为合作创新模式和交易创新模式,若选择"合作创新模式",则技术成果由企业与创新机构共同开发;若选择"交易创新模式",则技术成果由创新机构单独开发,企业根据自身需要直接购买,或者有目的性地要求创新机构进行有导向性的研究开发。政府的策略集合为扶持合作创新和不扶持合作创新。

(二)博弈模型构建

1. 收益矩阵

政府决定是否对企业与创新机构进行扶持合作创新。如果政府选择"扶持合作创新",需要对企业与创新机构进行补贴,假设财政补贴为 G_1、G_2,且补贴和为 G,政府可以从"合作创新模式"中得到额外收益 ΔW_1;如果政府选择"不扶持合作创新",可以从合作创新中得到额外收益 ΔW_2。无论政府是否扶持合作创新,政府均能从创新中获得基本收益 W。

企业与创新机构采取"合作创新模式"时,合作创新效应所产生的超额利润分别是 ΔR_1、ΔR_2,且收益和为 ΔR。合作双方为评估合作伙伴而产生的初始成本分别为 C_1、C_2。合作创新产生的风险损失分别是 ΔC_1、ΔC_2,风险损失和为 ΔC。企业与创新机构采取"交易创新模式"时,创新双方的基本收益为 R_1、R_2,基本收益和为 ΔR。根据以上可知,政府、企业与创新机构之间的博弈收益矩阵如表 5-1、表 5-2 所示。

表 5-1　政府选择"扶持合作创新"时的博弈收益矩阵

策略选择		创 新 机 构	
		合作创新 b	单独创新 $1-b$
企业	合作创新 p	$R_1 + \Delta R_1 - \Delta C_1 + G_1$, $R_2 + \Delta R_2 - C_2 + G_2$, $W + \Delta W_1 - G$	$R_1 - C_1 + G_1$, $R_2 + G_2$, $W - G$
	单独创新 $1-p$	$R_1 + G_1$, $R_2 - C_2 + G_2$, $W - G$	$R_1 + G_1$, $R_2 + G_2$, $W - G$

表 5-2　政府选择"不扶持合作创新"时的博弈收益矩阵

策略选择		创 新 机 构	
		合作创新 b	单独创新 $1-b$
企业	合作创新 p	$R_1 + \Delta R_1 - \Delta C_1$, $R_2 + \Delta R_2 - \Delta C_2$, $W + \Delta W_2$	$R_1 - C_1$, R_2, W
	单独创新 $1-p$	R_1, $R_2 - C_2$, W	R_1, R_2, W

2. 建立负值动态方程

假设 m 和 n 分别表示博弈初期企业与创新机构选择"合作创新模式"时的概率,$1-m$,$1-n$ 分别表示双方选择"交易创新模式"时的概率,其中 m,$n \in [0, 1]$。政府的策略集合为(扶持创新,不扶持创新),政府若选择"扶持创新",意味着政府将对企业和创新机构进行一定的补贴,政府若选择"不扶持创新",意味着政府对企业和创新机构没有任何补助措施。z 表示政府选择"扶持创新"策略时的概率,$1-z$ 表示政府选择"不扶持创新"策略时的概率,其中 $z \in [0, 1]$。

通过收益矩阵可以求解出动态博弈均衡解。当企业选择"合作创新"时的均衡收益为:

$$
\begin{aligned}
E_1 &= (R_1 + \Delta R_1 - \Delta C_1 + G_1)nz + (R_1 - C_1 + G_1)(1-n)z + \\
&\quad (R_1 + \Delta R_1 - \Delta C_1)n(1-z) + (R_1 - C_1)(1-n)(1-z) \\
&= n(\Delta R_1 - \Delta C_1 + C_1) + z G_1 + (R_1 - C_1)
\end{aligned}
$$

企业选择"单独创新"时的均衡收益为:

$$
\begin{aligned}
E_2 &= (R_1 + G_1)nz + (R_1 + G_1)(1-n)z + R_1(1-z)n + R_1(1-n)(1-z) \\
&= zG_1 + R_1
\end{aligned}
$$

因此,企业的平均收益为:

$$
E_q = mE_1 + (1-m)E_2 = mn(\Delta R_1 - \Delta C_1 + C_1) - mC_1 + zG_1 + R_1
$$

同理,创新机构与政府的平均收益分别为:

$$
E_c = mn(\Delta R_2 - \Delta C_2 + C_2) - nC_2 + zG_2 + \Delta R_2
$$

$$
E_z = (mn\Delta W_1 - mn\Delta W_2 - G)z + w + mn\Delta W_2
$$

结合以上企业、创新机构及政府的收益,可以得到三者的复制动态方程分别为:

$$
F(m) = \frac{\mathrm{d}m}{\mathrm{d}t} = m(1-m)[(\Delta R_1 - \Delta C_1 + C_1)n - C_1] \tag{1}
$$

$$
F(n) = \frac{\mathrm{d}n}{\mathrm{d}t} = n(1-n)[(\Delta R_2 - \Delta C_2 + C_2)n - C_2] \tag{2}
$$

$$F(z) = \frac{\mathrm{d}z}{\mathrm{d}t} = z(1-z)[(\Delta W_1 - \Delta W_2)mn - G] \qquad (3)$$

(三) 均衡分析

系统的本质属性是由系统的定态决定的,而系统定态常用系统的不动点方程来刻画,它由系统中所有状态变量对时间的导数为 0 的点组合而成。当系统处于定态时,系统不再发生变化,即系统处于平衡状态。即:

$$
\begin{aligned}
F(m) &= m(1-m)[(\Delta R_1 - \Delta C_1 + C_1)n - C_1] = 0 \\
F(n) &= n(1-n)[(\Delta R_2 - \Delta C_2 + C_2)n - C_2 = 0 \qquad (4) \\
F(z) &= z(1-z)[(\Delta W_1 - \Delta W_2)mn - G = 0
\end{aligned}
$$

由式(4)可得到:当 m,n,z = 0 或 1 时,方程成立。因此,可以得到 8 个局部平衡点分别为:$E_1(0,0,0)$、$E_2(0,0,1)$、$E_3(0,1,0)$、$E_4(0,1,1)$、$E_5(1,0,0)$、$E_6(1,0,1)$、$E_7(1,1,0)$、$E_8(1,1,1)$。

式(1)、式(2)、式(3)是一个由微分方程描述的动态演化系统,通过对均衡点雅可比矩阵进行稳定性分析可以得到系统均衡点的稳定性。运用局部稳定分析法对 8 个局部平衡点进行稳定性分析,将 $F(m)$、$F(n)$、$F(z)$ 分别对 m、n、z 求偏导,可得雅可比矩阵为

$$
\begin{bmatrix}
(1-2m)[n(\Delta R_1 - \Delta C_1 + C_1)] - C_1 & m(1-m)(\Delta R_1 - \Delta C_1 + C_1) & 0 \\
n(1-n)(\Delta R_2 - \Delta C_2 + C_2) & (1-2n)[m(\Delta R_2 - \Delta C_2 + C_2)] - C_2 & 0 \\
z(1-z)(\Delta W_1 - \Delta W_2)n & z(1-z)(\Delta W_1 - \Delta W_2)m & (1-2z)[(\Delta W_1 - \Delta W_2)mn - G]
\end{bmatrix}
$$

由动力系统理论可知,可以利用微分方程所构成的特征值的符号来判断其局部稳定性。当均衡点所对应的特征值均为负时,则为局部均衡点;当至少有一个为正时,则为不稳定点,由表 5-3 可知,均衡点 $E_1(0,0,0)$,其对应的特征值均为负,故为局部稳定点;均衡点 $E_7(1,1,0)$,当特征值 $\Delta W_1 - \Delta W_2 - G < 0$ 时,全部特征值均为负,为局部稳定点;均衡点 $E_8(1,1,$

1)，当特征值 $\Delta W_1 - \Delta W_2 - G > 0$ 时，全部特征值均为负，为局部稳定点；均衡点 $E_2(0, 0, 1)$、$E_3(0, 1, 0)$、$E_4(0, 1, 1)$、$E_5(1, 0, 0)$、$E_6(1, 0, 1)$ 的特征值均至少有一个为正，为不稳点。

表 5-3 局部稳定结果分析

均衡点	J 行列式符号	J 迹的符号	稳定性
$m = 0, n = 0, z = 0$	$-C_1 C_2 G$	$-(C_1 + C_2 + G)$	稳定
$m = 0, n = 0, z = 1$	$C_1 C_2 G$	$G - C_1 - C_2$	不稳定
$m = 0, n = 1, z = 0$	$-G C_2(\Delta R_1 - \Delta C_1)$	$\Delta R_1 - \Delta C_1 + C_2 - G$	不稳定
$m = 0, n = 1, z = 1$	$(\Delta R_1 - \Delta C_1)G C_2$	$(\Delta R_1 - \Delta C_1) + G + C_2$	不稳定
$m = 1, n = 0, z = 0$	$-G C_1(\Delta R_2 - \Delta C_2)$	$\Delta R_2 - \Delta C_2 + C_1 - G$	不稳定
$m = 1, n = 0, z = 1$	$-(\Delta W_1 - \Delta W_2 - G)C_1(\Delta R_2 - \Delta C_2)$	$C_1 + (\Delta R_2 - \Delta C_2) - (\Delta W_1 - \Delta W_2 - G)$	不稳定
$m = 1, n = 1, z = 0$	$(\Delta R_1 - \Delta C_1)(\Delta R_2 - \Delta C_2)(\Delta W_1 - \Delta W_2 - G)$	$(\Delta W_1 - \Delta W_2 - G) - (\Delta R_1 - \Delta C_1) - (\Delta R_2 - \Delta C_2)$	稳定
$m = 1, n = 1, z = 1$	$-(\Delta R_1 - \Delta C_1)(\Delta R_2 - \Delta C_2)(\Delta W_1 - \Delta W_2 - G)$	$-(\Delta W_1 - \Delta W_2 - G) - (\Delta R_1 - \Delta C_1) - (\Delta R_2 - \Delta C_2)$	稳定

综上所述，在企业、创新机构与政府的博弈中，可以存在 $E_1(0, 0, 0)$、$E_7(1, 1, 0)$、$E_8(1, 1, 1)$ 三个局部稳定点，即三者可以选择（交易创新模式、交易创新模式、不扶持创新）、（合作创新模式、合作创新模式、不扶持创新）、（合作创新模式、合作创新模式、扶持创新）三种方式。（合作创新模式、合作创新模式、不扶持创新）方式是当 $\Delta W_1 - \Delta W_2 - G < 0$ 时，即政府扶持创新获得的额外收益与不扶持创新获得额外收益之差小于政府的资金补贴，该均衡点达到稳定。（合作创新模式、合作创新模式、扶持创新）方式是当 $\Delta W_1 - \Delta W_2 - G > 0$ 时，即政府扶持创新获得的额外收益与不扶持创新获得额外收益之差大于政府的资金补贴，该均衡点达到稳定。

第六章

区域创新系统协同演化机制

生物学最早对演化和协同演化现象进行了较为系统的探索,后来其他学科也借鉴了生物学的研究范式,将其引入到相关学科的研究中。协同理论是一门综合性学科,在近年来获得迅速发展并被广泛应用,它是由德国斯图加特大学教授、著名物理学家哈肯(Haken)提出的。协同论研究远离平衡态的开放系统在与外界有物质或能量交换的情况下,如何通过自己内部协同作用,自发地出现空间、时间和功能上的有序结构。它以系统论、信息论、控制论、突变论等为基础,吸取了结构耗散理论的重要成果,通过对不同领域的分析,提出了多维相空间理论,建立了一整套的数学模型。其主要内容涵盖协同效应、伺服原理和自组织原理。其中,自组织原理是协同论中的关键点,它是探讨系统从无序变为有序、由简单到复杂、从低级向高级的共同演化规律。

一、区域创新系统协同演化理论分析

(一) 创新主体协同演化

政府、企业与机构三者协同是一个动态的、复杂的过程,存在着互惠互利的关系,三者协同效果往往决定了一个区域创新能力的高低。关于主体之间的协同演化,学者们主要集中于主体间的静态合作研究,缺乏动态演化分析,无论是"三元参与理论"还是"五元驱动理论",都是从静态角度研究主体协同。而"三螺旋模型"也有效地解释了区域创新主体协同的动态演化。

在初创阶段,主要目标是形成创新要素聚集区域,但此阶段的高风险性和不确定性阻碍了这些要素向区域汇聚,因此政府应当作为此阶段的主导者。政府通过政策引导、基础设施建设、财政支持等行政措施吸引人才、资金、技术等投入要素的汇聚,进而带动创新主体进入到区域中开展创新活动。在区域创新增长阶段,主要目标是营造一种产业主导的氛围,这就客观要求在该区域内形成具有一定规模的企业集群,进而通过企业集群内上下游的衔接,构成功能齐全的产业链,因此企业成为区域创新增长阶段的主导者,而政府依靠自身的政策、财政等资源,机构依靠自身的技术研究资源,同时对区域内企业进行培育、扶持,逐渐推动企业不断发展壮大。

(二)创新系统协同演化

区域创新系统的演化完全遵循自组织原理,具有开放性、非线性和非平衡性的基本特征。因此,区域创新系统的动态演化呈现自组织协同演化特点。第一,区域创新系统是一个开放的巨系统。开放性是区域创新系统自组织的重要体现,正是由于开放性,不仅区域创新系统中的创新要素可以自由流动,而且区域创新系统内部与外部之间创新要素自由流动的障碍也被打破,因此引发外部要素流动到区域创新系统内部,让区域创新系统的资源和要素优化组合,实现高效运行,另外区域创新系统内部的创新主体也可以到外部寻求创新资源,通过"走出去"战略弥补区域创新体系的不足,从而消除与区域创新系统不相适应和协调的要素,选择优质的创新资源和经营模式,从而达到区域创新系统运行的帕累托最优,并实现区域创新系统协同演化的目标。第二,区域创新系统运行过程呈现非线性的特征。系统的非线性是指系统的输入和输出不成正比,也就是经常说的叠加原理不成立,不再是简单的"1+1=2",而是"1+1>2"。非线性思维可以有效解决区域创新系统协同演化的问题。区域创新系统的协同是各子系统在非线性的相互复杂作用下形成了单个子系统所无法达到的整体协同效应的过程(苏屹、姜雪松、雷家骕、林周周,2016)。在非线性的作用下,区域创新资源并非是简单地进行排列组合,而是按照一定的方向和规律进行最优组合,实现区域创新系统演化的协同效应。第三,区域创新系统具有非平衡的特性。区域创新系统是一个远离平衡的开放系统,与系统外不断进行着物质、能量、信息、知

117

识等方面的交流。区域创新系统的非平衡性又可以称为扰动性。由于受内部和外部的干扰,区域创新系统并不是一直处于稳定的平衡状态,而是经常受到扰动而远离平衡状态。在这种扰动力的作用下,子系统的某个细微变动可能会引发整个区域创新系统的巨大波动,也就是经常所说的"蝴蝶效应"。当然,远离平衡状态的区域创新系统在结构、功能和环境等方面会派生出新的特性,推动区域创新系统向更高的平衡状态演进(马永红、苏鑫、赵越,2018)。

区域创新系统的协同演化是各个子系统在非线性的相互作用下形成单个子系统所无法达到的整体协同效应的过程。从创新主体子系统看,区域创新系统中的企业、高校、研究机构、政府、中介组织等创新主体通过建立各主体之间的联系,实现各主体联系和功能协同;从创新资源子系统来看,区域内资本、技术、人才、知识、信息等创新资源通过有效整合,达到了资源的优化配置和价值最大化;从创新环境子系统来看,区域创新硬环境和软环境相互作用,共同推动区域创新系统的协调发展。总之,在开放性、非线性、非平衡性等作用下,区域创新系统实现了创新主体系统、创新资源系统和创新环境系统等单个系统无法实现的目标,并且通过整合内部的创新要素进行优化配置,推动区域创新系统及其子系统向由无序到有序、由简单到复杂、从低级到高级的方向不断协同演进。

二、区域创新系统协同演化模型

(一) 模型构建

区域创新系统是指在一定的地理范围内,与区域企业的创新投入相互作用的创新网络和制度的行政性支撑安排。通过系统内各要素间的相互促进、相互制约,形成技术创新的循环活动,实现系统要素的协同演化。为了研究区域创新系统的协同演化路径,以区域创新系统的主体要素(企业、政府、大学、科研机构、中介机构等)、功能要素(制度、技术和管理等)、环境要素(创新环境)以及不同的三个区域相结合,构建区域创新系统协同演化路径(见表6-1)。

表 6-1　区域创新系统协同演化路径

	主体要素	功能要素	环境要素	同区域多要素
区域 1	M_1	F_1	E_1	(M_1, F_1, E_1)
区域 2	M_2	F_2	E_2	(M_2, F_2, E_2)
区域 3	M_3	F_3	E_3	(M_3, F_3, E_3)
同要素多区域	(M_1, M_2, M_3)	(F_1, F_2, F_3)	(E_1, E_2, E_3)	(M_t, F_t, E_t)

注：M，F，E 分别表示主体要素、功能要素、环境要素，M_t，F_t，E_t 分别表示 t 区域的主体要素、功能要素、环境要素，$t=1$，2，3。

（1）同区域多要素协同演化(M_1, F_1, E_1)、(M_2, F_2, E_2)、(M_3, F_3, E_3)分别表示区域 1 内的主体、功能、环境协同演化，区域 2 内的主体、功能、环境协同演化，区域 3 内的主体、功能、环境协同演化。

（2）同要素多区域协同演化(M_1, M_2, M_3)、(F_1, F_2, F_3)、(E_1, E_2, E_3)分别表示三个区域内主体要素的协同演化，三个区域内功能要素的协同演化，三个区域内环境要素的协同演化。

（3）多区域多要素协同演化(M_t, F_t, E_t)表示三个区域内的主体、功能、环境协同演化。

（二）模型分析

根据以上三种协同演化的模式，从区域创新系统的初始状态到区域创新系统的协同，最终结果有三条演化路径，分别为：

（1）初始状态(I_0)→同区域两要素协同(I_{1-1})→同区域三要素协同(I_{1-2})→同区域多要素协同(I_{1-3})→多区域多要素协同(I_{1-4})→区域创新系统最终协同(I)。在同一区域内由于各要素之间较为熟悉，协同创新更加易于操作。创新主体、要素、环境三者共同创造了一个协同创新系统——主体、要素、环境协同创新，促使区域协同创新快速发展，但是，同一区域的创新资源和能力有限，从根本上限制了创新系统的发展。创新主体、要素、环境两两之间的协同分别是完善的制度体系→创新主体服务水平提高→合作创新项目增加→创新成果增加→收入增加→管理效率增加→主体服务水平进一步完善；创新主体市场需求增加→市场需求结构进一步细化→研发投入增加→创新成果增加→收入增加→社会生活水平增加→创新环境进一步提升;完善的制度体系→创新主体服务水平提高→合作创新项目增加→创新成果增加→收入增加→社会生活水平增加→创新环境进一步提升。

(2) 初始状态(I_0)→同要素两区域协同(I_{2-1})→同要素三区域协同(I_{2-2})→同要素多区域协同(I_{2-3})→多要素多区域协同(I_{2-4})→区域创新系统最终协同(I)。相同要素之前的相似性容易促进协同达成,同一要素的协同创新可以利用不同区域的创新资源与能力,实现优势互补。以企业为例,通过在其他区域市场招聘,建立附属机构(或子公司)及合资公司等,尤其在其他竞争中,可以引进优秀人才。但也面临着一些挑战:相同要素之间存在过多的相似性不利于协同。

(3) 初始状态(I_0)→多区域两要素协同(I_{3-1})→多区域三要素协同(I_{3-2})→多区域多要素协同(I_{3-3})→区域创新系统最终协同(I)。多区域多要素之间的协同更多体现为不同区域的每个主体将独特的资源与能力带入协同中,并且所涉及的主体之间从协同中获益。但也充满了各种挑战:环境与文化的差异,创新主体要适应不同区域的文化差异;不同区域的创新主体具有信息不对称性。

因此,创新的实质是人们集体进行创造性活动,每个人承担不同的责任,发挥不同的作用。要提高区域创新能力,必须充分调动每个创新主体的积极性,增强创新主体的协同作用,这需要对创新主体进行有效激励,建立有利的创新环境和体系。

第一,建立有效的激励机制。因为创新是不同主体在不同环节上的阶段创造。因此,设计激励机制时应准确划分激励对象的贡献,并关注激励协作行为,这需要企业建立灵活的激励机制,弹性激励机制是一种以员工为核心的现代激励管理模式,本质是一种"以人为本"的管理方式,与传统的刚性激励相比较,弹性激励机制更加注重人们对于精神方面的追求,它考虑了主体的人格特征,考虑了不同创新主体的行为,并着重于充分激发主体的各种能力。也就是说,同步地对各个对象进行科学的、适时的激励,以达到协同效应。其中"科学的"是指激励要兼具公平,掌握好激励的度,并做到资源的合理分配;"适时的"是指要把握正确的时机;"同步"并不等于同时,而是强调激励效果的整体效应或协同效应。

创新主体企业的贡献体现在创新成果中所包含的知识中,合理的激励机制应当回报劳动者所贡献的知识的价值,为了可持续创新,企业必须具有长期的激励机制与之相适应。①建立薪酬激励机制。为了充分提高创新主体的创造力,企业的薪酬激励机制要从单一的按工作分配报酬转变为按绩效分配报酬,即按知识分配。企业可以通过长期激励机制(如股权、技术股分配、劳动分红等),将创新主体与企业的长期发展紧密相连,激发创新主体不断贡献新知识并进行创新。②建立精神激励机制。一方面,在职称晋级、职务晋升、奖励表彰等方面,对创新主体尤其是核心人才给予充分的肯定。另一方面,企业应该建立完善的培训制度,为创新主体提供更多的教育培训机会。③建立目标激励机制。在企业发展规划中,应为不同层次的创新主体制定不同的发展目标。这样可以鼓励创新主体实现自我价值,激发创新主体的创造性。

第二,建立有利于协同的环境。为了实现信息共享、信息交换以及减少管理层次,使组织变得灵活、敏捷和富有弹性,从而消除由于职能不同而造成的创新主体之间的沟通障碍。扁平化的组织与流程设计使企业便于掌握技术创新过程并迅速作出反应,还促进了知识在企业内部的交流与共享,并加速知识流动。加快发展网络信息技术,有效管理和整合知识,使得创新主体可以准确、迅速地获取不同层面的信息。因此,应该建立知识共享数据库,方便各主体之间的信息交流与互换。建立信息交流平台,使相关成员之间可以及时有效地传递信息,促进成员间的意见交流,大大提高部门之间的沟通程度和效率。

第三,建立完善的制度体系。加强知识产权保护是完善产权保护制度最重要的内容,也是提高我国经济竞争力和创新力的最重要的机制。知识产权制度为创新驱动发展提供助力,促进技术与社会进步。同时,知识产权保护为创新者带来合理的回报,反哺创新。加强基础研究,完善鼓励支持基础研究、原始创新的体制机制。基础研究是整个科学体系的源泉,是重大技术突破和抢占知识产权高地的基础,也是一个国家科技综合实力的重要标志。

第七章

演化视角下我国区域创新能力
及创新资源配置效率

在研究我国区域创新系统演化机制的基础上,有必要在演化视角下考察我国区域创新能力以及创新资源配置效率的变化。

一、我国区域创新能力变化及其对经济增长的影响

区域创新能力正日益成为地区经济获取国际竞争优势的决定性因素,也是区域跨越式发展最重要的动力源。研究表明,提高区域创新能力的关键在于构建区域创新体系(王焕祥、孙斐、段学民,2008)。为此,在区域创新系统演化机制的研究基础上,有必要在演化视角下进一步考察我国区域创新能力的变化及其对经济增长的影响。

知识经济时代,科技创新能力已成为提升国家和区域竞争力的重要标志。然而,科技创新在推动经济增长的同时,却引发创新发展的区域失衡问题,导致区域经济差异非但没有缩小,反而随着创新活动的增强而呈扩大趋势。因此,探讨创新能力的特征及其对经济增长影响的时空差异是一个重要的理论问题。通过搜索文献发现,较早论证创新与经济增长的理论可追溯至古典经济学家亚当·斯密,他在《国富论》中指出:国家的富裕在于分工,而分工之所以有助于经济的增长,一个重要原因就是它有助于某些机械的发明。后来,美籍奥地利经济学家熊彼特将创新首次应用于经济研究,并

认为经济增长源于创新,但这种增长过程显现繁荣、衰退、萧条和复苏的周期性,创新就是决定周期的主要因素(吕拉昌,2017)。由于创新理论多元分化形成了"新熊彼特主义",主要解决技术创新周期阵发问题。如门施(Mensch,1979)认为,经济衰退和大危机刺激技术创新,它是引发技术创新高潮的主要动力。20世纪90年代,知识创新在知识资本中的作用得到加强,受到越来越多研究者的关注。库斯内茨(Kuznets,1971)发现,知识和技术上的创新是任何重大经济增长的前提。

近年来,关于区域技术创新能力与经济增长关系的研究颇多。有学者基于柯布—道格拉斯生产函数,运用空间模型分析两者之间的关系及其作用路径,结果发现,区域技术创新能力对本地区域经济增长有积极和消极的双向作用(刘跃、卜曲、彭春香,2016)。也有学者从创新资金投入和制度能力角度选取相关指标(史自力,2013)或从地理空间经济活动视角采用距离倒数作为空间权重(杨朝峰、赵志耘、许治,2015),实证分析了两者的关系,发现它们之间具有强相关效应。由于技术创新机会成本和逆向溢出等因素的影响,导致区域技术创新能力对经济增长的作用不确定,即技术创新能力仅是促进经济增长方式转变的必要条件,并非充分条件。个别学者从全要素生产率视角(唐未兵、傅元海、王展祥,2014)或从系统动力学领域(游达明、车文镇,2016),分析了两者转变的必要不充分关系。而胡鞍钢、张新(2016)认为,创新发展对经济增长的作用,不限于科学技术创新,是多种创新机制的集成。

然而,关于区域创新能力对经济增长影响的研究成果甚少。柳卸林、胡志坚(2002)从知识创造、知识流动、企业创新、创新基础设施及创新产出五个方面对区域创新能力进行判断,并探讨了区域创新能力分化对经济增长的作用。也有学者从企业资源角度定义区域创新能力(张迎春、李萍,2006),或从知识创造、知识获取、企业创新、创新环境和创新绩效五个方面构建指标体系实证了两者之间的相互促进作用(张永凯,2016)。但是,鲜有同时从时间和空间两个维度去分析区域创新能力对经济增长影响的文献。基于此,本书采用面板数据,从知识创造、知识获取、企业创新、创新环境及企业绩效五个方面构建指标体系,借助投资、消费、出口和人力资本控制变量,分析区域创新能力对经济增长的影响,旨在考察我国区域创新能力的空间分异特征及其对经济增长影响的时空差异。

（一）模型设定、变量说明及数据来源

1. 模型设定

通常而言,影响经济增长的因素较多。古典增长理论认为,分工、资本和制度是经济增长不可或缺的因素。新古典增长理论认为,资本积累和技术进步成为影响经济增长的支配力量。斯蒂格里兹(Stigliz)指出,资本、劳动力、技术和生产结构是促进经济增长的四个要素(狄乾斌、刘欣欣、王萌,2014)。内生增长理论认为,人力资本积累是经济得以持续增长的决定性因素和产业发展的真正源泉(范红忠、陈攀,2017)。随着经济不断发展,经济增长对科学技术的依赖性日益增加,而对要素投入的依赖性明显下降。长期以来,我国经济主要依靠投资、消费和出口"三驾马车"拉动,但随着经济新常态的到来,我国经济愈来愈受到创新驱动。因此,在研究区域创新能力对经济增长的影响过程中,必须对投资、消费、出口、人力资本等变量加以控制。由于区域创新能力具有典型的正外部性,对经济发展发挥乘数效应,即在生产要素投入保持不变的条件下,经济增长受区域创新能力的影响而提高。为深入研究区域创新能力对我国经济增长的影响,基于柯布—道格拉斯生产函数设定扩展生产函数,计算公式如下:

$$Y_i = A(U_i)f(K_i, L_i, X_i) \tag{1}$$

式中,Y_i 为地区 i 的总产出,U_i 为区域创新能力,K_i、L_i、X_i 分别表示资本、劳动力和其他投入,对式(1)取对数处理,以减少数据波动、不平稳性及异方差影响,从而获得设定的基础模型形式。

$$\ln Y_{it} = \alpha + \beta_1 \ln RIC_{it} + \beta_i \ln X_{it} + \varepsilon_{it} \tag{2}$$

其中,i 和 t 分别为地区和年份;RIC 为区域创新能力;X 为其他控制变量,具体有投资(inv)、消费(con)、出口(exp)和人力资本(hca);ε 为随机误差项。

当不考虑空间因素时,式(2)主要用来开展定量分析和推理自变量对因变量影响因子的程度,但往往空间因素的存在,导致式(2)模型估计结果出现偏差。若将空间因素考虑进来,式(2)变换成如下形式:

$$\ln Y_{it} = \alpha = \rho W \ln Y_{it} + \beta_1 \mathrm{RIC}_{it} + \beta_i \ln X_{it} + \varepsilon_{it} \qquad (3)$$

$$\ln Y_{it} = \alpha + \beta_1 \mathrm{RIC}_{it} + \beta_i \ln X_{it} + (1 - \lambda W)^{-1} \varepsilon_{it} \qquad (4)$$

式(3)为空间滞后模型(SLM),空间滞后项由 $\rho W \ln Y$ 表示,ρ 为待估空间自回归系数,反映空间距离对区域间行为的作用;式(4)为空间误差模型(SEM),λ 表示待估空间误差系数,衡量数值的空间依赖作用。本书主要使用最大估计法的 SLM 和 SEM 对空间自相关等因素进行处理,同时对比 SLM、SEM 及 OLS 模型,选取最优计量结果分析。

2. 变量说明

(1) 被解释变量(Y):地区生产总值,用各省份的 GDP 来表示。

(2) 核心解释变量(RIC):区域创新能力。国内外相关研究根据区域创新能力未来前景以及是否体现区域创新主体的角度对其进行了界定。Sterm 和 Porter(2001)认为,区域创新能力是区域所具有的一种自主控制新技术、发明、设计和创新生产方式等的潜力。大量研究表明,区域创新能力不等于科技能力,也不等于科技竞争力,但科技能力和科技竞争力是区域创新能力的基础。陈玉川(2009)指出,区域创新能力是一个立体结构,主要分为器物层、制度层和文化层三个层次,其中,文化层和制度层通过向器物层提供技术创新文化和技术创新制度形成区域创新能力。可见,区域创新能力是一个相对宽泛的概念,以单一指标进行衡量已无法囊括本身所包含的丰富内涵。因此,基于区域创新能力基本内涵,从知识创造(X_1)、知识获取(X_2)、企业创新(X_3)、创新环境(X_4)和创新绩效(X_5)五个方面构建指标体系(见表 7-1)。

表 7-1　区域创新能力指标体系

目标	一级指标	指标含义	二级指标
区域创新能力评价	知识创造 (X_1)	创造新知识、在组织中扩散新知识并将这些知识融入到产品、服务和系统中去的能力	研究开发投入(X_{11})
			专利申请(X_{12})
			科研论文(X_{13})
	知识获取 (X_2)	用于求解专门领域问题的知识,以及从拥有这些知识的知识源中抽取出来的能力	科技合作(X_{14})
			技术转移(X_{15})
			外资企业投资(X_{16})

（续表）

目标	一级指标	指标含义	二级指标
区域创新能力评价	企业创新（X_3）	根据市场需求的发展趋势，适应生产经营和市场需求，充分利用并不断优化自身资源与社会资源配置，从企业经营管理、组织和技术等层面上的创造和革新	企业研究开发投入（X_{17}）
			设计能力（X_{18}）
			技术提升能力（X_{19}）
			新产品销售收入（X_{20}）
	创新环境（X_4）	强调产业区内的创新主体和集体效率以及创新行为所产生的协同作用。创新环境包括硬环境（自然环境）和软环境（人文社会环境）	创新基础设施（X_{21}）
			市场环境（X_{22}）
			劳动者素质（X_{23}）
			金融环境（X_{24}）
			创业水平（X_{25}）
	创新绩效（X_5）	一个地区的创新能力最终表现在创新对经济增长的贡献度，它反映了创新能力的价值增值和投入产出效应	宏观经济（X_{26}）
			产业结构（X_{27}）
			产业国际竞争力（X_{28}）
			就业水平（X_{29}）
			可持续发展与环保（X_{30}）

（3）控制变量：①投资（inv），用各省份固定资产总额来衡量；②消费（con），用各省份社会消费品零售总额来衡量；③出口（exp），用各地区境内地和货源地划分的出口总额来衡量；④人力资本（hca），主要有平均受教育年限和平均受教育程度两个指标，考虑数据的可得性和科学性，采用平均受教育程度表示人力资本变量，用受教育人数与现行学制类别的比值计算可得。其中，受教育人数是按各地区性别和受教育程度分的人口数值；现行学制类别从 2003 年开始发生了两次变化，2003—2014 年有 6 岁及 6 岁以上人口、不识字或识字很少、小学、初中、高中和大专以上六种类别，2015—2016 年在前一类别基础上加了中职、大学本科和研究生三个类别。

3. 数据来源

选取我国 31 个省（自治区、直辖市）2003—2016 年数据，不包括我国香港、澳门和台湾地区。数据主要来源于《中国统计年鉴》（2004—2017 年）和各地不同年度统计年鉴，区域创新能力 20 个指标数据主要来源于《国家创新

指数》(2003—2016 年)、《中国高科技产业发展年鉴》(2004—2017 年)以及
《中国区域创新能力评价报告》(2003—2016 年)。其中,2014 年的数据和部
分年份个别数据缺失,为有效利用数据信息,确保替代缺失值的方法不影响
已有数据特征,对少量缺失数据采用内插法获得,2014 年的数据是根据 2015
年和 2013 年数据取平均值处理。通过整理,获得我国 31 个省(直辖市、自治
区)14 年的面板数据,共计 434 个统计样本,变量的描述性统计结果如
表 7 - 2 所示。

表 7 - 2　变量的描述性统计结果

变量	指标选取	变量表示	均值	最大值	最小值	标准差	样本数
被解释变量	地区生产总值	GDP	126.29	148.03	86.37	13.99	434
解释变量	区域创新能力	RIC	68.26	80.83	56.98	12.41	434
	固定资产投资	inv	119.51	137.93	87.89	11.62	434
	社会消费品零售	con	110.61	133.76	70.35	15.18	434
	出口额	exp	194.82	245.74	145.97	23.91	434
	平均受教育程度	hca	132.85	147.17	101.37	11.41	434

(二) 我国区域创新能力的空间差异分析

1. 空间相关性

关于空间相关性,莫兰指数的应用最为广泛,它是总体空间自相关程度
和局部单元与邻近单元相关程度的方法,成为确定空间集聚和空间交互作
用的重要依据,其散点图反映区域与周边地区之间的扩散或极化作用是否
显著,主要有全局莫兰指数和局部莫兰指数。

全局莫兰指数检测地区间的创新活动是否存在空间相关性,计算公式
如下:

$$I = \frac{1}{S^2} \sum_{i=1}^{n} \sum_{j \neq i}^{n} W_{ij}(x_i - \overline{x})(x_j - \overline{x}) / \sum_{i=1}^{n} \sum_{j \neq i}^{n} W_{ij} \tag{5}$$

式中,S 为观测值的标准差,W_{ij} 为空间权重矩阵 W 中的任意元素,用
来定义空间单元的相互作用:若地区 i 与地区 j 有共同边界,则 W_{ij} 值为 1,

反之为 0,且主对角线上元素值均为 0。I 值在[-1,1]范围,当 I 值为负时表示负相关,临近区域相异,呈分异发展;为正时表示正相关,临近区域相似,呈协同发展。

局部莫兰指数是分析区域创新活动的空间集群模式,根据其结果可绘制出集聚图,主要有四种类型:HH 区域为高创新能力地区,被高创新能力地区包围,即"高高集群";LL 区域为低创新能力地区,被低创新能力地区包围,即"低低集群";LH 区域为低创新能力地区,被高创新能力地区包围,即"低高集群";HL 区域为高创新能力地区,被低创新能力地区包围,即"高低集群"。公式如下:

$$I_i = \frac{1}{S^2}(x_i - \overline{x}) \sum_{i=1}^{n} W_{ij}(x_i - \overline{x}) \tag{6}$$

2. 空间差异

为了分析我国区域创新能力在空间上的特征,采用变异系数、基尼系数、赫芬达尔指数与莫兰指数作对比,反映我国区域创新能力的水平差异与集中度。其中,变异系数 $\left[CV = \left(\sqrt{\sum_{i=1}^{n}(x_i - \overline{x})^2/n}\right)/\overline{x} \right]$ 的值越大,区域创新能力的离散度就越高,反之越低;基尼系数 $\left[G = 1 + \frac{1}{n} - \frac{2}{n^2 \overline{y}}(x_1 + 2x_2 + 3x_3 + \cdots + nx_n) \right]$ 的值越接近于 0,表明区域创新能力分布较集中,反之较分散;赫芬达尔指数($H_n = \sum_{i=1}^{n}(x_i/x)^2 = \sum_{i=1}^{n} p_i^2$)的值越接近于 1,表明区域创新能力差异大,具有垄断作用,越接近 0,差异越小,表示趋于平衡。结果表明,2003—2005 年以变异系数测度的我国区域创新能力水平差异下降速度较快,从 2006 年开始下降速度变缓,成阶梯状下降趋势;以基尼系数和赫芬达尔指数测度的我国区域创新能力集中度也在不断下降,但从 2006 年开始基本保持稳定(见图 7-1)。整体反映了我国 31 个省(自治区、直辖市)之间,区域创新能力的水平差异和集中度随时间变化呈不断下降趋势,越来越趋向稳定状态,即向相对均衡趋向发展。

为了综合反映我国区域创新能力的空间特征,采用熵值法测算区域创新能力综合指数,借助 GIS 软件绘制 2003 年和 2016 年综合指数空间分布

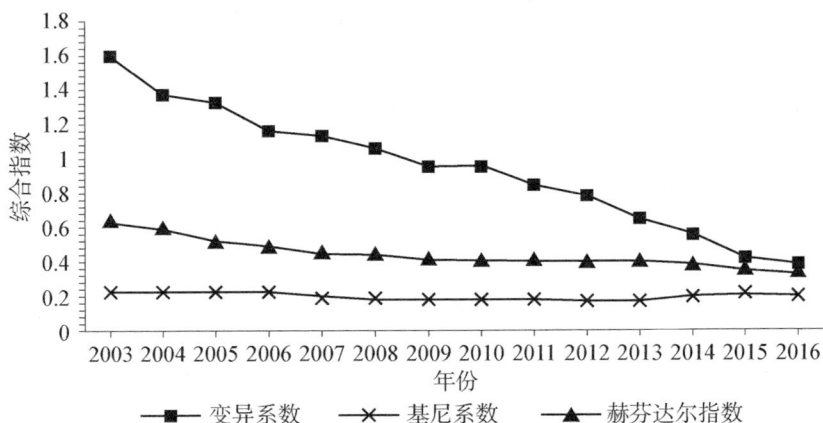

图7-1　区域创新能力水平差异动态变化（2003—2016年）

图。从综合指数空间分布来看，2003年整体较低，大部分省份位于0.01～0.23范围，仅有北京、天津、山东、江苏、上海、浙江和广东位于0.43～0.87范围。相比而言，2016年综合指数总体上取得长足发展，部分区域进入0.50～0.66范围，北京、江苏、上海和广东均在0.68以上，最高为上海市。

　　同时，以区域创新能力综合指数是否存在溢出为假设，需要对31个省（自治区、直辖市）全局自相关莫兰指数进行测算。为降低误差和波动性，对区域创新能力指标数据进行对数变换，结果发现，莫兰指数值均为正，都通过Z值检验，则拒绝空间不存在溢出的原假设，表明我国31个省（自治区、直辖市）区域创新能力具有显著空间自相关性，可以分析区域创新能力对经济增长影响的空间变化特征。根据局部莫兰指数计算结果，选取2003年、2008年、2012年、2016年的空间自相关集聚图，通过整理散点图，结果如表7-3所示。

表7-3　不同年份区域创新能力莫兰散点图变化

象限	2003年	2008年	2012年	2016年
第一象限（HH）	北京、上海、广东	北京、江苏、上海、浙江、广东	北京、山东、江苏、上海、浙江、广东	北京、山东、江苏、上海、浙江、福建、广东、重庆
第二象限（LH）	吉林、河北、河南、安徽、福建、湖南、湖北、重庆、江西	天津、吉林、辽宁、安徽、福建、山西、江西、山东、河北、河南	辽宁、河北、天津、安徽、福建、江西、陕西	辽宁、吉林、天津、河南、安徽、江西、山西、宁夏

（续表）

第三象限 （LL）	内蒙古、黑龙江、山西、陕西、贵州、云南、广西、海南、宁夏、甘肃、四川、青海、新疆、西藏	内蒙古、黑龙江、宁夏、甘肃、青海、贵州、广西、海南、云南、新疆、西藏	内蒙古、黑龙江、吉林、山西、宁夏、甘肃、贵州、广西、海南、云南、青海、新疆、西藏	广西、云南、青海、新疆、西藏
第四象限 （HL）	天津、辽宁、山东、江苏、浙江	陕西、湖北、湖南、重庆、四川	辽宁、河南、湖北、湖南、江西、重庆、四川	内蒙古、黑龙江、河北、湖南、湖北、陕西、贵州、甘肃、海南

2003 年,位于第一象限的区域有北京、上海、广东,得出正空间自相关,说明高创新能力地区有空间集聚特征,彼此之间空间差异较小;第二象限有吉林、河北、安徽、重庆等 9 个区域,表明这些区域是负空间自相关,周围地区创新活动更加活跃,彼此之间空间差异程度较大;第三象限有内蒙古、黑龙江、山西、陕西、贵州、甘肃等 14 个区域,反映正空间自相关,而且是创新能力低的地区集聚;第四象限有天津、辽宁、山东、江苏、浙江,反映负空间自相关,说明创新能力被周围低的地区所包围。2008 年,相比 2001 年空间格局变化不大,主要变化是天津、辽宁、山东进入第二象限,说明山东创新能力速度较慢,天津和辽宁受到周边创新活跃地区影响较大。2012 年,主要变化是吉林和江西从第二象限变为第三象限,湖南、湖北、江西、重庆、河南从第二象限变为第四象限,反映吉林和江西创新发展速度不仅自身较慢且受到周边地区影响较大,湖南、湖北、江西、重庆、河南创新活动发展较快,与周围地区呈现负相关性。2016 年,福建、重庆进入第一象限,河北、甘肃、陕西、贵州、海南从第三象限变为第四象限,反映沿海地区"高高集聚带",甘肃、陕西、贵州、海南自身创新活动较活跃。总体来看,2003—2016 年,进入第一象限和第四象限的区域明显增多,说明"高高创新能力地区"集聚在增加,而"低低集聚地区"逐渐消失。

综上所述,我国区域创新能力处于持续集聚阶段,创新空间关联效应较明显,且不断增强。目前创新空间关联区域主要集中在沿海地区和中部地区,基于地理临近、制度变迁、社会文化等影响因素,创新资源也集中在这些地区,揭示出空间溢出效应具有距离衰减效应。

(三)区域创新能力对我国经济增长影响的实证结果分析

1. 全样本回归

首先对全部样本进行回归分析,鉴于我国地域辽阔,各区域存在个体异质性特点,因此对全部样本进行 Hausman 检验,表 7-4 列出了回归结果。为减少异方差带来的影响,除了 GMM(广义加权)方法外(GMM 方法在存在异方差条件下就能获得有效的估计结果),所有回归均采用异方差稳健的标准误。

(4)-1 模型控制时间效应和个体效应,采用 OLS(普通最小二乘法)方法进行回归。lnric 系数为正,但不显著,显然与理论分析相悖,我国自改革开放以来实施"以市场换技术"的发展战略,引进大量外商直接投资,但这种技术创新模式并没有达到预期目标。对于模型本身来说,本书认为(4)-1 模型可能存在严重的内生性问题,即区域创新能力与经济增长互为影响,导致系数估计与假设检验出现异常。造成变量内生的原因可能有两个:第一,影响经济增长的变量较多,模型遗漏的某些变量与 lnric 相关;第二,被解释变量与解释变量相互不独立。鉴于此,需要利用其他估计方法来克服内生性问题,否则结果与现实不吻合。

(4)-2 模型使用了两阶段最小二乘法(2SLS)来克服内生性问题。显然,选取 lnric 滞后一期作为解释变量的工具变量可以解决内生性问题,因为前期区域创新能力与当期区域创新能力存在高度相关性,而当期 GDP(经济增长)无法对前期区域创新能力造成影响,可知,工具变量的选取满足一般原则,能够有效地解决内生性问题,保证模型的可识别要求。可以看到,回归中 lnric 系数在 1% 的显著性水平下显著为正,表明区域创新能力能有效促进经济增长,控制变量系数也符合预期。

(4)-3 模型使用存在异方差时比 2SLS 方法估计更为有效的两步 GMM 方法,结果更加可靠,不能拒绝工具变量有效性假设,说明模型设定合理且工具变量选择有效。从表 7-4 中可以看出,lnric 系数依旧为正,且显著性明显,系数从 0.0175 变为 0.9579,进一步说明区域创新能力提高能促进经济增长。而(4)-4 和(4)-5 模型是在不考虑区域创新能力条件下,只分析控制变量对经济增长的影响情况。结果表明,投资、消费、出口和人力资本对经济增长作用效果依然明显。相比(4)-2 和(4)-3 模型的估计结果,投资、消费和人力资本的估计系数均出现了明显回落,但总体呈现出先降后升的"U"型特征,其中人力资本上升效果比较慢,说明区域创新能力可以带动人力资本对经济增长的作用效果,而出口估计系数呈现"驼峰状"特征,说明出口对经济增长的影响受到区域创新能力作用影响但效果不太明显。总之,在不考虑区域创新能力的情况下,我国经济增长则会出现高估投资、消费、出口和人力资本作用系数这一偏差。

表 7-4　全样本回归结果

变量	(4)-1 OLS	(4)-2 2SLS	(4)-3 GMM	(4)-4 2SLS	(4)-5 GMM
lnric	0.0175 (0.42)	0.0646*** (5.25)	0.9579*** (5.43)		
lninv	0.2516*** (2.94)	0.7481*** (3.36)	0.1981** (2.34)	0.2389*** (3.03)	0.3356*** (3.47)
lncon	0.5604*** (8.09)	0.6436*** (8.76)	0.5634*** (11.71)	0.5693*** (8.77)	0.5874*** (13.84)
lnexp	0.0838*** (3.91)	0.0735*** (3.66)	0.0907*** (4.12)	0.0829*** (4.95)	0.0906*** (4.49)
lnhca	0.0816* (1.48)	0.3339** (1.89)	0.1109* (1.58)	0.0857* (1.61)	0.0943* (1.66)
Constant	5.8677 (1.16)	−0.2197*** (−47.18)	12.3085* (1.35)	7.2247** (1.88)	14.5237** (1.99)
个体效应	YES	YES	YES	YES	YES
时间效应	YES	NO	YES	YES	YES
样本量	434	434	434	434	434
R^2	0.9947	0.9876	0.9087	0.9946	0.9946
P 值	0.0000	0.0000	0.0000	0.0000	0.0000

注:***、**、*分别表示在 1%、5%、10%水平下显著,括号内的数值表示回归系数的 t 检验值。

2. 区域创新能力对我国经济增长影响的时间差异

由于国内经济不断发展,区域创新能力对经济增长的影响随时间而变化。为观察区域创新能力对经济增长的时间差异,利用表 7-4 中(4)-2 模型,以年作为单位进行截面回归,从 2004 年开始(采用 GMM 方法估计需要用到滞后一期的解释变量作为工具变量,2003 年无滞后观测值),逐年向前回归。这一方法在克服内生性问题的同时,能有效地解决截面数据异方差问题。鉴于截面样本容量有限,如果模型包含变量较多会造成自由度损失,将给估计系数带来诸多问题。所以,模型中只引入核心解释变量 lnric 而不加入控制变量。虽然这样会造成模型系数估计出现较大偏误(参数估计量方差有偏),但此处主要刻画估计系数的变化趋势,对具体数值不做研究。截面回归结果中 lnric 系数在 1% 显著性水平下均显著。整体来说,区域创新能力对经济增长的促进效应是阶段性的,2012 年之前促进效应呈上升趋势,2012 年之后呈下降趋势(见图 7-2)。

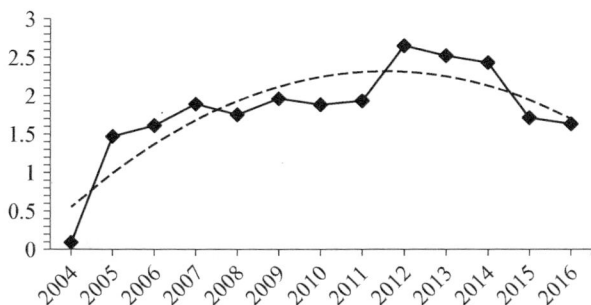

图 7-2 区域创新能力对经济增长促进效应时间变化

时间维度刻画的是我国区域创新能力对经济增长影响随时间变化的趋势,已有文献都假定为静态,忽略了创新活动过程存在的时间异质性。熊彼特提出经济增长随着创新活动呈现繁荣、衰退、萧条、复苏的周期性特点。按照这一理论,我国少数地区的创新能力已接近发达国家,但从全国平均水平来看,区域创新能力在数量上(区域创新能力系数估计值)和质量上(创新活跃程度)都与发达国家存在不小差距。2004 年到 2012 年,我国区域创新能力系数估计值在[0.09,2.65]的范围,显然,样本区间内我国区域创新能力与经济增长处在扩张阶段,2012 年到 2016 年区域创新能力系数估计值逐年下降,说明区域创新能力与经济增长呈现分离的状态,处于紧缩阶段。图7-3是根据熊彼特创新理论描绘的区域创新能力与经济增长时间差异的大致形状,其中从 F 到 A 为繁荣时期,A 到 B 为衰退时期,B 到 C 为萧条时期,C 到 E 为复苏时期,共有扩张和紧缩两个阶段。在扩张阶段,曲线斜率先增大后变小,于中间某点达到最大值,斜率呈现倒"U"型变化,图7-3中 C 点和 E 点大致对应我国2004年和2012年的区域创新能力,而 D 点就是位于区域创新能力扩张阶段斜率最大处,大体对应于2007年到2009年前后的区域创新能力。由此推断,2009年前后是区域创新能力对经济增长促进效应最大时点。所以,扩张阶段最显著的特征是 GDP 快速增长,区域创新能力对经济增长的促进效应最强。

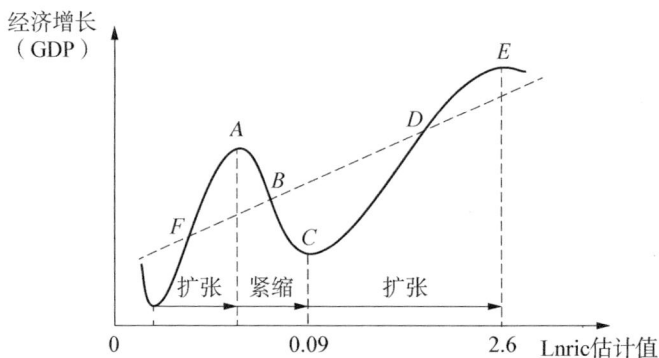

图 7-3　区域创新能力对经济增长影响的时间变化

3. 区域创新能力对我国经济增长影响的空间差异

通过对区域创新能力空间特征的实证分析,发现我国东部、中部、西部区域创新能力具有明显的空间差异,全样本存在空间异质性问题,即不同区域创新能力对经济增长的影响不同,适合采用空间模型进行分析。为研究区域创新能力对经济增长的空间差异,以我国三大经济地带——东部地区包括北京、天津、河北、辽宁、上海、江苏、浙江、福建、山东、广东、海南11个省(直辖市);中部地区包括山西、内蒙古、吉林、黑龙江、安徽、江西、河南、湖北、湖南、广西10个省(自治区);西部地区包括重庆、四川、贵州、云南、陕西、甘肃、宁夏、青海、西藏、新疆10个省(直辖市、自治区)——作为划分依据,将全样本进行 OLS、SLM 和 SEM 模型的估计。此时,需要根据 LM 检验,判断采用更为合适的模型。若 LM lag 和 LM err 均不显著,则采用 OLS 估计;若 LM lag 显著而 LM err 不显著,则使用 SLM 估计,反之则用 SEM 估计;若 LM lag 和 LM err 均显著,则比较 Robust LM lag 和 Robust LM err,判断方式同上。利用 Geoda 软件计算得到 LM 的检验结果,LM for error 的值为 0.886,P 值为 0.0216,没有通过 1% 的显著性水平,LM for lag 的值为 19.229,P 值为 0.0000,通过了 1% 的显著性检验,说明 SLM 相对 SEM 更适合估计区域创新能力对经济增长的空间差异。另外,从表 7-5 中也可以看出模型的适合性,对比 OLS、SLM、SEM 三种模型,SLM 的各种检验值均比 OLS 和 SEM 有所改善,这表明考虑了空间因素的空间计量经济模型更为适用,并且 SLM 的拟合优度均超过了 0.9,再次证明 SLM 提高了模型的拟合度,是非常可取的模型,因此采用 SLM 模型分析区域创新能力对经济增长的空间差异。

表 7-5 中,SLM 模型的 lnric 系数估计均显著为正,再次表明区域创新能力对经济增长具有显著促进作用。分区域来看,东部区域创新能力对经济增长的贡献最小,而西部次之,中部最大。回归结果显示,三大经济带中区域创新能力对经济增长影响有着明显区别,区域创新能力的经济促进效应存在显著的空间差异。

我国东部地区,大部分省市区域创新能力综合指数已经超过 0.7,部分省市(北京、上海、浙江、福建、广东)早已超过 0.8 达到 0.9 以上。根据空间差异实证结果,东部地区接近区域创新能力扩张阶段的"后期"(对应于图 7-4 中的 A 点,图 7-3 所绘出的 C 到 E 的扩张阶段),此时区域创新能力对经济增长的促进效应将降低。而大部分西部省份较为落后,区域创新能力综合指数普遍不高,处在区域创新能力扩张阶段的"早期"(对应于图 7-4 中的 C 点),对经济增长的促进作用较强。中部省份区域创新能力综合指数介于东部和西部地区之间,处在扩张阶段的"中期"(对应于图 7-4 中的 B 点),此时区域创新能力对经济增长的促进效应最强,这与从时间维度分析的结果相一致。

通过以上分析,可以发现,区域创新能力对经济增长具有显著的促进效应,这一效应无论在时间维度还是空间维度都存在显著差异。

136

表7-5 OLS、SLM和SEM三种模型不同地区回归结果

变量	非空间模型 OLS			空间模型 SLM			空间模型 SEM		
	东部	中部	西部	东部	中部	西部	东部	中部	西部
lnric	0.412*** (2.83)	0.234 (0.87)	0.651*** (6.79)	0.059** (2.25)	1.022*** (7.17)	0.098*** (5.39)	0.151 (1.73)	0.061 (1.24)	0.999*** (6.29)
lninv	0.354 (1.09)	0.356*** (4.78)	1.219*** (9.62)	0.043** (2.25)	0.168*** (3.32)	0.409*** (7.51)	0.009* (1.96)	0.172*** (3.55)	0.448*** (8.01)
lncon	0.301*** (2.33)	0.441*** (4.91)	0.108** (2.14)	0.304*** (2.81)	0.093*** (2.65)	0.104** (2.35)	0.312*** (6.01)	0.088** (2.54)	0.104** (2.16)
lnexp	0.191*** (3.04)	0.034 (0.57)	0.074*** (2.82)	0.112*** (3.07)	0.006*** (3.09)	0.098** (2.49)	0.003** (2.05)	0.007** (2.11)	0.051 (1.68)
lnhca	0.066*** (3.54)	0.132* (1.44)	0.081** (2.17)	0.183** (2.37)	0.042*** (3.36)	0.007** (2.52)	0.009 (1.25)	0.003** (2.49)	0.013 (1.91)
常数项	0.018*** (8.56)	0.008** (2.07)	0.003** (2.04)	0.047*** (3.47)	0.005** (2.61)	0.187*** (2.95)	0.461** (2.68)	0.061*** (3.45)	0.171*** (4.36)
样本量	154	140	140	154	140	140	154	140	140
R^2	0.9995	0.6995	0.9994	0.9944	0.9996	0.9986	0.9944	0.9996	0.9981
P值	0.0001	0.0534	0.0003	0.0000	0.0000	0.0000	0.0000	0.0437	0.0211

注：(1)参数估计括号中的数值为 t 检验值。(2)***、**、* 分别表示在 1%、5% 和 10% 的水平下显著。(3)SLM 模型和 SEM 模型的估计手段为最大似然估计，并且空间权重的确定采用的是邻近权重。

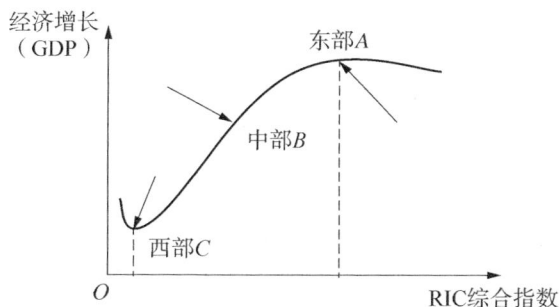

图 7-4　区域创新能力对经济增长的空间差异

（四）结论

本书以 2003—2016 年我国 31 个省（自治区、直辖市）区域创新能力为面板数据，结合 ArcGIS 空间可视化分析和 Open GeoDA 回归分析，从时间和空间两个维度对区域创新能力的空间分异特征及其对我国经济增长影响的差异进行研究，可以得到以下结论：

第一，通过计算变异系数、基尼系数和赫芬达尔指数发现，区域创新能力水平差异和集中度随时间变化呈阶梯状下降趋势，但越来越趋向稳定状态；相比于全局或局部莫兰指数实证而言，我国区域创新能力具有明显的空间自相关性，且处于持续集聚阶段，并不断增强，同时通过整理局部空间自相关集聚现象，可以看出，"高高创新能力地区"的集聚在增加，"低低集聚地区"趋于消失。

第二，不论是否考虑投资、消费、出口和人力资本控制变量，区域创新能力的估计系数逐渐增大，对经济增长具有显著促进作用。但需要注意的是，在不考虑区域创新能力时，投资、消费和人力资本的估计系数均出现了明显的回落，呈现先降后升的"U"型形状，其中人力资本的上升效果比较慢，而出口的估计系数呈"驼峰状"的特征，出现经济增长高于投资、消费、出口和人力资本的作用系数。

第三，区域创新能力对我国经济增长的影响会随经济结构转型而出现时空演化特征，具有显著递增的促进效应。从时间维度看，以 2012 年为时间节点，区域创新能力对我国经济增长的促进效应，呈"先上升后下降"的阶段性特征;从空间维度看,区域创新能力对我国不同地区经济增长的促进效应不同,总体上呈"中部最强、西部次之、东部最弱"的空间格局,这也印证了我国区域发展不平衡、不充分的现状。

二、我国区域创新资源配置效率

在分析了我国区域创新能力变化及其对区域经济增长的影响之后,还需要进一步分析我国区域创新资源的配置效率问题。区域创新系统的演化直接影响到区域创新资源的配置效率。本研究基于演化视角,运用数据包络分析方法(DEA),根据数据的可获得性,测算1991年以来我国区域创新资源的配置效率,从演化视角解析我国区域创新效率和创新能力的变动及其产生的根源。

(一)研究进展

党的十八大报告指出,创新是增强社会生产能力、提升国家实力的有力支撑,是国家经济发展的核心,国家要实施创新驱动发展战略,有效提高创新资源的配置效率,必须要注重协同创新。2015年3月李克强总理在政府工作报告中提出了"大众创新、万众创业"的号召,此后,中国掀起了前所未有的创业创新热潮。十九大报告指出,创新是引领发展的第一动力,以提高资源配置效率为抓手推动高质量发展,高质量发展的重点是提高全要素生产率,而资源配置效率的改善是提高全要素生产率的一个重要途径。因此国家应在实现各地区创新发展的前提下实现其创新驱动发展战略,而各地区创新能力的提升是实现其创新发展的核心(李政、杨思莹,2014),创新资源的配置效率是提升创新能力的关键。研发资源作为创新资源的核心,已成为提高区域创新能力、提升区域经济竞争力的核心力量,其配置效率的高低对创新资源配置效率的高低具有直接影响。世界各国已开始注重创新资源的配置效率问题,我国学者也逐渐将创新资源的配置效率问题作为研究的热点和重点。

国外关于创新资源的配置效率问题的研究主要集中在企业,但是主要是微观层面的研究。Griliches(1964)采用柯布—道格拉斯生产函数测度研发资源的配置效率,但只将研发存量作为投入指标。Odagiri 等(1983)认为企业的销售收入影响其研发效率,且为正向关系。Leoncini(1998)、Hahn(1999)、Javier M. Ekboir(2003)等采用定性研究和定量评价相结合的方法,对科技资源配置现状、科技政策执行的效果等内容进行了纵向和横向的比较分析,提出了有益的建议。Ian Pownall(1997)、John A Alic(2001)、Erik Dietzenbacher(2002)等人认为,科技资源配置效率主要强调科技政策对科技资源配置的指导作用。Lederman 和 Maloney(2003)选取了 1960—2000 年 40 个国家的数据对各国的研发资源配置效率进行研究,并分析其影响因素。Wu & Yonghong(2005)研究发现,政府在企业研发活动中的作用不可估量,政府的优惠政策对企业研发支出的增加具有重要作用。Hak Yeon Lee 和 Yong Tae Park(2005)运用 DEA 方法测算 27 个国家的研发配置效率,研究发现,相比于日本、新加坡等研发效率较高的国家,中国的研发效率比较低下。Sharma 和 Thomas(2008)以 22 个国家为研究对象,采用 DEA 法对其研发效率进行测度。结果显示,在规模报酬不可变和可变的情况下,各个国家的研发效率不同。

国内学者对我国区域创新资源配置效率也做了大量研究。王雪原、王宏起(2008)应用 lingo8.0,采用 DEA 方法,对区域科技创新资源配置效率进行研究,分析了各地区的规模效益、技术有效性和总体有效性,为政府科学合理地制定提高科技创新资源配置效率的战略和政策提供科学依据。范斐、杜德斌、李恒(2012)利用全国 1998—2010 年 31 个省(自治区、直辖市)的相关数据,对各个区域科技资源配合效率进行测算,结果表明,各区域整体的科技资源配置效率都有所提升,但空间差异的分布格局变化不大。孟卫东、王清(2013)运用 DEA-Tobit 两步法,综合评价 2010 年我国 30 个省(自治区、直辖市)的科技资源配置效率,研究表明,配置效率与区域开放程度、高技术产业发展、科研机构人才投入、企业的支持力度正相关;而区域经济发展水平对其有显著负影响;产学研水平、政府投入对其的影响不显著。曹志鹏(2013)应用各省(自治区、直辖市)2000—2008 年的数据对我国科技资源配置效率进行了实证分析,结果表明,近年来,我国科技资源配置的总体效率稳定增长,中西部地区相对东部地区效率差距较为明显,且中部地区相对于东西地区波动较大,而西部地区相对中东部地区增长速度较快。李政、杨思莹(2014)以我国 2005—2012 年间省际面板数据为基础,采用随机前沿法对我国 30 个省(自治区、直辖市)的研发效率及研发效率的收敛性进行研究。结果显示,地区间研发效率存在较大的差异,各省不同时间段效率水平波动较大,各省的研发效率不收敛。从空间来看,东部地区收敛,中西部地区不收敛。庄炜玮等(2014)运用数据包络分析模型,对全国 1991—2008 年间研发投入数据进行分析,结果表明我国研发资源配置效率相对较低,呈现先升高后下降的趋势。卫平、王艳(2014)运用 DEA 方法,对我国 29 个省(自治区、直辖市)高技术产业创新活动进行了评价与分析,结果表明,我国高技术企业区域创新综合效率偏低,部分区域呈规模报酬递减态势。吴继英等(2016)使用 DEA 模型对我国东部 11 个省(直辖市)创新资源配置效率进行研究,结果表明,我国东部地区虽有六个省(直辖市)创新资源配置效率较高,但仍有 5 省(直辖市)效率不高,存在不同程度的创新投入盈余或产出不足。崔冶真(2016)运用数据包络法对 2013 年我国 30 个省(自治区、直辖市)的创新资源配置效率进行测度,再进行 Tobit 回归分析,结果表明,政府、产学研合作、基础设施建设对提升创新资源配置效率有积极的影响,而教育对其有负面影响。游达明(2017)等根据 SBM 模型测算出的效率值将我国29 个省(自治区、直辖市)划分为四个梯队和一个异常组,并通过对每个决策单元的 Malmquist 指数进行分析,结果表明:我国整体科技创新资源配置效率低下,但有缓慢提升的优势;区域创新科技创新资源的配置效率与地区经济发展水平有关,呈现出两极分化的趋势。肖建华、熊娟娟(2018)基于 18 个国家级新区和高新区的数据,运用 DEA 模型,研究发现,多数地方的新区和高新区的财政政策效率大于 1,且中部地区的财政政策效率不管是在新区还是高新区都是最小的,说明多数地区财政政策对企业创新表现为"激励效应"。

综上所述,关于我国创新资源的配置效率,国内学者们分别采取了不同指标和方法进行测算和分析,也得出了一些富有启发性的结论和建议,但研究所采用的数据相对较早,尚未采用最近 5 年的最新数据,不能很好地反映出我国创新资源配置效率的最新变化趋势。鉴于此,本书在前人研究的基础上,以 1991—2017 年我国创新资源投入产出的相关面板数据为基础,采用DEA 模型,分别测算我国创新资源配置的技术效率、技术进步率以及配置效率,及时把握和了解我国创新资源配置效率变化的动态。

(二)我国区域创新资源配置效率的测算

1. 2017 年我国区域创新资源配置效率的测算与分析

(1)模型设定:DEA 方法。本书主要采用的方法是数据包络分析法。数据包络分析(Data Envelopment Analysis,DEA),是以相对效率概念为基础,根据多指标投入(输出)和多指标产出(输出),对同类型的部门或单位[称为决策单元(DMU)]进行相对有效性或效益评价的一种方法,它实际上就是一种运用线性规划方法度量生产单元相对效率的数学过程。相比其他方法,DEA 方法处理多输入,特别是多输出的问题的能力是具有绝对优势的。并且,DEA 方法不仅可以用线性规划来判断决策单元对应的点是否位于有效生产前沿面上,同时又可获得许多有用的管理信息。因此,它比其他的一些方法(包括采用统计的方法)优越,用处也更广泛。

DEA 最具有代表性的模型有 C2R、BC2、FG、ST 等。C2R 是假设规模效率不变(Constant Return to Scale)进而计算每个 DMU 的相对效率,而 BC2 是假设规模报酬可变(Variable Return to Scale),在 C2R 的基础上增加了凸性假设 $\sum \lambda_j = 1$,从而将技术效率分解为纯技术效率和规模效率,在分析某个 DMU 整体效率无效时,可以明确这种低效率是由纯技术因素导致的还是规模因素导致的。在本书中,要明确不同地区研发效率低下的原因,因此采用 BC2 模型进行分析。

通常来说,根据投入或者产出距离函数,DEA 可以相应分为基于投入或者产出两种不同方法。基于投入的 DEA 方法目的是为了测算生产单元相对于给定产出水平下最小可能投入的效率,而基于产出的 DEA 方法则是为了度量实际产出与给定投入水平的最大可能产生差距。只有在规模收益不变的情况下,两种方法的测算结果才会相等。本书侧重于考察作为研发投入要素的研发效率,即研发产出设定条件下最小可能研发投入与实际研发投入水平的比值,因此本书采用基于投入的 DEA 方法。

作为宏观层面的生产决策单元,各地区使用相同种类的投入去生产相同种类的产出,但每个生产决策单元采取和使用的生产工序和技术不同,这也最终决定了投入和产出水平的差距。按照基于投入的数据包络分析思想,假设产出水平一定,由要素投入最少的地区组成代表生产有效配置状态的逐段前沿面,对各地区研发效率的测算实际上就是度量其与所对应前沿面上生产有效地区的差异程度。

设研究中有 N 个投入指标,M 个产出指标,v_i 为第 i 个投入指标 X_i 的权重,u_j 为第 j 个产出指标 Y_j 的权重,则第 w 个地区投入的综合值为 $\sum_{i=1}^{N} v_i X_{wi}$,产出的综合值为 $\sum_{j=1}^{M} u_j Y_{wj}$,其生产效率定义为:$h_w = \dfrac{\sum_{j=1}^{M} u_j Y_{wj}}{\sum_{i=1}^{N} v_i X_{wi}}$。于是问题实际上是确定一组最佳的权变量 v_1、v_2 和 u_1、u_2、u_3 使第 w 个企业的效率值 h_w 最大。这个最大的效率评价值是该企业相对于其他企业来说不可能更高的相对效率评价值。限定所有的 h 值不超过 1,即 $\max h \leqslant 1$,这意味着,若第 k 个企业 $h_k = 1$,则该企业相对于其他企业来说生产率最高,或者说这一生产系统是相对有效的,若 $h_k < 1$,那么该企业相对于其他企业来说,生产效率还有待于提高,或者说这一生产系统还不是有效的。根据上述分析,在对第 w 个 DMU 进行效率评价,以第 w 个 DMU 的效率指数为目标,以所有的 DMU(也包括第 w 个 DMU)的效率指数为约束,构建如下的最优化模型:

$$h_w = \frac{\sum_{j=1}^{M} u_j Y_{wj}}{\sum_{i=1}^{N} v_i X_{wi}}$$

对上述分式规划模型进行 Charnes - Cooper 变换,令

$$s = \frac{1}{\sum_{i=1}^{N} v_i X_{wi}}, \quad p = su_j, \quad q = sv_i$$

则等价的线性规划问题为:

$$\max h_w = \sum_{j=1}^{M} u_j Y_{wj}$$

$$\begin{cases} \sum_{j=1}^{M} u_j Y_{wj} - \sum_{i=1}^{N} v_i X_{wi} \leqslant 0 \\ \sum_{i=1}^{N} q_i X_{wi} = 1 \\ \mu, \ q_i \geqslant 0, \ i = 1, 2, \cdots, N, \ j = 1, 2, \cdots, M \end{cases}$$

其对偶问题及引入松弛变量转为等式约束分别为：

$$\min \theta \qquad\qquad \min \theta$$

$$\begin{cases} \sum_{r=1}^{n} \lambda_r X_{ir} \leqslant \theta X_{wi} \\ \sum_{r=1}^{n} u \lambda_r Y_{jr} \geqslant Y_{wj} \\ \lambda_r \geqslant 0, \ \theta \ 无约束 \end{cases} \Rightarrow \begin{cases} \sum_{r=1}^{n} \lambda_r X_{ir} + s^- = \theta X_{wi} \\ \sum_{r=1}^{n} u \lambda_r Y_{jr} - s^+ = Y_{wj} \\ \lambda_r, \ s^-, \ s^+ \geqslant 0, \ \theta \ 无约束 \end{cases} \qquad (7)$$

在式(7)中,若 λ_r 没有其他限制,则表示所估计的效率为整体技术效率;若增加限制 $\sum_{r=1}^{n} \lambda_r = 1$,即为 BC2 模型,则产出可能存在规模报酬递增、不变或递减。

设式(7)的最优解为 $\lambda^*, \ s^{*-}, \ s^{*+}, \ \theta^*$,则有下列定义：

① 若 $\theta^* < 1$,则称 DMU_w 为非 DEA 有效。

② 若 $\theta^* = 1$,则称 DMU_w 为 DEA 有效。

③ 令 $X' = \theta^* X_w - s^{*-}, \ Y' = \theta^* Y_w + s^{*+}$,则称 $<X', \ Y'>$ 为 $<X_w, Y_w>$ 在有效前沿面上的投影,相对于原来所有的 DMU 有效。

④ 若存在 $\lambda_r^* \ (j = 1, 2, \cdots, n)$,使 $\sum_{r=1}^{n} \lambda_r^* = 1$ 成立,则称 DMU_w 为规模效益不变;若 $\sum_{r=1}^{n} \lambda_r^* < 1$,则称 DMU_w 为规模效益递增;若 $\sum_{r=1}^{n} \lambda_r^* > 1$,则称 DMU_w 为规模效益递减。

(2) 指标选取和数据来源。设研究对象为中国 30 个省(自治区、直辖市,西藏除外),将它们分别记为 $\mathrm{DMU}_j \ (j = 1, 2, \cdots, 30)$。 研发效率测算选取的输入指标为各地研发经费支出(X_1)、研发人员全时当量(X_2);输出指标为技术市场成交合同金额(Y_1)、国内专利申请受理数(Y_2)、国外收录我国论文(Y_3)、规模以上(大中型)工业企业新产品销售收入(Y_4)。

（3）实证分析结果。根据上述方法与步骤,采用 DEAP2.1 软件计算2017 年我国各地区研发效率,测算结果如表 7-6 所示:

表 7-6　2017 年全国各省市创新资源配置效率值

序号	地区	综合效率	技术效率	规模效率	规模效率	结果
1	北京	1.000	1.000	1.000	不变	DEA 有效
2	天津	0.763	0.764	0.998	递增	非 DEA 有效
3	河北	0.637	0.639	0.998	递减	非 DEA 有效
4	山西	0.530	0.567	0.934	递增	非 DEA 有效
5	内蒙古	0.523	0.612	0.855	递增	非 DEA 有效
6	辽宁	0.805	0.832	0.967	递减	非 DEA 有效
7	吉林	1.000	1.000	1.000	不变	DEA 有效
8	黑龙江	1.000	1.000	1.000	不变	DEA 有效
9	上海	0.919	1.000	0.919	递减	非 DEA 有效
10	江苏	0.799	1.000	0.799	递减	非 DEA 有效
11	浙江	0.877	1.000	0.877	递减	非 DEA 有效
12	安徽	0.991	1.000	0.991	递减	非 DEA 有效
13	福建	0.519	0.520	0.999	递减	非 DEA 有效
14	江西	0.971	0.977	0.994	递增	非 DEA 有效
15	山东	0.910	0.956	0.952	递减	非 DEA 有效
16	河南	1.000	1.000	1.000	不变	DEA 有效
17	湖北	1.000	1.000	1.000	不变	DEA 有效
18	湖南	0.996	1.000	0.996	递减	非 DEA 有效
19	广东	0.963	1.000	0.963	递减	非 DEA 有效
20	广西	0.986	1.000	0.986	递增	非 DEA 有效

（续表）

序号	地区	综合效率	技术效率	规模效率	规模效率	结果
21	海南	0.466	0.999	0.466	递增	非 DEA 有效
22	重庆	1.000	1.000	1.000	不变	DEA 有效
23	四川	0.607	0.613	0.990	递减	非 DEA 有效
24	贵州	0.487	0.508	0.958	递增	非 DEA 有效
25	云南	0.381	0.439	0.868	递增	非 DEA 有效
26	陕西	0.992	0.995	0.996	递减	非 DEA 有效
27	甘肃	0.964	1.000	0.964	递增	非 DEA 有效
28	青海	1.000	1.000	1.000	不变	DEA 有效
29	宁夏	0.546	0.915	0.597	递增	非 DEA 有效
30	新疆	0.582	0.805	0.732	递增	非 DEA 有效
	平均值	0.807	0.871	0.926		

注：综合效率＝技术效率乘以规模效率。

从表 7-6 可以看出，2017 年各省（自治区、直辖市）创新资源平均综合效率为 0.807，技术效率平均为 0.871，规模效率平均为 0.926，综合效率偏低，技术效率与规模效率仍然有提升的空间。

从综合效率角度看，北京、湖北、重庆、青海、吉林、黑龙江、河南 7 个地区达到了 DEA 有效，即投入产出都达到了最优状态，技术效率和规模效率都有效，其他 23 个地区均为非 DEA 有效，其中云南的研发综合效率最低，仅为 0.381。

从技术效率角度看，北京、吉林、黑龙江、河南、湖北、重庆、青海 7 个地区达到技术有效外，上海、浙江、湖南、广东、广西、甘肃、江苏、安徽等地区也达到了技术有效，这说明这些地区资源间的组合达到了帕累托最优。

从规模效率角度看，河南、湖北、重庆、北京、吉林、黑龙江、青海 7 个地区均为规模效率不变，因此只需保持当前规模不变；贵州、云南、甘肃、宁夏、新疆、天津、内蒙古、山西、江西、广西、海南 11 个地区均为规模效率递增，说明这些地区投入不足，有必要扩大生产规模，增加投入可以拉动产出的增加；

山东、湖南、广东、四川、陕西、河北、辽宁、上海、江苏、浙江、安徽、福建 12 个地区均为规模效率递减,说明这些地区投入过多,有必要减小生产规模来提高研发效率。

根据上述 DEA 有效性分析,采取生产前沿面投影分析方法,从投入和产出角度找出非 DEA 有效地区未能达到 DEA 有效的原因(见表 7-7、表 7-8)。

表 7-7　非 DEA 有效地区投入角度的投影分析

地区	研发经费支出/亿元			研发人员全时当量/(人/年)		
	实际值	目标值	投入冗余率/%	实际值	目标值	投入冗余率/%
天津	459	350.866	30.82	103 087	78 801.104	30.82
河北	452	288.713	56.56	113 191	72 300.162	56.56
山西	148	83.954	76.29	47 694	20 639.905	131.08
内蒙古	132	80.779	63.41	33 030	20 213.062	63.41
辽宁	430	330.621	30.06	88 858	73 951.170	20.16
上海	1 205	1 205	0.00	183 462	183 462	0.00
江苏	2 260	2 260	0.00	560 002	560 002	0.00
浙江	1 266	1 266	0.00	398 091	398 091	0.00
安徽	565	565	0.00	140 452	140 452	0.00
福建	543	282.284	92.36	140 325	72 949.333	92.36
江西	256	245.583	4.24	61 897	60 444.784	2.40
山东	1 753	1 268.005	38.25	304 820	291 433.123	4.59
湖南	569	569	0.00	130 829	130 829	0.00
广东	2 344	2 344	0.00	565 287	565 287	0.00
广西	142	142	0.00	36 857	36 857	0.00
海南	23	22.977	0.10	7 715	7 267.317	6.16
四川	639	384.120	66.35	144 821	88 830.637	63.03
贵州	96	46.795	105.15	28 290	14 379.422	96.74
云南	158	62.300	153.61	46 576	20 434	127.93

（续表）

地区	研发经费支出/亿元			研发人员全时当量/(人/年)		
	实际值	目标值	投入冗余率/%	实际值	目标值	投入冗余率/%
陕西	461	458.816	0.48	98 188	97 338.583	0.87
甘肃	88	88	0.00	23 738	23 738	0.00
宁夏	39	31.718	22.96	9 859	9 020.872	9.29
新疆	57	37.840	50.63	15 212	12 239.088	24.29

表 7-8　非 DEA 有效地区产出角度的投影分析

地区	技术市场成交合同金额/万元			国内专利申请受理数/件		
	实际值	目标值	投入冗余率/%	实际值	目标值	投入冗余率/%
天津	5 514 411	5 514 411	0.00	86 996	86 996	0.00
河北	889 245	1 459 598.452	39.08	61 288	559 197	10.96
山西	941 471	1 224 285.940	23.10	20 697	20 697	0.00
内蒙古	196 087	767 294.849	74.44	11 701	14 134.504	17.22
辽宁	3 858 317	5 160 976.439	25.24	49 871	49 871	0.00
上海	8 106 177	8 106 177	0.00	131 740	131 740	0.00
江苏	7 784 223	7 784 223	0.00	514 402	514 402	0.00
浙江	3 247 310	3 247 310	0.00	377 115	377 115	0.00
安徽	2 495 697	2 495 697	0.00	175 872	175 872	0.00
福建	754 634	1 426 454.521	47.10	128 079	128 079	0.00
江西	962 096	962 096	0.00	70 591	70 591	0.00
山东	5 116 448	5 272 618.237	2.96	204 859	279 908.90	26.81
湖南	2 031 915	2 031 915	0.00	77 934	77 934	0.00
广东	9 370 755	9 370 755	0.00	627 834	627 834	0.00
广西	394 228	394 228	0.00	56 988	56 988	0.00
海南	41 079	708 303.874	94.20	4 564	4 564	0.00
四川	4 058 307	7 104 999.273	42.88	167 484	167 484	0.00

（续表）

地区	技术市场成交合同金额/万元			国内专利申请受理数/件		
	实际值	目标值	投入冗余率/%	实际值	目标值	投入冗余率/%
贵州	807 409	807 409	0.00	35 610	35 610	0.00
云南	847 625	1 064 031.555	20.34	28 695	28 695	0.00
陕西	9 209 395	10 553 875.98	12.74	98 935	98 935	0.00
甘肃	1 629 587	1 629 587	0.00	24 448	24 448	0.00
宁夏	66 679	649 833.950	89.74	8 575	8 575	0.00
新疆	5 755	842 688.514	99.32	14 260	14 260	0.00%
天津	17 440	18 857.248	7.52	40 949 317	40 949 317	0.00
河北	8 977	13 810.496	35.00	46 623 294	46 623 294	0.00
山西	5 757	6 449.458	10.74	15 434 765	15 434 765	0.00
内蒙古	1 967	3 487.176	43.59	11 244 704	11 244 704	0.00
辽宁	22 473	22 473	0.00	36 962 037	36 962 037	0.00
上海	47 371	47 371	0.00	100 681 518	100 681 518	0.00
江苏	59 837	59 837	0.00	285 790 192	285 790 192	0.00
浙江	26 796	26 796	0.00	211 501 500	211 501 500	0.00
安徽	15 633	15 633	0.00	88 430 765	88 430 765	0.00
福建	10 429	13 687.020	23.80	44 766 789	44 766 789	0.00
江西	6 392	11 090.606	42.37	38 571 746	38 571 746	0.00
山东	20 393	20 393	0.00	85 857 213	85 857 213	0.00
湖南	31 836	31 836	0.00	348 630 305	348 630 305	0.00
广东	4 083	4 083	0.00	2 249 220	2 249 220	0.00
广西	1 101	1 101	0.00	1 306 418	1 306 418	0.00
海南	13 154	13 154	0.00	53 227 016	53 227 016	0.00
四川	25 119	25 119	0.00	36 830 600	324 213 028	11.36
贵州	2 149	2 163.112	0.65	6 055 568	6 055 568	0.00

（续表）

地区	技术市场成交合同金额/万元			国内专利申请受理数/件		
	实际值	目标值	投入冗余率/%	实际值	目标值	投入冗余率/%
云南	5 119	5 119	0.00	8 086 166	8 086 166	0.00
陕西	34 595	34 595	0.00	1 912 824	1 912 824	0.00
甘肃	7 355	7 355	0.00	3 461 052	3 461 052	0.00
宁夏	566	883.197	35.91	3 352 269	3 352 269	0.00
新疆	2 584	2 584	0.00	3 938 875	59 952 435	6.57

从投入角度看，除 DEA 有效地区以及上海、江苏、浙江、安徽、湖南、广东、广西、甘肃以外，其他地区均存在投入冗余。要素的投入冗余率反映了资源未得到充分利用，要素的投入冗余率越大，说明资源的使用效率越低。在研发经费支出方面，经费支出使用效率最低地区依次为云南、贵州、福建，其投入冗余率均超过了 90%，分别达到 153.61%、105.15%、92.36%；在研发人员全时当量方面，人员研发效率最低的地区依次仍为山西、云南、贵州和福建，冗余度均超过 90%，分别达到 131.08%、127.93%、96.74%、92.36%。说明这些地区在研发过程中存在着严重的浪费现象，需要加强对资源的整合来优化研发效率。

从产出角度看，除 DEA 有效地区以及上海、江苏、浙江、安徽、湖南、广东、广西和甘肃以外，其他地区均存在不同程度的产出不足。在技术市场成交合同金额方面，大多数地区存在较大的产出不足率，其中新疆的产出不足率最大，达到了 99.32%，说明技术市场成交合同金额还能够大幅提高；在国内专利申请受理数方面，只有河北、山东和内蒙古存在产出不足，分别是10.96%、26.81% 和 17.22%；在国外收录我国论文方面，宁夏的产出不足率最高，达到了 43.59%，说明在国外关注的研究范围上还需提高。在规模以上（大中型）工业企业新产品销售收入方面，仅有四川和新疆存在产出不足，其中四川达到了 11.36%。

2. 基于 Malmquist 指数的我国区域创新资源配置效率的测算与分析

（1）模型设定：Malmquist 指数。关于测算区域创新资源配置效率，目前使用最广泛的生产效率指数为 Malmquist 指数。Malmquist 指数是由

Malmquist(1953)在消费分析的过程中首次提出,Caves(1982)提出在多投入产出下,基于投入的全要素生产率指数(用 TFP 表示)可以用 Malmquist 指数来表示,为了得到 Malmquist 效率值,引入距离函数 $D^t(x_0^t, y_0^t)$,Fare 等(1994)把距离函数定义为投入效率的倒数,故有 $D^t(x_0^t, y_0^t) = \dfrac{1}{F^t(y_0^t, x_0^t)}$,这个函数是在给定的 y_0^t 下 x_0^t 可减少的最小程度。当 $D^t(x_0^t, y_0^t) = 1$ 时 (x_0^t, y_0^t) 在生产前沿面上,$D^t(x_0^t, y_0^t) > 1$ 表示技术无效,效率值可以通过 Malmquist 指数来表示:$M^t = \dfrac{D^t(x_0^t, y_0^t)}{D^t(x_0^{t+1}, y_0^{t+1})}$,$M^{t+1} = \dfrac{D^{t+1}(x_0^t, y_0^t)}{D^{t+1}(x_0^{t+1}, y_0^{t+1})}$,这两个指数分别是 t 期和 $t+1$ 期下的 Malmquist 指数。通过利用这两个 Malmquist 指数的几何平均数来计算生产率的变化,即 $\text{MI} = \dfrac{D^t(x_0^t, y_0^t)}{D^{t+1}(x_0^{t+1}, y_0^{t+1})}\left[\dfrac{D^{t+1}(x_0^{t+1}, y_0^{t+1})}{D^t(x_0^{t+1}, y_0^{t+1})} \times \dfrac{D^{t+1}(x_0^t, y_0^t)}{D^t(x_0^t, y_0^t)}\right]^{\frac{1}{2}} = \text{EC} \times \text{TC}$,$\text{MI} > 1$ 表明 $t+1$ 期的生产率较 t 期有所提高。 Malmquist 指数可以分解为技术效率指数和技术进步率指数,EC 和 TC 大于、等于、小于 1 分别表示技术效率和技术进步率得以提高、不变、降低。技术效率又可分解为纯技术效率指数和规模效率指数。

(2)实证结果分析。运用 DEAP2.1 软件对 1991—2017 年全国 30 个地区的面板数据进行 Malmquist 生产力指数分析,得到了 30 个地区分年和分地区的全要素生产力指数及其分解的计算结果(见表 7-9)。

表 7-9 1991—2017 年全国 30 个省市研发 TFP 指数及分解

年份	技术效率	技术进步率	纯技术效率	规模效率	研发总效率
1991—1992	0.924	1.134	0.999	0.926	1.049
1992—1993	0.958	1.183	0.939	1.021	1.134
1993—1994	1.019	1.048	0.989	1.031	1.069
1994—1995	0.931	1.241	0.974	0.956	1.156
1995—1996	1.099	1.103	1.055	1.042	1.212
1996—1997	0.871	1.169	0.901	0.967	1.018

（续表）

年份	技术效率	技术进步率	纯技术效率	规模效率	研发总效率
1997—1998	1.170	1.028	1.134	1.032	1.202
1998—1999	0.713	1.419	0.801	0.889	1.011
1999—2000	1.499	0.616	1.230	1.219	0.923
2000—2001	0.996	0.919	0.968	1.028	0.915
2001—2002	0.963	1.037	0.990	0.973	0.999
2002—2003	1.023	1.017	1.003	1.023	1.040
2003—2004	1.070	0.956	1.040	1.029	1.023
2004—2005	1.048	0.854	1.045	1.003	0.896
2005—2006	0.966	1.188	0.960	1.006	1.147
2006—2007	1.070	0.890	1.039	1.031	0.952
2007—2008	0.928	1.079	0.932	0.997	1.002
2008—2009	0.987	0.942	1.040	0.950	0.930
2009—2010	0.956	1.056	0.989	0.967	1.010
2010—2011	1.010	1.096	1.007	1.003	1.107
2011—2012	1.116	0.881	1.084	1.029	0.983
2012—2013	1.031	1.019	1.002	1.029	1.051
2013—2014	0.950	1.063	0.984	0.965	1.010
2014—2015	0.986	1.095	0.993	0.992	1.080
2015—2016	1.028	1.138	1.004	1.024	1.171
2016—2017	0.987	1.109	0.999	0.988	1.094
平均值	1.004	1.038	1.001	1.003	1.042

由表7-9可看出,1991—2017年间我国的平均研发总体效率为1.042,说明我国在这17年间研发效率每年上升4.2%;但是14个年份研发总效率低于全国的平均研发总效率,其中在7个年份研发总效率低于1,说明这7个年份研发总效率是降低的。平均技术效率为1.004,说明技术效率平均每年提高0.4%,在1996—1997年、1998—1999年技术效率低于0.9,其中

1998—1999 年技术效率最低为 0.713。在 2001 年之前,技术效率波动较大,之后技术效率在 1 上下浮动,波动较小,平均技术进步率为 1.038,说明技术进步率平均每年提高 3.8%,其中有 9 个年份技术进步率低于 1,1999—2000 年技术进步率最低,为 0.616。平均规模效率为 1.003,说明规模效率平均每年提高 0.3%。其中有 11 个年份规模效率小于 1,1998—1999 年规模效率最低,为 0.889。

图 7-5 直观表现了我国研发总效率、技术效率、技术进步率之间的关系。从图中可看出,技术进步率的变化几乎和研发总效率变化一致,这说明技术进步率直接影响了我国整体研发效率,所以要提高我们的研发效率要从技术进步的角度入手。从研发总效率上来看,1991—2017 年研发总效率以 2006 年为节点,呈现先递减后上升的趋势,年均增幅为 4.2%。1991—2017 年全国研发总效率范围在 0.896~1.212 之间,2006 年之前呈现波动下降趋势,2006 年之后基本维持在 1 的水平,缓慢上升。从技术进步的角度来看,1991—2017 年间技术进步率呈现先下降后趋于平稳再上升的趋势,在 2000 年以前,技术进步在较高水平上呈现衰退趋势,波动较大,2000—2010 年技术进步相对平稳,2010 年以后,技术进步率缓慢上升。从技术效率的变动来看,1991—2017 年间技术效率呈现小幅度上升趋势,在 2001 年之前技术效率变化幅度较大,2001 年之后技术效率比较稳定,基本维持在 1 的水平。

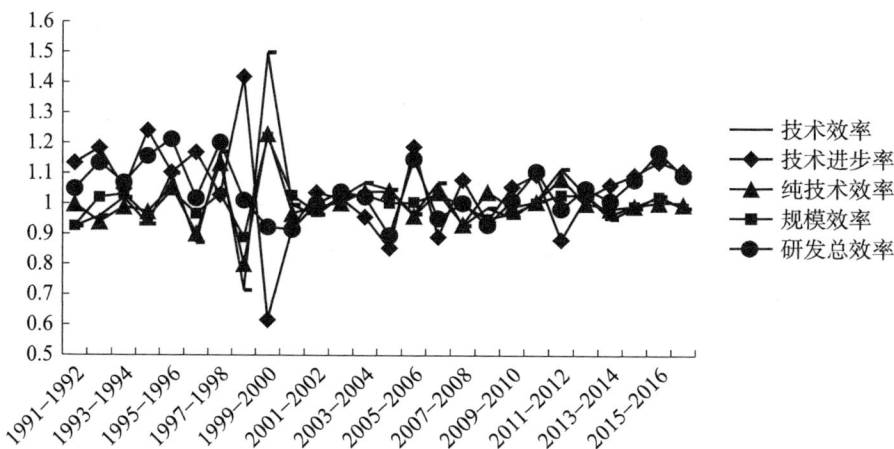

图 7-5 1991—2017 年我国研发总效率、技术效率、技术进步率等指标

从技术效率的分解来看,规模效率与纯技术效率均未有明显的波动,基本维持在1的水平。1991—2017年间技术效率年均提高0.4%,分别为规模效率年均提高0.3%,而纯技术效率年均仅提高0.1%。说明技术效率的提高绝大部分来自规模效率。

由表7-10可看出,1991—2017年全国各地区共26个省(自治区、直辖市)研发效率是提高的,其中最高的依次为北京、上海、四川和海南,这四个地区技术进步率均是提高的。而福建、江西、内蒙古和宁夏研发效率最低,这四个地区除了福建的技术进步率有所提高以外,其他三个地区的技术进步均出现停滞。技术效率最高的依次是青海、陕西、海南和广西,广西和陕西技术效率的提高主要是由于纯技术效率的提高,青海和海南技术效率的提高主要依赖于规模效率的提高。而福建、宁夏、河北和辽宁等技术效率最低,福建、河北、辽宁技术效率的下降主要是由于纯技术效率的下降,宁夏技术效率的下降主要是由于规模效率下降引起的。技术进步率最高的依次是北京、上海、四川、天津,最低的依次是广西、江西、宁夏和内蒙古。因为技术进步率与研发总效率的变化大致一样,技术进步率直接影响了研发效率,因此这些低研发效率地区应该注重研发技术进步效率的提高以此来提高本地区的研发效率。

表7-10 1991—2017年全国30个省(自治区、直辖市)研发分地区TFP指数及分解

序号	地区	技术效率	技术进步率	纯技术效率	规模效率	研发总效率
1	北京	1.000	1.113	1.000	1.000	1.113
2	天津	1.005	1.075	1.003	1.002	1.080
3	河北	0.983	1.024	0.983	1.000	1.006
4	山西	1.009	1.007	1.004	1.005	1.016
5	内蒙古	1.000	0.965	0.996	1.004	0.965
6	辽宁	0.992	1.067	0.993	0.999	1.058
7	吉林	1.009	1.034	1.002	1.007	1.043
8	黑龙江	1.007	1.056	1.005	1.002	1.063
9	上海	0.997	1.101	1.000	0.997	1.098

（续表）

序号	地区	技术效率	技术进步率	纯技术效率	规模效率	研发总效率
10	江苏	1.000	1.069	1.000	1.000	1.069
11	浙江	0.995	1.017	1.000	0.995	1.012
12	安徽	1.000	1.020	1.000	1.000	1.020
13	福建	0.975	1.011	0.975	1.000	0.986
14	江西	0.999	0.982	0.999	1.000	0.981
15	山东	1.002	1.067	0.998	1.004	1.069
16	河南	1.000	1.066	1.000	1.000	1.066
17	湖北	1.000	1.054	1.000	1.000	1.054
18	湖南	1.000	1.037	1.000	1.000	1.037
19	广东	1.002	1.067	1.000	1.002	1.069
20	广西	1.026	0.993	1.023	1.003	1.018
21	海南	1.026	1.053	1.006	1.021	1.081
22	重庆	1.000	1.005	1.000	1.000	1.005
23	四川	1.000	1.086	0.998	1.001	1.086
24	贵州	1.001	1.043	0.993	1.008	1.044
25	云南	0.992	1.072	0.992	1.000	1.063
26	陕西	1.039	1.037	1.039	1.000	1.078
27	甘肃	1.020	1.018	1.020	1.000	1.038
28	青海	1.064	1.012	1.000	1.064	1.077
29	宁夏	0.977	0.978	0.997	0.980	0.955
30	新疆	1.008	1.021	1.006	1.002	1.029
	平均值	1.004	1.038	1.001	1.003	1.042

为了便于分析我国研发资源配置效率的区域差异,首先将全国 30 个省
(自治区、直辖市)划分为东部、中部和西部三个地区。其中,东部地区包括
北京、天津、上海、浙江、河北、江苏、辽宁、广东、山东、福建、海南 11 个地区,
中部地区包括山西、安徽、吉林、黑龙江、河南、江西、湖北、湖南 8 个地区,西

部地区包括内蒙古、陕西、重庆、四川、贵州、云南、广西、青海、宁夏、甘肃、新疆 11 个地区。表 7-11 反映了 1991—2017 年我国东、中、西部历年创新资源配置效率的增长率，从总体水平看，各地区创新资源配置总效率依次呈中部最高、西部次之、东部最低的特征，总效率均值依次为 1.077、1.067 和 1.052。但是技术效率依次呈现为东部最高，中部次之，西部最低的特征，技术进步率依次呈现中部最高、东部次之、西部最低的特征。说明东部地区技术较好，但是投入过多，造成产出不足，从而导致东部地区资源配置总效率低下。

表 7-11　1991—2017 年我国东、中、西部创新资源配置效率增长率情况

年份	地区	技术效率	技术进步率	纯技术效率	规模效率	研发总效率
1991—1992	东部	0.996	1.211	0.996	1.000	1.206
	中部	0.890	0.999	0.995	0.894	0.889
	西部	0.984	1.090	0.983	1.001	1.073
1992—1993	东部	0.942	1.242	0.949	0.993	1.170
	中部	1.026	1.157	1.001	1.025	1.187
	西部	0.912	1.282	0.957	0.953	1.169
1993—1994	东部	1.148	1.195	1.039	1.105	1.372
	中部	1.085	0.870	0.995	1.091	0.944
	西部	1.043	0.900	1.033	1.010	0.939
1994—1995	东部	0.925	1.197	0.984	0.941	1.107
	中部	0.842	1.289	1.009	0.834	1.085
	西部	0.958	1.183	0.988	0.970	1.134
1995—1996	东部	1.000	1.191	1.002	0.998	1.191
	中部	1.164	1.042	1.015	1.147	1.212
	西部	1.065	1.041	1.042	1.022	1.108
1996—1997	东部	0.982	1.244	0.973	1.009	1.221
	中部	0.958	1.056	0.958	1.000	1.012
	西部	0.948	1.101	0.996	0.952	1.044

（续表）

年份	地区	技术效率	技术进步率	纯技术效率	规模效率	研发总效率
1997—1998	东部	0.967	0.969	1.070	0.904	0.937
	中部	0.998	1.079	1.027	0.972	1.077
	西部	0.953	1.737	1.004	0.950	1.655
1998—1999	东部	0.802	1.422	0.950	0.845	1.141
	中部	1.005	1.046	1.003	1.002	1.051
	西部	0.761	1.438	0.813	0.936	1.094
1999—2000	东部	1.234	0.736	0.902	1.368	0.908
	中部	1.077	0.948	0.994	1.083	1.021
	西部	1.326	0.756	1.216	1.091	1.003
2000—2001	东部	1.027	1.019	1.017	1.011	1.047
	中部	0.982	1.008	0.984	0.998	0.989
	西部	0.932	0.843	0.868	1.074	0.785
2001—2002	东部	0.929	1.043	0.996	0.933	0.969
	中部	0.994	0.992	1.036	0.960	0.986
	西部	1.032	1.041	1.088	0.948	1.075
2002—2003	东部	1.022	1.003	1.018	1.003	1.025
	中部	1.078	0.996	0.986	1.093	1.074
	西部	0.938	1.188	1.004	0.933	1.113
2003—2004	东部	1.109	1.043	1.001	1.109	1.157
	中部	0.904	1.399	1.010	0.895	1.264
	西部	1.011	0.988	1.037	0.975	0.999
2004—2005	东部	0.964	0.847	0.980	0.983	0.816
	中部	1.066	0.959	0.999	1.067	1.022
	西部	1.063	0.896	0.996	1.067	0.952
2005—2006	东部	0.984	1.097	1.004	0.980	1.079
	中部	0.900	1.323	0.988	0.912	1.191
	西部	1.052	1.135	0.951	1.106	1.194

（续表）

年份	地区	技术效率	技术进步率	纯技术效率	规模效率	研发总效率
2006—2007	东部	1.078	0.931	1.070	1.008	1.004
	中部	1.061	0.941	1.017	1.044	0.999
	西部	1.064	0.930	1.000	1.064	0.990
2007—2008	东部	0.997	1.018	1.008	0.989	1.015
	中部	0.951	1.109	0.962	0.989	1.055
	西部	1.002	1.051	0.991	1.012	1.053
2008—2009	东部	0.994	0.907	1.020	0.974	0.902
	中部	1.015	0.962	1.027	0.988	0.977
	西部	0.930	1.019	0.971	0.958	0.948
2009—2010	东部	1.060	0.950	0.992	1.068	1.007
	中部	0.967	1.119	0.932	1.038	1.082
	西部	0.855	1.220	0.969	0.882	1.042
2010—2011	东部	0.997	1.096	1.019	0.979	1.092
	中部	1.013	1.136	1.016	0.997	1.150
	西部	1.028	1.096	0.997	1.031	1.127
2011—2012	东部	0.987	0.942	0.992	0.994	0.930
	中部	1.011	1.048	1.000	1.011	1.059
	西部	1.199	0.924	1.102	1.087	1.107
2012—2013	东部	0.991	1.034	0.989	1.002	1.025
	中部	1.038	1.083	1.045	0.994	1.125
	西部	0.938	1.138	0.928	1.010	1.067
2013—2014	东部	0.998	0.996	0.990	1.008	0.994
	中部	0.994	1.082	0.999	0.995	1.076
	西部	0.934	1.081	0.987	0.946	1.010
2014—2015	东部	0.983	1.025	1.078	0.912	1.007
	中部	1.011	1.121	1.004	1.007	1.134
	西部	0.996	1.167	0.967	1.031	1.163

（续表）

年份	地区	技术效率	技术进步率	纯技术效率	规模效率	研发总效率
2015—2016	东部	1.023	1.274	0.972	1.053	1.304
	中部	0.992	1.172	0.985	1.008	1.163
	西部	0.986	1.051	0.976	1.010	1.036
2016—2017	东部	1.061	0.872	1.003	1.058	0.926
	中部	1.025	1.259	1.031	0.995	1.290
	西部	1.084	1.007	1.091	0.994	1.092
平均值	东部	1.005	1.047	1.000	1.005	1.052
	中部	1.000	1.078	1.000	0.999	1.077
	西部	0.995	1.073	0.996	0.999	1.067

东部地区与中部地区的平均纯技术效率均为1，而西部地区为0.996，说明东部和中部地区在目前的技术水平上投入的资源是有效使用的。而西部地区是无效的，需要提高技术进步率来增加本地的研发效率。而三个地区平均规模效率均未达到1。东部地区的技术效率平稳发展，基本稳定在1的水平上。技术进步率呈现缓慢下降的趋势。纯技术效率呈现缓慢上升的趋势。规模效率平稳发展，基本稳定在1的水平上。研发总效率呈现缓慢下降的趋势。中部地区技术效率平稳发展，基本稳定在1的水平上。技术进步率呈现缓慢上升的趋势。纯技术效率呈现缓慢上升的趋势。规模效率平稳发展，基本稳定在1的水平上。研发总效率呈现缓慢上升的趋势。西部地区技术效率平稳发展，基本稳定在1的水平上。技术进步率呈现缓慢下降的趋势。纯技术效率呈现平稳发展趋势。规模效率平稳发展，基本稳定在1的水平上。研发总效率呈现缓慢下降的趋势。东部和西部地区研发总效率以及技术进步率均缓慢下降，中部地区为缓慢上升。研发总效率与技术进步率的变化几乎一致，说明技术进步率直接影响整体的研发效率，所以要提高研发效率就要从技术进步角度入手。

（3）我国区域创新资源配置效率的差异性与聚类分析。为了进一步研究我国东、中、西部地区创新资源配置效率的区域差异，需要通过统计指标计算1998—2014年各地区创新资源配置效率值的变异系数和标准差，以此来考察我国创新资源配置效率的差异问题。

标准差(σ)和变异系数(CV)计算公式分别为：

$$\sigma = \sqrt{\sum_j (I_j - \text{AI})^2 / N}$$

$$\text{CV} = \sigma / \text{AI}$$

其中，$I_j(j=1, 2, \cdots, 30)$为各省市创新资源配置效率值，AI为各省市创新资源配置效率的平均值，N为地区个数。

计算得到我国30个省（自治区、直辖市）创新资源配置效率的差距变化趋势，如图7-6所示。用标准差系数与变异系数表示的我国30个省（自治区、直辖市）1991—2017年的创新资源配置效率差距的变化趋势基本上是一致的。同时可以看到各地区创新资源配置效率的差距有不断缩小的趋势。

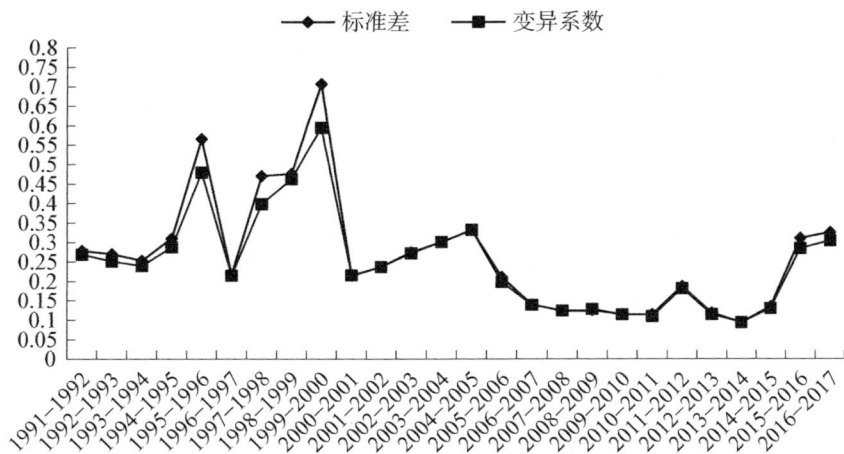

图7-6　我国各地区创新资源配置效率的差异

为了进一步确定我国创新资源配置效率的区域差异，运用SPSS软件对2017年30个省（自治区、直辖市）创新资源配置效率进行聚类分析，将其划分为5个等级（高效、中高效、中效、中低效、低效），分析结果如表7-12所示。

表7-12　2017年30个省(自治区、直辖市)创新资源配置效率的聚类分析

层级	聚 类 分 析
高效	北京、上海、江苏、浙江、安徽、江西、山东、河南、湖北、湖南、广东、广西、重庆、陕西、青海、吉林
中高效	天津、辽宁、四川
中效	海南、黑龙江、宁夏、河北
中低效	山西、内蒙古、福建、甘肃、贵州、云南
低效	新疆

从以上可以看出,处于创新资源配置效率高效和中高效层级的包括:东部地区为北京、上海、江苏、浙江、山东、广东、天津、辽宁,共8个地区,中部地区为吉林、安徽、江西、湖南、湖北、河南,共6个地区,西部地区为广西、重庆、陕西、青海、四川,共5个地区。说明中部地区的创新资源配置效率相对于东部和西部地区来说,处于相对较高的层级上,近几年来中部与西部地区的快速崛起,使得湖南、湖北、陕西、四川、重庆、青海等地的创新资源配置效率快速提高。

(三) 结论与启示

通过上述测算与分析,可以得出以下几点结论与启示:

第一,就2017年看,我国创新资源配置效率整体较低,很多地区研发资源配置都无效,只有7个地区资源配置处于有效状态。DEA有效或无效地区分布不尽相同,东、中、西部地区均存在DEA有效或无效的情况,如上海、浙江、江苏等东部地区资源配置无效,重庆、青海等西部地区资源配置有效。东部和中部创新资源配置无效地区大多呈规模递减,说明这些地区投入过多,存在着资源浪费现象,应强化管理体制和决策,提高其产出水平,提高创新资源配置效率。西部创新资源配置无效地区大多呈规模递增,说明这些地区投入不足,产出相对不足,应加大投入,提高创新资源配置效率。

第二,1991—2017年间我国的平均研发总体效率为1.042,研发总效率呈现先递减后上升的趋势,年均增幅为4.2%。研发效率绝大部分是在0.9以上,并且在1.1的上下来回波动。平均技术效率为1.004,说明技术效率

平均每年提高 0.4％;技术效率在 1993—2001 年之间波动幅度较大,其他的年份在 1 上下浮动,波动较小。平均技术进步率为 1.038,说明技术进步率平均每年提高 3.8％;技术进步率相比于技术效率波动较大,波动较大的年份在 1996—2001 年,2000 年以后,技术进步率呈现向上增长的趋势。平均纯技术效率为 1.001,说明纯技术效率平均每年提高 0.1％;纯技术效率波动很小,在 1995—2001 年间波动较大,2001 年以后,纯技术效率走势较为平稳,规模效率与纯技术效率走势相仿,规模效率非常平稳。

第三,从东、中、西部地区创新资源配置平均效率看,东、中、西部地区在 1991—2017 年间的平均全要素生产率差距不大,具体表现为:中部 (1.077)＞西部(1.067)＞东部(1.052)。这说明中部地区创新产出相对投入来说更加有效,在这 27 年内平均创新资源配置效率得到了更高的提升。在经济相对落后的西部地区,研发效率高于东部地区,但并不意味着西部地区的创新活动要好于东部地区,因此国家和政府应该提供更多资源和人才支持西部创新活动,这也有利于我国整体创新资源配置效率的提高。而东部和中部地区,投入较高,出现边际报酬递减的情况,资源未得到合理利用。从区域创新资源配置效率的差异及聚类分析可以看出,区域创新资源配置效率的差距有不断缩小的趋势,且在"处于高效和中高效层级上的地区"之中,依次是中部地区＞东部地区＞西部地区。

第四,技术进步率是影响创新资源配置效率的一个重要因素,我国整体创新资源配置效率较低的一个重要原因就是技术进步率较低。因此,技术水平的快速提高、技术的创新和先进技术的引进对我国创新资源配置效率起着重要作用,要提高我国整体创新资源配置效率,在一定程度上需要从技术进步率入手。

第八章

区域创新系统演化的国内外对比分析

在借鉴日本、韩国、芬兰区域创新系统演化宏观分析的基础上,分别选取美国硅谷、印度班加罗尔和新加坡为微观典型案例区域,通过对比研究,深入剖析不同国家及地区的区域创新系统的演化路径与特征。另外,在国内分别选取北京中关村、上海张江和深圳三个典型案例区域,通过对比研究,从微观层面上深入剖析我国区域创新系统演化路径。

一、国外区域创新系统演化对比分析

(一)日本区域创新系统演化

为了深入分析日本科技创新经验和做法,首先需要对日本区域创新系统的演化过程进行梳理和总结。

1. "贸易立国"阶段(二战后至20世纪50年代)

二战后,日本经济遭受重创,科学技术也比较落后。为了恢复本国社会经济,日本政府确立了"贸易立国"基本国策和"引进吸收先进科技发展战略"(王承云,2008),同时在经济上推出了"追赶式"和"倾斜式"发展战略,日本政府于1949年和1950年先后分别制定了《外贸及外汇管理法》和《外资法》,并开始引进欧美发达国家的先进技术和设备,尤其是引进一些原装成套设备,譬如原子能发电设备、冷热轧带钢机、大容量发电机等,重点发展电力、石油、钢铁、造船、家电等行业,为日本的技术创新奠定了一定基础。

2. "技术立国"阶段(20 世纪 60 年代至 70 年代)

从 20 世纪 60 年代开始,日本不仅重视从国外引进先进设备和技术,同时也十分注重对先进技术的消化和吸收。从 20 世纪 60 年代中期,日本开始重视知识密集型产业,如航空航天、电子机械、通信设备、汽车制造等行业的发展与技术创新,尤其是加强这些行业的技术引进和消化吸收再创新。到 20 世纪 60 年代后期,日本的战略重点已经转向引进技术专利、基础性科研成果以及技术情报,然后在此基础上进行研发和创新。总之,在 1955 年到 1970 年间,日本几乎掌握了半个世纪世界发明的全部技术,花费了不到 60 亿美元,却争取了 20 年左右的时间(王亮,2008)。日本采取的"技术立国"战略,充分发挥了后发优势,凭借技术的模仿和创新,成功实现了赶超和跨越式发展,这一战略在日本的汽车产业当中表现得尤为明显。

3. 从模仿创新到自主创新转换阶段(20 世纪 80 年代至 20 世纪末)

20 世纪 80 年代以来,日本企业基本具备了自主创新的能力,企业创新模式开始由过去的单纯模仿到消化吸收创新再到集成创新和自主创新。特别是日本国会在 1995 年通过了《科学技术基本法》,明确提出日本要以"科技创新立国"作为国家发展战略,推动国民经济跨越式发展。此时,受两方面的影响——一方面是巨大的市场需求,另一方面是激烈的竞争,日本企业的技术改造和创新动力强劲,结果促成日本在短时间内以较快的速度赶上了欧美发达国家的技术水平。到 20 世纪 90 年代初,日本的汽车、钢铁、家用电器等行业技术处于世界领先水平。

4. "知识产权立国"战略阶段(21 世纪以来)

21 世纪初,日本的科技发展战略又开始了新的转移和变化。2002 年,日本正式提出了"知识产权立国"战略,认为知识产权是提高企业和国家竞争力的核心要素,将知识产权的重要性上升到国家层面。为此,日本政府不断完善知识产权法,加强知识产权管理制度的建设和改革,重视研发人员的创新环境建设,奖励以知识产权为主体的创新成果,激发研发人员创新的主动性和积极性,同时加大以知识产权为主线的官产学研合作与联系,推动大学、科研机构和企业技术创新能力的不断提升。

总之,从日本区域创新系统的演化过程可以看出,"二战"后,日本先后经历了"技术落后""技术追赶""技术领先"三个阶段,通过引进、消化、吸收再创新的方式,成功跻身于世界科技强国。当然,日本的这种跨越式发展模式离不开每个阶段与其匹配的区域创新系统。20世纪80年代末,日本创新体系的典型特征是政府、企业和研究机构等创新主体及各主体间的创新活动都紧紧围绕"技术追赶"这一核心战略展开(梁洪力、王海燕,2014)。就创新活动的行为主体而言,日本政府是区域创新系统建设的引领者,企业是区域创新系统的真正主体,大学和科研机构则是企业技术创新的技术源和人才源。

(二)韩国区域创新系统演化

从20世纪60年代起,韩国的经济开始快速增长,在后来的40年左右的时间内,韩国人均国民生产总值由100美元陡升至10 000美元,成功地完成了从农业国向工业国的跨越,并成为世界重要的科技创新中心。纵观韩国区域创新系统的发展历程,大致可以划分为孕育、发展、巩固、提升等几个阶段。

1. 区域创新系统的孕育阶段(20世纪60年代至70年代初期)

20世纪60年代,韩国为了发展经济,采取了出口导向型发展战略,开始大量引进国外的资金和技术。这一时期引进的技术主要是劳动密集型产业所需的关键技术,通过技术引进,再加上国内的廉价劳动力成本优势发展出口导向型产业。韩国在此阶段尚缺乏自主开发技术的能力,不得不依赖于引进技术(陈劲、郭斌,1995)。此外,这一阶段韩国区域创新系统主要由政府来主导和推动,政府通过制定相关科技政策和设立科研机构来推动科技发展。譬如,1961年韩国在《第一次经济开发五年计划》(1962—1967)中专门编制了《第一次技术振兴五年计划专案》,1967年又颁布实施了《国家科学技术促进法》,由此确立了由科技创新推动经济增长的发展战略。

2. 区域创新系统的发展阶段(20世纪70年代初期至80年代)

该阶段韩国的区域创新系统已经由单纯的技术引进向引进、消化、吸收、再创新模式逐渐转变,韩国政府出台了一系列相关科技政策加以引导和支持。在技术引进方式上,开始严格禁止一揽子引进成套技术设备的做法,而是鼓励企业有选择地引进一些关键性的技术和设备,直至1978年以前,政府仍对技术引进实行严格的监督和审查制度(陈劲,1995)。为了适应国家科技发展战略的调整,韩国在这一阶段开始大量成立由政府负责管理的科研机构。譬如,1971年成立了韩国科学院和韩国开发院,后来相继成立了一系列科研机构,截至20世纪70年代末,韩国成立的国立研究所多达16家(王亮,2008)。其间,值得一提的是,1973年韩国内阁决定建立的大德科学城(现更名为大德研发特区)对区域创新系统的建设产生了重要影响和作用,虽然在起步阶段由于基础设施不健全,大学和科研机构缺乏,大德科学城一度处于低迷状态,但政府通过出台优惠政策吸引和延揽海外的韩裔科学家和工程师回国,在大德组建政府研究机构,这为韩国区域创新系统建设提供了人才保障。大德科学城是韩国有史以来最大的科学技术研究中心,它对提高韩国科技资源配置效率和创新能力起到了积极的助推作用。

3. 区域创新系统的巩固阶段(20世纪80年代初期至21世纪初期)

20世纪80年代,随着世界高科技产业的迅猛发展,韩国也及时地调整了其科技发展战略,科技政策的战略重点开始转向高新技术领域,最大程度地利用其比较优势和相对优势。这一阶段,韩国先后提出了"振兴科技"和"技术立国"的发展思路,为了提高区域创新能力,韩国政府在政策层面上采取了一系列措施来促进公共研发机构、企业和大学之间的产学研合作,充分发挥各个创新主体的比较优势,从而推动韩国区域创新系统的不断巩固与完善。1986年,韩国制定了《面向2000年科学技术中长期计划》,正式提出了自主创新的发展战略,韩国逐步从"贸易立国"向"技术立国"转型,重点发展技术密集型和知识密集型的高新技术产业(王亮,2008)。20世纪90年代以来,韩国加快了自主创新的步伐,并在重点领域和行业开始突破,三星、现代、LG等一批具有自主创新能力的大企业开始崛起,为韩国区域创新系统的发展和建设注入新的活力。大田是韩国科技创新活动最活跃的地区,大德是大田最活跃的创新区域,特别是在2005年大德科学城升级为大德研发特区后,大田已经成为韩国名副其实的研发中心和科技发展的前哨(张赛飞,2012),对韩国区域创新能力的提升起到了巨大的推动作用。

4. 区域创新系统的提升阶段(21世纪初期至今)

进入21世纪以来,韩国更加深刻地认识到科技创新在国家经济发展中的重要支撑作用。为了不断提升韩国的科技竞争力和综合国力,政府逐年增加研发投入规模和强度,促进区域创新系统的建设。2000年韩国制定长期科技发展规划《韩国 2025 年构想》,明确提出了"第二次科技立国"的口号,到 2025 年韩国的科技竞争力要位居亚洲之首。为此,韩国开始不断加大研发投入规模和强度。据统计,韩国在 2002 年、2003 年、2004 年和 2005 年的研发投入强度分别为 2.53%、2.64%、2.82% 和 2.99%(见图 8-1),这一投入强度在当时位居世界领先水平。经合组织《主要科学技术指标(2006)》显示,2006 年世界各国平均研发投入强度为 1.6%,当时韩国的研发投入强度接近 3%,仅次于日本,名列世界第二,且增幅位居全球之首。2010 年韩国公布了面向 2040 年的《大韩民国的梦想与挑战:科学技术未来愿景与战略》,提出韩国到 2040 年跻身全球五大科技强国的科技发展目标。2013 年,韩国公布了"第六次产业技术创新计划(2014—2018 年)",提出了"建设良性循环的产业技术生态系统,跻身产业强国之列"的愿景。在此基础上,韩国的区域创新系统迈上了新的台阶,区域创新能力不断提升。

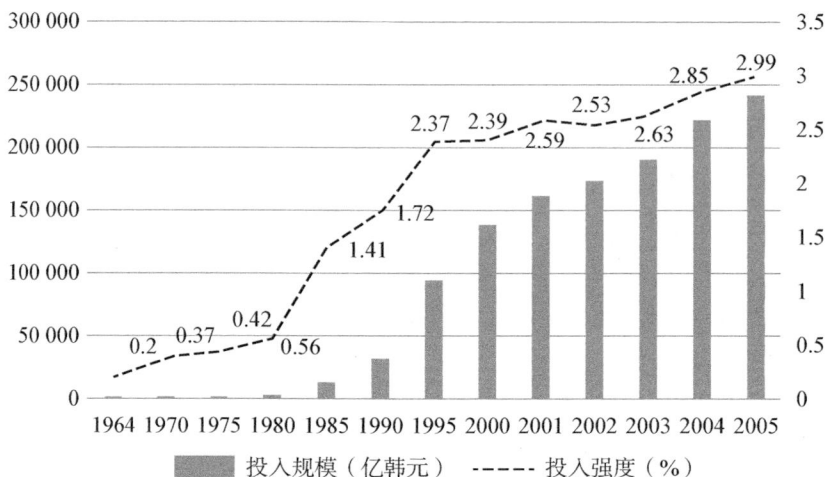

图 8-1 1964—2005 年韩国研发投入规模与强度

数据来源:韩国科学技术部 http://www.most.go.kr/en/。

(三) 芬兰区域创新系统演化

芬兰作为北欧的小国,在二战前还是一个传统的农业国,国民经济的发展严重依赖于木材加工业和渔业,然而自 20 世纪 80 年代以来,由于采取了一系列创新驱动发展措施,芬兰一跃成为全球最具有竞争力的国家之一,一

度引发了世界的广泛关注。芬兰的创新之路和区域创新系统演化过程,大体可以划分为三个阶段:

1. 从传统农业国向现代工业国转型跨越

20世纪60—70年代中期,芬兰聚焦森林工业和金属工业,采用技术创新,成功实现了从传统农业国向现代工业国的转型跨越。为了实现经济发展,芬兰高度重视科技政策的引导作用。1963年,芬兰成立了科学政策理事会,在理事会的指导下,芬兰逐步引进国外的先进技术,实施引进、消化、吸收、再创新的创新发展路径,在此创新战略的作用下,芬兰的纸和纸浆、木材加工、冶金、造纸机械等工业取得了长足的进步,技术水平位居欧洲前列。

2. 以知识经济为驱动发展国民经济

20世纪70年代中期到80年代末,芬兰抓住了知识经济的契机,在知识创新的驱动下,国民经济发展再次获得生机。20世纪70年代中期,世界石油危机导致芬兰经济增长低迷,失业和通货膨胀严重,此时芬兰处于发展资源经济和知识经济的十字路口,必须要在二者之间做出选择。20世纪70年代末,在全国进行了关于芬兰未来发展路径选择的大讨论后,政府在有识之士的建议和推动下,鉴于森林资源的可耗竭性和传统产业发展的不确定性,最后决定走知识经济发展道路。为此,芬兰开始不断加大对教育和科技的投入。从20世纪80年代起,芬兰开始重视对研发的投入,其研发强度从1981年的1.17%增加到1985年的1.55%(张文霞、李正风,2006),这一研发投入强度在当时处于世界领先水平。尽管如此,芬兰政府也在继续积极采取相关措施来推动科技创新。譬如,新成立技术学院25所,公共研究机构增加到30个,相继成立了技术发展中心,设立国家研究与发展基金,建立芬兰科学院。此外,地方为了配合中央政府新建了十多个科学园,以此来服务于当地高科技企业的研发创新,为国家创新系统的形成奠定了基础。

3. 向知识密集型过渡

20世纪90年代至今,芬兰经济继续向知识密集型过渡。1990年芬兰科技政策理事会在其发布的政策报告中,首次将国家创新系统作为芬兰国家科技创新政策的重要工具之一,这在芬兰科技政策发展历史上具有划时代的意义。脱胎于国家创新系统的区域创新系统理论框架对芬兰科技创新发展战略产生了深远的影响和作用,在这一思想的指引下,芬兰持续加大对研发的投入,到 1991 年,芬兰研发投入强度突破了 2%,2000 年研发投入强度达到 3.4%左右,2003 年研发投入强度提高至 3.52%,2010 年研发投入强度更是高达 4%(龙怒,2010),成为当时世界上研发强度最高的国家之一。在产业研发领域,芬兰根据自身的实际基础和国际发展潮流,确立了"通过 ICT 领域的突破实现跨越"的赶超战略,提出了以 ICT 为基础,然后逐渐发展其他领域的方略,明确提出了以信息社会为先导,加快向知识社会转型,国家创新系统日臻完善。在 ICT 产业快速发展的推动下,芬兰高新技术产业产值在整个国民经济中所占的比重不断提高。其中,特别值得一提的是 ICT 行业的翘楚——诺基亚(Nokia),它几乎是芬兰高科技产品的代名词。1998 年诺基亚生产的移动电话近 4 100 万部,其全球市场份额超过摩托罗拉,跃居世界第一(董建龙,1999)。然而,令人遗憾的是,在智能手机从 3G 向 4G 转型的跑道上,诺基亚摔倒了,它被苹果公司和三星公司超越,并日渐失宠。当然,在诺基亚衰落之后,芬兰并未从世界高科技产业中消失。作为世界重要的创新型国家,芬兰还涌现出了其他诸多全球知名的科技创新品牌和企业,在世界知识产权组织发布的 2016 年全球创新指数排行榜上位列第 5,在国家竞争力排行榜上也一直名列前茅。

(四)美国硅谷的区域创新系统演化

硅谷位于美国加利福尼亚旧金山湾区南部的塔克拉拉谷地,硅谷实际上不是一个城市,更准确地说是一个区域,它的地理范围包括从旧金山经过圣克拉拉县到圣何塞之间长约 50 公里的区域,总占地面积约 1 500 平方英里。作为美国高科技企业云集的地区,硅谷引起了世界的广泛关注和不断效仿,许多国家都在着力打造属于自己的"硅谷"。实际上,美国硅谷的崛起并非一蹴而就,其区域创新系统的演化大致经历了以下几个阶段:

1. 斯坦福大学的孵化阶段(第二次世界大战以前)

斯坦福大学创建于 1891 年,直到 20 世纪 20 年代,斯坦福大学还是一所普通大学。然而,硅谷的诞生却与斯坦福大学有着千丝万缕的关系,因为早期硅谷的创业者多数都是斯坦福大学的学生和老师,并且这一行为得到了斯坦福大学的大力支持。广为人知的惠普公司就是在校友和产业界的支持下由斯坦福大学的师生共同创立的,之后通过发展获得了极大成功,为后来硅谷的创新创业树立了标杆。在惠普公司的影响和带动下，斯坦福大学的师生中有越来越多的人加入创新创业队伍，由此催生了硅谷的早期萌芽。

2. 国防工业推动阶段（20世纪50—60年代）

20世纪50年代到60年代，硅谷地区国防工业的发展为电子工业的产生、形成和发展打下了坚实的基础。第二次世界大战时期，因为硅谷靠近旧金山湾区和相关大学（包括斯坦福大学、加州大学伯克利分校、加州理工学院），所以成为这一时期国防工业的主要集聚区。为了能进一步获得稳定的技术来源，国防部同时资助不同的公司进行技术开发，美国早期国防工业为硅谷的发展提供了资金支持和技术保障。因此，从这个意义上，硅谷早期的发展推动力有很大一部分来自国防工业。

3. 集成电路的问世（20世纪60—70年代）

集成电路是一种微型电子器件或部件，它的问世是20世纪的伟大创举。1957年位于硅谷的仙童半导体公司（Fairchild Semiconductor Corp）发明了集成电路技术，使仙童公司从一开始就平步青云。1960年12月成功制造出世界上第一个硅集成电路；1966年美国贝尔实验室采用相对完善的硅外延平面工艺制造出第一块公认的大规模集成电路。之后，硅谷还产生了包括英特尔、AMD和从仙童分离出去的国家半导体公司（National Semiconductor）等在内的具有创新活力的企业。据统计，1959年到1976年在硅谷诞生的半导体公司有45家，而同一时期，在美国其他地方总共才诞生了5家半导体公司。由于众多的半导体企业的快速聚集，硅谷也因此声名鹊起。另外，需要补充说明的是，关于集成电路的研发，由于日本企业开始追赶，特别是日本索尼公司投入大量的研发经费开始制造更为先进的集成电路，对美国的企业构成极大的威胁和挑战，因此使美国的企业切身感觉到压力，不仅从另外一个侧面加剧了集成电路行业的竞争，而且推动了集成电路产业的不断研发和创新。

4. 以个人电脑的为代表的创新潮涌现（20世纪70—90年代）

个人电脑由硬件系统和软件系统组成，是一种能独立运行，完成特定功能的设备，"个人电脑"一词源自1981年IBM的第一部桌上型计算机型号PC（Personal Computer）。虽然世界上第一台计算机是1946年在美国诞生的，但是美国PC的大规模生产制造始于20世纪七八十年代。在1970

年代早期,硅谷的计算机制造企业就利用半导体企业生产计算机设备,而程序设计和计算机服务公司则为半导体公司和计算机制造企业服务。在PC行业中,苹果公司(Apple Inc.)和IBM公司是较早涉入该领域的领先者。1976年乔布斯与合作伙伴在硅谷创立了苹果公司,在随后的发展过程中,苹果公司始终坚持自主创新,并向市场成功地推出了Apple I和Apple II两款个人电脑。但是,到20世纪80年代,苹果公司的个人电脑业务遭受到了竞争对手尤其是IBM的极大挑战(张永凯,2018)。IBM坚持合作创新,个人电脑采用了英特尔的新型CPU以及微软的MS-DOS操作系统,兼容性较好,一经问世就得到消费者的追捧。在苹果公司、IBM公司、惠普公司以及英特尔公司等个人电脑的研发制造商的大力推动下,美国硅谷的个人电脑技术不断进步,产业规模开始扩大,形成了初步的PC集群。

此外,从区域创新系统来看,这一阶段大学和企业之间的关系非常有意思。1970年斯坦福大学技术转让办公室正式成立,该机构在将企业和大学紧密联系在一起的过程中发挥了很大作用。后来通过的《拜杜法案》明确规定大学可以从技术成果转让中获利,该法案的出台更是激发了大学在硅谷产学研中的主动性和积极性,极大地推动了硅谷区域创新系统的快速发展。

5. 信息技术产业的不断推动(20世纪90年代至今)

信息技术是运用信息手段和技术,收集、整理、储存、传递信息,提供信息服务,并提供相应的信息手段、信息技术等服务的产业。随着互联网时代的到来,越来越多与网络科技相关的企业云集硅谷。Joint Venture公司研究发现,2002—2005年间,硅谷的产业部门主要集中于半导体及其制造、电子元器件制造、计算机及通信硬件、软件开发、生物科技等领域。其中,信息技术产业在硅谷发展得如火如荼,并催生了许多互联网公司,谷歌(Google)、维基百科(Wikipedia)就是其中的典型代表。此外,风险投资的作用也是硅谷崛起的重要推动力。自20世纪90年代开始,随着硅谷区域创新系统的发展和完善,中介组织也开始逐步成长起来,并在吸引风险投资方面发挥重要作用。1992—2001年间,硅谷的风险投资逐步发展壮大起来。到2000年,硅谷吸引的风险投资高达280亿美元,达到了风险投资的顶峰。

总之,半个世纪多以来,硅谷一直处在全球科技创新的前沿阵地,先是在计算机和电子领域独占鳌头,后来是在软件、互联网、媒体和通信产业遥遥领先。每当硅谷的名声似乎快要逝去,即将被世界其他创新中心超越时,新一轮的突破又让它重新居于全球制高点,一波接一波的创新浪潮不断地推动硅谷持续创新。20世纪90年代,生物技术在北加州迅猛发展,部分原因是电脑在分子工程和制药研究领域所起的作用。十几年前,谷歌的兴起使该地区成为搜索引擎的领导力量。更近些时候,硅谷催生了推特(Twitter)和脸书(Facebook)这类大规模社交媒体公司以及维基百科之类的内容开源运动。苹果公司在其硅谷实验室设计制造出的iPad和iPhone,掀起了一场世界范围内的消费电子革命(张永凯,2014)。从硅谷区域创新系统的演化来看,它是受市场和技术发展需求驱动的结果,基本上遵循了"自下而上"的自发演化路径。

(五) 印度班加罗尔的区域创新系统演化

印度自20世纪90年代开放以来,其经济才开始走向外向型并逐步腾飞,特别是软件等信息技术产业带动了印度服务业的快速发展。其中,被誉为印度"硅谷"的班加罗尔是印度软件业发展的重镇和核心枢纽,指引着印度朝世界软件生产和出口大国迈进。作为印度最具有创新能力的区域,其区域创新系统的发展演化大致经历了以下几个时期:

1. 人才输出阶段(20世纪80年代中期之前)

20世纪80年代以前,印度奉行内向型的经济政策,印度的信息产业完全处于政府的高度管制之下,印度经济可以说完全孤立于全球经济体系之外(萨克森宁,2001)。由于印度交通和通信等基础设施建设落后,加之政府对软件和硬件的进口征收高额的关税(其中,硬件为135%,软件为100%),极大地提高了印度以软件业为主的信息产业运营成本(黄亮,2016)。鉴于这种情况,班加罗尔的软件运营商要么将软件工程师和程序员直接派往国外进行现场工作(on site),要么直接加入客户团队进行研发,要么接受客户直接分配的任务。因此,从这个意义上讲,这一阶段班加罗尔的区域创新系统发展非常不健全,缺失很多的创新要素,与其说是软件出口,倒不如说是软件人才的出口。

2. 政府推进阶段(20世纪80年代中期至20世纪90年代初期)

20世纪80年代中期是印度信息技术产业发展的关键节点,印度联邦政府在此过程中发挥了不可估量的作用,尤其是拉吉夫·甘地当选印度总理以来,将计算机和软件产业作为国家的重点战略产业加以发展。为了有效推进计算机和软件产业发展,印度政府先后出台了涉及计算机、软件、电子和通信等产业政策,大幅降低硬件和软件的进口关税,并采取相关措施鼓励软件出口。1990年,印度联邦政府开始实施"软件技术园区计划",进一步推动信息技术产业发展。其中,班加罗尔的软件园是印度最早建立的,也是规模最大、发展最好的一个软件技术园区。班加罗尔凭借良好的自然环境和基础设施,迅速在印度的软件产业发展中崭露头角,并成为全球重要的软件开发和服务基地。

3. 外资集聚阶段(20世纪90年代初期至2000年)

在印度政府的大力支持下,国内环境逐步改善,经济的开放程度越来越高,许多跨国公司也逐渐将自己的研发机构搬迁至班加罗尔。特别是20世纪90年代以来,更多的跨国公司前来印度设立研发机构,1995年印度的外资研发机构达到19家,到1999年增加到49家,其中,班加罗尔是最受外资研发机构青睐的城市(张永凯,2012)。外资研发机构的入驻,对班加罗尔的区域创新系统产生了积极影响。作为一种外力作用,跨国公司研发中心的入驻打破了班加罗尔相对封闭的创新系统,一方面,外资研发机构将一些项目和研发活动放在当地,并同当地高校、企业和研究机构等创新主体发生关系,让班加罗尔本土创新系统及时和便利地嵌入全球创新网络之中;另一方面,外资研发机构的进入,也加剧了软件等信息技术产业的竞争,这种倒逼机制显著推动了班加罗尔软件业的技术创新。

4. 内外资互动阶段(2000年以来)

2000年以来,随着印度信息技术产业的发展和全球行业竞争的日趋激烈,越来越多的跨国公司前来印度班加罗尔设立研发机构,开展研发活动,而且研发投入的规模逐渐增加,研发中心的级别和地位在不断提升。这一时期,大量在美国硅谷的印度裔工程师和科学家的回归,推动着印度软件企业的研发水平不断提高,印度本土创新主体与外资企业之间的研发创新互动开始逐渐频繁,由此带动了班加罗尔的区域创新系统发展和完善。在此过程中,既培养了众多具有国际水准和视野的本地研发人才,同时也为本地软件服务商提供了大量的研发外包合同(黄亮,2014)。

(六) 新加坡的区域创新系统演化

新加坡作为"亚洲四小龙"之一,其国土面积狭小、人口密度大,自然资源十分匮乏,发展腹地不足,国内市场规模很小。然而,新加坡凭借其扼马六甲海峡咽喉的优越地理位置,成为许多跨国公司的地区总部和研发总部,再加上开放的经济和科技政策激励,不断加大科技投入,注重创新型人才培养,不断利用全球创新资源,构建了相对完善的区域创新系统,经济发展实现了由资本驱动向创新驱动转型,不断跻身东南亚重要的金融和贸易中心,而且迅速成为东盟重要的科技创新中心。"新加坡奇迹"一时间引发全球高度关注,《全球竞争力报告》(2014)显示,新加坡的全球竞争力位居世界第二。由瑞士商学院、世界知识产权组织以及美国康奈尔大学联合发布的《全球创新指数 2016》显示,新加坡在 2016 年的全球创新指数排名位居世界第六,领跑亚洲地区。因此,有必要梳理科技创新对新加坡在不同阶段的推动作用,梳理该国的区域创新系统演变过程。

1. 劳动密集型驱动的区域创新系统(20 世纪 60 年代中期至 70 年代中期)

自 1965 年新加坡获得独立以来,区域经济获得了快速发展。新加坡凭借优越的地理位置、劳动力低成本优势、廉洁高效的政府运行机制,顺势承接西方发达国家加工组装产业转移,积极发展劳动密集型产业。当然,这一时期,新加坡的国内技术创新水平很低,主要以引进外国技术为主,从事一些相对低端的组装加工类的劳动密集型行业,发展出口导向型产业,吸引外国企业来新加坡投资办厂,大力发展制造业,一时间新加坡成为东南亚地区重要的劳动密集型制造业基地。此时,新加坡的劳动密集型产业与其他经济领域缺乏直接联系,主要依靠廉价的劳动力资源形成竞争优势,发展尚处于要素驱动阶段。另外,新加坡利用当时国际石油供应紧张的局面,迅速发展石油冶炼和钻探技术,成为世界上当时仅次于美国和日本的钻油台生产基地和全球第三大炼油中心。

2. 资金和技术密集型驱动的区域创新系统(20 世纪 70 代中期至 80 年代末)

20 世纪 70 年代末,新加坡提出了"第二次工业革命"的发展战略,出台了一系列政策措施,通过政策的激励,形成了独特的资金和人才优势,通过技术改造,逐步淘汰了劳动密集型产业,大力发展电子、化学、机械设备等资金和技术密集型制造业,成功实现了产业经济的转型和升级。20 世纪 80 年代,新加坡为了推动区域创新系统的建设,开始建立国家科技园区,在政府的主导下先后建立了裕廊工业园区和肯特冈科技园区,这两个科技园区已经成为新加坡科技研究的集聚地,也是该国科技廊道和知识密集型产业的集中地。其中,肯特冈科技园区在微电子技术、生物工程、机器人等领域颇具实力,已经形成了创新集群,目前该科技园已经有企业、学术机构和研究中心 200 多家。这一阶段,新加坡不再是简单的技术引进,而是在引进的基础上,开始不断模仿和吸收,不断推动区域创新系统建设,提高区域创新能力。

3. 知识密集型驱动的区域创新系统(20 世纪 90 年代初至今)

20 世纪 90 年代初,新加坡政府通过制定国家科技发展五年规划,集中力量促进研发和技术密集型有关活动的开展,极大提升了新加坡的科技实力。据统计,在科技政策的激励下,新加坡的研发强度由 1990 年的 0.46% 上升到 2005 年的 2.36%(张赛飞,2012)。同时,新加坡提出全面调整经济结构的发展战略,突出服务业的地位,将新加坡打造成为亚太地区重要的区域性服务中心。明确指出在发展资金和技术密集型产业的基础上,要重点发展有增长潜力的服务业,尤其是知识密集型服务业(王颖贤,2010)。当然,知识密集型产业的发展离不开科技人才的支撑,为此新加坡大力培养和引进高科技人才,为完善区域创新系统奠定坚实基础。据统计,仅 1990 年至 1999 年,新加坡的科学家和工程师人数就由 4 329 人增加到 13 599 人,每万人中科学家和工程师的人数更上升到 68.8 人(杜德斌,2009)。2001 年,新加坡政府投资 85 亿美元,打造世界级研发创新中心 One North,该研发中心的目标是建设新加坡的"硅谷",使其成为 21 世纪全世界最重要的科技长廊,其重点研究领域为生物医药、信息技术和通信传媒(李鸿阶、张元钊,2016)。此外,在新加坡区域创新系统的建设过程中,跨国公司发挥了相当重要的作

用。据统计,全球有 7 000 多家跨国公司在新加坡设立研发机构,其中 60%
的跨国公司在新加坡设立了地区总部,跨国公司的研发投入一度占企业研
发总投入的 60%(廖晓东,2018)。本土创新主体在同跨国公司的交流和合
作中,通过引进、消化、吸收、再创新等环节,借助跨国公司在新加坡的研发
投资,本地创新网络及时嵌入全球创新网络,逐步实现集成创新和自主创
新。该阶段新加坡的区域创新系统建设已经开始走向成熟阶段,创新主体
开始走自主创新道路。

总之,自独立以来,在经历了"劳动密集型产业"转向"资本、技术密集型
产业",再转向"知识密集型产业"之后,新加坡逐渐发展成为以知识经济为
基础的全球科技创新中心(林宇,2016)。在新加坡区域创新系统的演化过
程中,各创新主体均发挥着相应的作用和功能。高效、强势和廉洁的政府对
区域创新系统的发展演化起到了巨大的推动作用,本土中小企业和跨国公
司均在新加坡创新系统建设过程中担负了重要角色,大学在知识创新中产
生了积极作用,尤其是新加坡国立大学和南洋理工大学等全球知名大学的
推动作用不可低估。

二、国内区域创新系统演化对比分析

关于国内区域创新系统演化的对比分析,本书需要选择一些创新能力
强且经济发达的区域为典型案例,分析一国之内典型地区或城市的区域创
新系统演化过程。基于此,分别选取北京中关村、上海张江和深圳三个区域
或城市为研究对象,通过对比研究,旨在从微观层面深入剖析我国区域创新
系统的演化路径和主要特征。

(一)北京中关村区域创新系统演化

北京中关村科技园区是我国最早的国家级高新技术产业开发区,其区
域创新系统演化具有一定的典型性和代表性。回顾中关村的创新演化过
程,大致可分为起步、成长、成熟等几个阶段:

1. 起步阶段(20 世纪 80 年代初至 20 世纪 80 年代末)

20 世纪 80 年代初期,在我国经济体制改革和科技体制改革浪潮的推动

下,中关村地区的科研人员纷纷投入到经济建设和科技创新活动之中,以华夏、四通、联想、京海、方正、科海、信通、科里高、新时代等为代表的一批从事电子信息技术及其相关产业的企业开始落户北京中关村,形成了电子信息产业集群的雏形,当时被称为"中关村电子一条街"。1988年5月,国务院批准在中关村成立北京新技术产业开发试验区,由此开启了我国第一个高科技园区的建设。此时,北京中关村的区域创新系统建设尚处于起步阶段,区域创新系统中的创新主体和创新要素不健全,创新资源有限,创新环境还有待改善。

2. 成长阶段(20世纪90年代初至1999年)

1992年邓小平发表南方谈话时正式提出"计划多一点和市场多一点,不是资本主义与社会主义的根本区别,计划经济不等于社会主义,资本主义也有计划,市场经济不等于资本主义,社会主义也有市场"等著名论断,打破传统观念对资本主义和社会主义的固有看法的禁锢,为建立有中国特色的社会主义市场经济体制奠定了理论基础。1992年5月中关村被国家科委、国家体改委正式确定为全国高新技术产业开发区综合改革试点区。1993年7月,首次接纳用友公司作为新技术私营企业入驻中关村,这是具有重要影响的大事件,标志着私营企业被纳入我国区域创新系统中并成为创新主体的构成部分。1996年,北京新技术产业开发试验区已发展成为中国的"硅谷",是亚洲最成功的四个高科技园区之一。1999年6月,国务院正式批准创建北京中关村科技园区,初步形成了"一区五园"的空间布局形态。截至1999年,中关村已发展高新技术企业4000多家,全国最大的电脑生产企业联想集团、控制华文排版市场的方正集团以及四通集团等一大批高新技术企业从此开始走向世界。这一阶段,中关村形成了以软件产业、信息服务和信息制造业为代表的高新技术产业集群,依托附近的北京大学、清华大学、中国人民大学等知名高校,以及以中国科学院、中国工程院所属院所为代表的科研机构,初步构建了产学研合作体系,由此标志着中关村区域创新系统进入快速成长阶段。

3. 成熟阶段(2000年至今)

2000年以后,随着越来越多的跨国公司开始在北京中关村设立研发机构,中关村区域创新系统开始逐步走向成熟。具有标志性的事件是,2001年微软集团将其亚洲研究院设在北京海淀区。随后,越来越多的跨国公司开始在北京设立研发机构,且主要集中在信息通信技术产业领域。2009 年 3 月,国务院将中关村科技园定位为国家自主创新示范区,其目标是发展成为具有全球影响力的科技创新中心。2012 年,中关村科技园已经从原来的"一区十园"发展到"一区十六园"。中关村区域创新系统在外资研发机构和本土创新主体的共同作用下,由封闭走向开放,逐渐成熟壮大,创新能力不断提升。截至目前,中关村已经成为我国科教智力和人才资源最为密集的区域,集聚了以百度、联想、甲骨文、微软等为代表的信息通信技术行业巨头,拥有高校至少 4 所、科研院所 200 多家、国家重点实验室 67 个、国家工程中心 27 个,大学科技园 26 家、归国留学人员创业园 34 家。2018 年,北京市颁布了《关于加快推进中关村科学城建设的若干措施》,提出了到 2020 年要把中关村打造成为跨国企业研发中心、海外创新资本、全球英才学习和创业的首选地。

纵观北京中关村区域创新系统的演化历程,可以发现,政府在区域创新系统建设中发挥着主导作用,政府的政策引导对区域创新系统的发展尤为重要。同时,官产学研的有机合作为中关村区域创新系统的成长起到了关键的推动作用。此外,中关村区域创新系统的发展演变被打上了我国经济体制转变的烙印,即由计划经济体制逐渐转向市场经济体制,区域创新系统逐步由封闭走向开放。

(二)上海张江区域创新系统演化

上海张江高科技园区作为我国较早的高新技术产业开发区,其区域创新系统的建设是我国建设创新型国家和提高自主创新能力的重要载体。因此,有必要从演化的视角梳理其发展变化过程。

1. 孕育期(1992—1999 年)

在邓小平发表南方谈话之后,上海市推出了浦东新区的第四个开发区——张江高科技园区。1992 年张江高科技园区开发公司正式成立,上海市政府以货币和土地的方式出资,交由上海市浦东新区国资委管理,负责对园区的开发建设与管理运营。这一时期,张江区域创新系统的建设主要依靠开发浦东新区的优惠政策,政府主要投入资金和土地进行基础设施的建设,开发公司则进行上市融资、间接融资和土地资本化等(吴雪,2015)。当时,入园企业享受"两免三减半"①以及不高于15%所得税的税收优惠政策。总之,这一阶段,张江区域创新系统的创新主体还不完善,中介机构基本缺失,主要依靠政府和开发公司的资本和土地投入进行开发建设,区域创新系统建设尚停留在孕育期。

2. 成长期(1999—2010 年)

1999 年,上海市委和市政府提出了"聚焦张江"的发展战略,以"技术创新、孵化创业、转化辐射、机制创新"的战略方针推进张江高科技园区建设。为了提高园区的运行效率,在借鉴新加坡和中国台湾高科技园区管理运营成功经验的基础上,成立了"张江基金",对入园企业的税收按一定比例返还给园区用于再开发建设,率先在全国高科技园区开创了企业注册"一条龙服务"的先河,极大地提高了政府的办事效率(朱红菊,2007)。2001 年,上海市政府出台了《上海市促进张江高科技园区发展的若干规定》,明确将生物医药产业、信息产业、软件产业列入张江高科技园区重点发展的高新技术产业,"聚焦张江"的成效开始逐步显现。2006 年,上海市政府在张江高科技园区的基础上又成立了"大张江"管委会,管委会的管理范围扩展到上海康桥工业区,同时出台了多项吸引高科技人才的政策措施,对园区企业的研发创新起到了一定的推动作用。此时,在优惠政策的吸引下,大批科技型企业开始入驻张江高科技园区,不仅有内资企业,而且外资企业也开始入驻园区(见表8-1),通用电气、霍尼韦尔、杜邦等跨国公司的研发机构开始落户上海张江。在内资企业和外资企业的共同作用下,张江区域创新系统不断成长并走向开放。

表 8-1　2002—2004 年上海张江高科技园区注册企业的数量及构成

企业类型	2002 年	2003 年	2004 年
外资企业	825	1 114	1 440
内资企业	1 426	1 895	2 220

① "两免三减半"是指外商投资企业可享受自取得第一笔生产经营收入所属纳税年度起 2 年免征、3 年减半征收企业所得税的待遇。

（续表）

企业类型	2002 年	2003 年	2004 年
其中私营企业	1 054	1 452	1 737
总计	2 251	3 009	3 663

资料来源：引自参考文献（朱红菊，2007）。

3. 成熟期（2010 年以后）

2011 年张江高科技园区被确定为国家自主创新示范区，并实行"大张江"管委会和张江管委会并行的双重管理体制，当年浦东新区政府出台了《关于推进张江核心园建设国家自主创新示范区若干配套政策》，分别从人才引进、股权激励、财税支持、金融服务和管理创新等方面提出十条先行先试的创新举措。这些政策措施的颁布，有效地吸引了科技人才的流入，也激励了企业从事研发创新活动，极大促进了产学研合作，推动张江区域创新系统向成熟阶段发展。2016 年，国务院出台了《上海系统推进全面创新改革试验加快建设具有全球影响力的科技创新中心方案》，借此东风，张江在管理模式上也进行了重大改革。2018 年 4 月，上海市将上海张江综合性国家科学中心办公室、上海市张江高科技园区管理委员会、上海市张江高新技术产业开发区管理委员会、中国（上海）自由贸易试验区管理委员会张江管理局机构职能整合，重组上海推进科技创新中心建设办公室。目前，张江已经形成信息技术、节能环保、生物医药、新能源、新能源汽车、新材料、高端装备制造、文化科技融合产业和现代服务业等九大产业集群。根据《张江国家自主创新示范区发展规划纲要（2013—2020）》，到 2020 年，张江在新一代信息技术、生物医药、能源环保、高端装备制造等领域形成拥有技术主导权的产业集群，培育出一批国际知名品牌和具有较强国际竞争力的跨国企业，培养和聚集一批优秀创新人才特别是产业领军人才，基本建成世界一流科技园区。目前，在宏伟蓝图的指引下，张江区域创新系统将走向更为开放和成熟的发展阶段。

（三）深圳区域创新系统的演化

深圳从小渔村蜕变为边陲小镇，再由边陲小镇发展成为经济特区，在此过程中发生了天翻地覆的变化。改革开放以来,深圳从经济特区演变成为目前的创新之城和超大城市,研究其区域创新系统的演化具有重要理论和现实意义。改革开放以来,深圳区域创新系统的演变大致可分为以下几个阶段:

1. 孕育阶段(1980—1992 年)

1980 年 8 月,深圳经济特区成立,也是我国最早对外开放的四个经济特区(深圳、厦门、珠海、珠海)之一。电子产业在深圳经济特区成立之后就被确定为重点发展的产业,借助毗邻香港的优越地理位置,重点发展"三来一补"(来料加工、来料装配、来样加工、补偿贸易)产业经济,导致大量劳动密集型产业开始在深圳集聚,尤其是以港资为主的三资企业开始大量涌入深圳,随后逐步开始转向资本密集的外向型出口加工业。到 1990 年代初,深圳开始谋求发展高新技术产业,政府重点支持电子信息、新能源、新材料、医疗器材、生物技术等领域(李平,2017)。此时,深圳的区域创新系统尚处于萌芽状态,很多功能不完善,但蕴藏着巨大的发展潜力。

2. 成长阶段(1992—2008 年)

1992 年邓小平发表了一系列重要讲话,这些重要讲话廓清了当时的许多意识形态问题,邓小平视察深圳后对经济特区的发展给予了充分肯定和高度评价。他指出,对办特区,从一开始就有不同意见,担心是不是搞资本主义。深圳的建设成就,明确回答了那些有这样那样担心的人,特区姓"社"不姓"资"。在邓小平南方谈话的鼓舞下,深圳改革开放的步伐明显加快。20 世纪 90 年代中后期,深圳积极探索产权改革,通过出台相关政策支持民营企业和中小企业的研发创新活动,深圳的高新技术产业取得了快速发展,开始成为主导产业。这一时期,大量外来人口开始汇聚深圳,他们从全国各地加入经济特区的建设热潮中,这给深圳的创新发展带来了文化的多样性和包容性,也为深圳区域创新系统的成长营造了良好的创新环境。特别值得一提的是,深圳证券交易所的成立,吸引了大量民间资本和风险资本,并极大支持了本地创业行为和企业创新投入(付文颖,2013),为深圳区域创新系统的成长起到了巨大推动作用。此外,从区域创新重要主体的高校来看,深圳作为我国的经济特区,与北京和上海相比较,拥有的高校数量太少,仅有深圳大学、南方科技大学等少数大学和部分职业技术学院。2000 年以后,为了弥补深圳高校数量不足的短板,深圳出台相关政策吸引国内外知名高校在深圳设立分校、研究院或者研究生院,这一措施取得了良好的效果。2001年4月,教育部批准设立北京大学深圳研究生院;同年,清华大学也在深圳成立研究生院;2002年,教育部又批准哈尔滨工业大学在深圳设立研究生院,进驻深圳大学城。我国知名大学的研究生院入驻深圳,对深圳区域创新系统在人才培养和技术创新方面起到了非常重要的推动作用。

3. 成熟阶段(2008年至今)

2008年,国家发展和改革委员会出台文件,将深圳列为全国第一个创新型试点城市,明确提出把自主创新作为深圳城市发展的主导战略,奠定创新基础,完善创新环境,增强创新能力,将深圳建设成为创新系统健全、创新要素集聚、创新效率高、经济社会效益好、辐射引领作用强的国家创新型城市。为了有效推动深圳区域创新系统建设,继续吸引国内外知名高校前来深圳设立分校或研究机构,2014年,教育部批准成立香港中文大学(深圳);2015年,中山大学与深圳市政府签署合作协议建设中山大学深圳校区;2015年8月,北京理工大学、莫斯科大学、深圳市政府三方商定在深圳成立中外合作办学机构——深圳北理莫斯科大学。2018年,中山大学深圳校区全面启动建设;同年,在清华大学深圳研究生院和清华—伯克利深圳学院的基础上,教育部批复成立清华大学深圳国际研究生院。在引进国内高校的优质教育资源基础上,深圳也积极引进国外优质教育资源。上述教育机构入驻深圳,拓展了深圳区域创新系统的开放性,也推动着深圳区域创新系统逐步走向成熟,一批具有极强创新能力的企业随之开始在深圳落地生根。特别是近年来涌现出以华为、中兴、腾讯、大疆等为代表的一批富有创新活力的民营企业,深圳作为一座创新之城正在崛起。将来,为了更好地加强深圳区域创新系统建设,深圳提出了具体的发展目标:到2025年,深圳经济实力和发展质量将跻身全球城市前列,具有世界一流的研发投入强度和产业创新能力,文化软实力大大提高,公共服务水平和生态环境质量达到国际先进水平,建成现代化国际化创新型城市。

第九章

全球化视角下我国区域创新系统
建设的对策措施

　　根据区域创新系统的基本演化规律以及我国区域创新系统的演化机制,结合当前区域创新系统发展的新常态,从全球化视角出发,提出相关政策措施,积极吸引跨国公司在华设立研发机构,同时引导我国本土企业积极到海外实施并购和进行研发投资,构建新型的产学研合作体系,激发我国区域创新主体的积极性,不断利用全球创新资源,坚持自主创新和开放创新有机结合,建立一个全球性的、以市场为导向的开放区域创新系统,从而推动我国区域创新能力提升和经济高质量发展。

一、继续鼓励跨国公司在华设立研发机构

　　基于区域创新系统由封闭走向开放的演化过程和趋势,我国区域创新系统建设要秉持开放的原则,积极整合外部创新资源,特别是利用跨国公司的全球高端创新资源。目前,跨国公司在华研发投资对我国科技进步和经济发展已经产生了积极作用。今后需要进一步完善和出台相关政策措施,继续鼓励跨国公司在华设立研发机构,开展研发活动,推动我国区域创新系统的建设。第一,继续培育和改善国内的创新环境。中国庞大的市场规模和低廉的人力资源成本优势远非其他国家和地区所能比拟,这也是近年来跨国公司纷纷在华设立研发机构并从事创新活动的一个重要动因,再加上

中国日益改善的创新环境也对外商研发投资起到积极推动作用。今后应继续出台相关优惠政策，吸引外商在华展开研发投资，引进高端研发创新资源，将跨国公司研发活动纳入我国区域创新系统之中。第二，出台相关政策措施，为外商研发投资在项目落地、研发机构认定、人才流动、专利申请、科研项目参与、个人所得税、子女教育等方面提供政策保障。支持已经落户我国的跨国公司研发机构增资扩股，激励其加大研发投入和引进高端研发项目，鼓励跨国公司在华设立全球性和区域性研发总部，从事高层次的研发创新活动。第三，加强对外商研发投资的税费改革。税收激励政策是吸引跨国公司在华研发投资的另外一个重要原因。2010 年 12 月 31 日以前，对符合规定条件的外资研发机构需要进口的科技开发用品免征进口关税和进口环节增值税、消费税，吸引外商研发投资，这也是后金融危机时期我国出台的又一重要举措。今后可从税费层面出发，出台相关优惠措施，鼓励外商研发投资集中于高新技术行业，进一步促进我国高新技术产业发展。第四，鼓励跨国公司在我国中西部地区设立研发机构，缩小我国区域经济和创新水平差异，推动中西部地区的高质量发展。长期以来，跨国公司在华研发投资高度集中在我国东部沿海发达地区，特别是以北京为中心的环渤海地区、以上海为中心的长三角地区、以广州和深圳为中心的珠三角地区，尽管近些年对西安、成都和重庆等城市和区域的研发投资出现增长，但对西部地区而言，研发投资规模和强度依然有限。未来需要研究和制定跨国公司在我国中西部地区研发投资的优惠政策，激励外资在华研发投资空间战略的改变，扩大在我国中西部地区的研发投资规模，从而缩小我国的地区发展差距，促进我国区域创新系统的协调均衡发展。

二、促进跨国公司在华研发投资的知识溢出效应

知识溢出和知识传播都是知识扩散的方式，区域创新系统的建设离不开知识要素的支撑。知识溢出过程具有连锁效应、模仿效应、竞争效应、交流效应、带动效应、激励效应。通常认为，通过国际直接投资，由跨国公司向东道国公司的知识溢出通常被认为是东道国科技进步的重要源泉之一。跨国公司在华的大规模研发投资为其知识溢出提供了可能，需要因势利导，采

取相应的对策措施,提升跨国研发机构的知识溢出效应。第一,依赖人才流动的路径,提升知识的溢出效应。对跨国公司在华研发机构的调研发现,跨国公司一贯将技术(特别是核心技术)视为其雄踞全球的杀手锏,并对关键技术进行严格封锁。然而,跨国公司在华设立研发机构需要雇佣大量的本地研发人员,而且这些人员的流动性又非常大,研发人员的流动就为知识溢出提供了便利。因此,要以跨国公司在华开展研发活动为契机,通过知识溢出效应来不断推动我国研发创新人才的培养。第二,加强产业链的上下游联系,促进知识溢出。跨国公司在华研发投资过程中势必与我国本土企业产生上下游产业链之间的联系,在这种天然的产业关联过程中,知识溢出在所难免。因此,需要紧紧抓住这个机遇,利用产业链条的关联效应,促进研发机构知识溢出效应,带动我国的技术进步和产业升级。第三,利用技术合作促进知识溢出。技术合作是知识溢出的重要途径和渠道,今后要充分发挥跨国公司研发机构对我国本土企业和科研机构的示范作用,鼓励跨国公司在华研发机构与本地创新机构建立起稳定的合作关系,不断提高我国企业的管理水平和研发创新能力。在我国本土研发机构和外资机构的合作研发过程中,双方均应该秉持开放创新的态度,利用知识溢出效应不断提高研发效率,从而实现双方互利互惠的合作初衷。

三、支持我国本土创新主体到海外设立分支机构

我国区域创新系统的建设,不仅需要跨国公司研发机构的“引进来”,而且要鼓励国内创新主体实施“走出去”。在“走出去”战略的实施过程中,企业理所当然成为排头兵。当前,随着全球经济走向低迷,许多跨国公司深陷经营困境,这为我国企业整合利用全球技术创新资源、融入跨国公司全球创新网络提供了难得的机遇。及时抓住全球资本市场调整的新契机,积极参与对国际创新资源的并购和利用,来提高我国本土企业技术创新能力和国际化进程。一是要鼓励有条件的本土企业到海外设立研发机构或技术部门,尤其要鼓励研发机构和有实力的科技型企业“走出去”,发挥比较优势,参与国际科技及产业化领域的分工合作,大幅度提高创新能力和企业竞争力。二是鼓励本土企业收购跨国公司的研发机构,跨国并购也是海外投资

的一种重要形式,通过跨国并购,海外被并购企业的研发机构自然也成为我国区域创新系统的重要组成部分,与我国本土企业优势互补,从而实现我国本土企业在技术上的跨越式发展。三是利用网络发达国家和地区的优秀研发人才。在国际经济走向低迷的背景下,国外很多大公司面临大量裁员的趋势,我国本土企业需要充分抓住这一有利时机,吸引更多的高端人才前来从事研发活动。四是要帮助和引导企业提高规避和抵御对外研发投资的风险能力(包括政治风险、安全风险、法律风险、文化风险、环保风险等),了解东道国的知识产权制度、法律法规、经济制度以及社会文化环境,确保我国本土企业在海外的利益。在鼓励企业"走出去"的同时,也要支持我国大学和科研院所在海外设立分支机构,尤其是鼓励重点大学在海外设立分校或者校区,积极寻求与国外大学的合作办学模式,努力提高我国大学人才培养质量和科学研究水平。

四、加强我国本土企业的技术引进、消化吸收和再创新

从目前我国与发达国家的科技实力看,在许多尖端领域,我国本土企业与来自发达国家的跨国公司之间还有不小的技术差距。基于此,我国本土企业要积极引进国外的先进技术,在引进基础上要加强消化吸收和再创新,不断提高我国本土企业的技术创新能力和水平。因此,需要采取积极有效的政策和措施,提升我国的自主研发能力,加强我国对跨国企业的知识溢出的吸收能力。第一,处理好企业的技术能力和吸收能力之间的关系。实践表明,技术创新能力的高低不仅取决于外部的溢出作用,更重要的在于创新主体自身的吸收能力,如果二者之间技术相差过大,根本就不存在平等交流的平台,知识溢出和技术扩散也就无从谈起。因此,从眼前的短期发展来看,必须培育本土企业的消化与吸收能力,通过对国外先进技术的识别、引进、消化和吸收,从模仿创新逐渐过渡到集成创新。但从长计议,要高度重视企业自主创新能力的建设,在模仿创新和集成创新的基础上,要逐步实现原始创新,降低对国外创新技术的依赖程度。第二,鼓励国内企业加大研发投入的规模和强度。提高企业的吸收能力并不是不主张企业加大研发投入,相反却要不断加大研发投入的强度。因为只有加大研发投入后,企业才

有可能在本行业中跟踪技术最新发展变化,才有能力吸收外部技术。根据我国当前的科技和经济发展现状,国家需要出台相关政策引导鼓励国内向研发薄弱环节的技术领域加大投入,通过技术吸收能力的增强,提升自身的科技创新水平,缩小与发达国家的差距。第三,构建有利于企业技术吸收能力增强的机制。企业技术创新能力的提升并不能一蹴而就,它需要借助于完整的运行机制来逐渐形成,尤其是支持企业技术创新的运行机制和政策保障。需要采取灵活多样的机制,确保我国本土企业能够在技术引进后,通过消化吸收再创新,不断提高自身的创新能力,借助跨国公司在华研发投资的有利时机,在与跨国公司创新互动的过程中,将本地创新网络及时嵌入全球研发网络之中,从而推动我国区域创新系统的建设与完善。

五、建立合理的人才流动机制

历史经验表明,世界强国在崛起的过程中,不仅高度重视本国的人才培养,也十分重视从世界范围内吸引和抢夺优秀人才,目前一场没有硝烟的人才争夺战已经开始打响。面对全球人才流动的现状特征和最新动向,我国应树立人才资源是第一资源的理念,抓住国际人才流动带来的机遇,积极出台人才引进的相关政策,建立合理的人才流动机制,利用全球的创新资源,推动我国区域创新系统建设。第一,实施更加开放的人才引进政策,吸引海外高端人才来华创新创业。需要紧紧围绕《国家中长期人才发展规划纲要》提出的目标,从科技发展潮流和国家需求战略出发,在重点领域分层次、有计划引进一批能够突破关键技术、发展高新技术产业、带动新兴学科的海外科学家和创新创业领军人才,并从改善工作条件、流动机制、子女教育、个人所得税等方面的政策完善来促使海外高端人才回国或来华学习和工作。第二,鼓励我国科技人才到海外深造和学习,要赶上西方发达国家的科学技术,必须"走出去"近距离地接触,了解国外在该领域的最新研究进展和动态。这方面虽然已经取得了一些成效,但今后仍然要不断加大力度,通过设立企业基金资助、国际合作项目、政府奖学金等多种形式,激励国内研发人才到海外学习和掌握高科技,让这些人才回国后发挥更好的作用。第三,发挥海外华人在国际科技合作和我国科技创新建设中的重要作用。目前,我们直接吸引大量的西方发达国家的非华裔科技人才尚有一定难度,在这种情况下,把海外华人中的优秀科学家和工程师作为重点对象,要认识到这是我国所具有的独特资源和优势。一方面发挥海外华人在国际科技合作的"穿针引线"作用,打破我国进入世界高科技领域的障碍和壁垒;另一方面,采取多种更为灵活的形式,利用海外华人在科技方面的优势为国服务,可以让他们回国长期或短期工作,也可以在海外采取灵活而多样的方式为国家服务和工作。因此,未来需要以更加开放的姿态来面向世界,建立合理的人才流动机制,促进我国区域创新系统的建设。

六、构建新型的产学研合作体系

产学研合作是区域创新系统建设的重要内容。目前,我国科技成果转化率偏低,其中一个重要原因就是缺乏有效的产学研合作模式。基于此,在我国区域创新系统建设过程中,亟待建立一个以企业为主导的新型产学研合作模式,需要突出创新主体地位,明确利益分配机制,健全合理的评价体系,企业、高校、科研机构、政府和中介组织等要相互联系与协作,在创新主体的相互博弈下,实现创新资源的有效利用,促使区域创新系统内部的人才、技术、资金、知识、信息等要素形成最佳组合并且能够自由流动。需要说明的是,新型的产学研合作体系就是要构建以企业为主导的产学研合作模式,企业为了满足市场需求和提升自身的市场和科技竞争力,就需要与高校和科研机构进行合作,以委托开发、合作开发等形式寻求技术服务与支持,高校和科研机构充分发挥在知识创新和基础研究领域的特长,企业重点围绕应用开发和产业化开发进行攻关,政府主要职责是制定创新政策和营造创新环境。同时,在区域创新系统建设中还要处理好政府和市场之间的关系。一方面要充分发挥政府的主导作用,另一方面也要积极发挥市场在创新资源配置中的重要作用。具体而言,就是通过改进和优化我国现行的科技管理体制,合理定位政府和企业的职能,优化创新资源的合理配置,提高创新管理的质量与效率,培育中介机构的发展,加强产学研的有机结合,加快我国的科技成果转化,提高区域创新能力和效率,从而促进我国区域创新系统的有机协同发展。

七、推进区域创新系统建设的试点和试验

我国区域创新系统的建设在短时间内无法全面铺开,有必要选择重点地区和典型城市进行试点和试验。在试点和试验过程中,需要重点处理好市场和政府在区域创新系统建设中的功能、科技与经济的相互作用、创新的动力与模式等核心问题。一是要处理好市场与政府在创新活动中的不同作用和功能定位,进一步厘清市场和政府在创新系统建设中的边界。二是要构建技术创新的市场导向机制,充分发挥市场在创新资源配置中的基础性作用。三是要积极转换政府职能,在创新活动中减少政府对市场的随意干预,构建完善的政府创新管理体制。四是要探索科技与经济融合的途径。在试点和试验区要重点关注科技创新促进经济发展的内在机制,着力改变科研与市场分离的现象,加快科研成果的转化,构建以企业为主体,官产学研结合的区域创新系统。五是要激发创新动力和活力。一个富有生命力的区域创新系统必然是充满活力的,换句话说,就是要充分激励创新主体的创新积极性和动力,因此在试验过程中要利用好利益分配的杠杆机制,加快人才流动和激励机制的制定和改革,并持开放的姿态来利用国际创新资源,推动区域创新系统的建设,主动融入全球创新网络之中。

关于区域创新系统建设的试验,2015年9月颁布的《关于在部分区域系统推进全面创新改革试验的总体方案》就是一个很好的尝试,该方案分别选择了一个跨省级行政区域(京津冀)、四个省级行政区域(上海、广东、安徽、四川)和三个省会城市(武汉、西安、沈阳)等八大地区作为我国创新改革的试验区,从重点区域和重要行业突破。其中河北依托石家庄、保定、廊坊,广东依托珠江三角洲地区,安徽依托合(肥)芜(湖)蚌(埠)地区,四川依托成(都)德(阳)绵(阳)地区,开展先行先试。从目前试点和试验情况来看,已经取得了初步成效。通过试点和试验,及时总结试验地区成功的经验和做法,从而提出对其他区域创新系统建设的借鉴与启示,今后要对这种试点示范的成功经验和做法加以总结和推广,提炼出一些具有普遍性的规律和运行机制,探索不同区域的创新发展路径。

八、完善区域创新系统的财税和金融支持体系

完善的财税和金融支持体系对区域创新系统建设至关重要,财税政策能够激发企业的创新动力和活力,金融政策可以有效引导创新投入和促进科技成果转化。总之,通过财政、税收和金融等政策和工具,来支持和促进我国区域创新系统的建设和发展,不断提升我国的区域创新能力,为建设创新型国家保驾护航。第一,完善区域创新系统的财政支持体系。加大财政对科技创新的投入。增加政府对企业、高校和科研机构的研发投资规模和强度,瞄准高新技术产业,聚焦社会发展急需的科研攻关项目,设立重大科技专项基金,鼓励区域创新主体积极申报和参与。支持公共性创新技术平台的建设,改变现有政府财政科技投入的单一模式,促进财政支持体系的创新与改革。第二,完善区域创新系统的税收支持体系。一方面,根据国家的发展战略目标和宏观经济政策,针对高新技术产业和重大需求战略,实施有差别化的创新激励税收政策,进一步完善我国对高新技术企业的认定办法,落实税收优惠政策;另一方面,增强科技型企业增值税优惠政策的执行力度,在营业税改增值税的基础上,进一步降低科技型企业和从事研发的小微企业的税率,减轻企业的负担,催生初创公司的成长与发展。第三,完善区域创新系统的金融支持体系。金融如同血脉一样在维持着区域创新系统的发展与运行。需要建立创新主体的风险投资机制,让风险投资找到其愿意投资的企业,同时也为一些苦于缺乏资金的中小企业提供资金来源渠道,充分发挥风险投资的杠杆作用,并引导其规范化的运行和管理。同时加大政策性银行对企业研发创新活动的大力支持,鼓励商业银行支持企业研发创新的融资服务。

九、营造良好的区域创新环境

创新环境是创新活动存在的土壤。在全球化的背景下实施开放创新战略,必然要营造良好的创新环境,为区域创新系统的建设奠定坚实基础。创新环境包括硬环境和软环境。其中,硬环境包括基础设施和配套的生产服

务设施等,软环境包括知识产权保护和科研评价体制以及包容性的创新氛围等等。营造良好的创新环境,需要从以下几个方面入手:第一,加大交通和通信等基础设施建设,为区域创新主体的创新活动提供良好的硬环境,尤其是在 5G 时代到来之际,更要重视网络和移动互联的建设,确保区域创新系统内各创新主体能够在良好的基础设施上保持高效的创新能力。第二,构建良好的创新社会环境,通过法规制度建设,特别是支持产权制度的完善,在全社会形成一种尊重知识、尊重人才、尊重知识产权的良好社会风尚,从制度层面上规避由于创新环境不完善而对个人、企业乃至区域造成的损失,加强知识产权保护,充分发挥法律法规作用,探索加大对侵权行为的惩处力度。第三,改革科技评价体制。为了提高科技成果质量,需要改革科技成果评价机制,建立风险评估机制,完善市场服务体系,加快科技成果转化率。通过科技评价体系的改革,扭转过去"重数量、轻质量"、"重表象、轻本质"、"重短期、轻长期"等急于求成和功利化趋势,确立合理的利益分配机制,建立多元主体的科技评价体制,充分激发企业、高校和科技机构的创新活力。第四,建立科研诚信体系和包容性的创新环境。科研诚信制度的建立对于我国创新至关重要,要倡导尊重知识、尊重人才、尊重科学的良好社会风尚,采取相关措施建立科研信任机制,严格惩处学术不端行为。主动适应和引领经济发展新常态,积极迎接"大众创业、万众创新"新潮流,力争营造一个鼓励创新、宽容失败的区域创新环境,有效促进我国区域创新系统的建设。

参 考 文 献

［1］安娜李·萨克森宁.班加罗尔：印度的硅谷？［J］.经济社会体制比较,2001,(2)：78-88.

［2］白俊红,江可申,李靖.中国区域创新效率的收敛性分析［J］.财贸经济,2008,(9)：119-123.

［3］边森.区域创新系统促进区域产业结构升级研究［D］.哈尔滨：哈尔滨工程大学硕士学位论文,2007.

［4］蔡秀玲."硅谷"与"新竹"区域创新环境形成机制比较与启示［J］.亚太经济,2004,(6)：61-64.

［5］曹志鹏.创新驱动发展模式下我国科技资源配置效率［J］.企业经济,2013,(8)：155-158.

［6］陈劲,郭斌.韩国的科技发展道路与国家创新系统［J］.科技管理研究,1995,(4)：39-42.

［7］陈凯华,寇明婷,官建成.中国区域创新系统的功能状态检验——基于省域2007-2011的面板数据［J］.中国软科学,2013,(4)：79-98.

［8］陈力.国际人才竞争的特点与趋势［J］.中国人才,2003,(12)：15-17.

［9］陈一鸣,杜德斌,张建伟.区域创新环境与上海研发产业因果关联机制研究［J］.软科学,2011,(8)：124-130.

［10］陈玉川.区域创新能力形成机理研究——以江苏省为例［D］.镇江：江苏大学博士学位论文,2009.

［11］池仁勇,虞晓芬,李正卫.我国东西部地区技术创新效率差异及其原因分析［J］.中国软科学,2004,(8)：128-131.

［12］崔新健.外资研发中心的现状及政策建议［M］.北京：人民出版社,2011.

［13］崔冶真.我国创新资源配置效率及其影响因素分析［J］.中国集体经济,2016,(10)：13-14.

［14］党文娟,张宗益,康继军.创新环境对促进我国区域创新能力的影响［J］.中国软科学,2008,(3)：52-57.

［15］狄乾斌,刘欣欣,王萌.我国海洋产业结构变动对海洋经济增长贡献的时空差异研

究[J].经济地理,2014,34(10):98-103.

[16] 董建龙,汤世国,洪涌清.创新—芬兰科教兴国的启示[J].中国软科学,1999,(6):
11-18.

[17] 杜德斌.跨国公司研发全球化的区位模式研究[M].上海:复旦大学出版社,2001.

[18] 杜德斌.跨国公司研发全球化:地理学的视角[J].世界地理研究,2007,(4):
106-114.

[19] 杜德斌.跨国公司在华研发发展,影响及对策研究[M].北京:科学出版社,2009.

[20] 杜德斌主编.世界经济地理[M].北京:高等教育出版社,2009.

[21] 杜德斌,孙一飞,盛垒.跨国公司在华研发机构的空间集聚研究[J].世界地理研究,
2010,(3):1-13.

[22] 樊增强.跨国公司研发国际化及在华研发投资研究——跨国公司在华研发投资研
究[M].北京:中国社会科学出版社,2008.

[23] 范斐,杜德斌,李恒.区域科技资源配置效率及比较优势分析[J].科学学研究,
2012,(30):1198-1205.

[24] 范红忠,陈攀.城镇化对中国经济增长的影响及其时空差异分析[J].金融与经济,
2017,(4):47-51.

[25] 方永恒,梁倩.基于产业集群的区域创新系统研究[J].科技进步与对策,2011,
(15):61-63.

[26] 冯根尧.区域创新体系的运行机制及构成要素分析[J].广西社会科学,2006,(7):
40-43.

[27] 冯之浚.国家创新系统的理论与政策[M].北京:经济科学出版社,1999.

[28] 盖文启.创新网络——区域经济发展新思维[M].北京:北京大学出版社,2002.

[29] 顾新,王元地,杨雪.中国区域创新系统发展的理论与实践[M].北京:经济管理出
版社,2014.

[30] 关祥勇,王正斌.区域创新环境对区域创新效率影响的实证研究[J].科技管理研
究,2011,(21):16-23.

[31] 郭军华,倪明.基于非参数HMB指数法的区域创新效率变动分析[J].管理学报,
2011,(1):137-142.

[32] 胡鞍钢,张新.创新发展:国家发展全局的核心[J].中共中央党校学报,2016,20
(2):107-112.

[33] 胡曙虹.中国企业研发国际化:区位选择与空间组织[D].上海:华东师范大学博士
学位论文,2018.

[34] 胡志坚,苏靖.区域创新系统理论的提出与发展[J].中国科技论坛,1999,(6):
20-23.

[35] 黄军英.科技全球化及其政策启示[J].观察家札记,2007,(10):46-49.

[36] 黄亮.国际研发城市的特征、网络与形成机制研究[D].上海:华东师范大学博士学
位论文,2014.

[37] 黄亮,邱枫. 从软件外包到研发服务：班加罗尔的案例研究[J]. 世界地理研究, 2016,(3)：21 - 29.

[38] 黄鲁成. 关于区域创新系统研究内容的探讨[J]. 科研管理,2000,(2)：43 - 47.

[39] 黄兆银. 研发全球化研究[M]. 武汉：武汉大学出版社,2006.

[40] 江蕾. 基于自主创新的区域创新体系建设研究[M]. 北京：科学出版社,2010.

[41] 靳巧花,严太华. 国际技术溢出与区域创新能力——基于知识产权保护视角的实证 分析[J]. 国际贸易问题,2017,(3)：14 - 25.

[42] 李柏洲,苏屹. 区域创新系统中政府与企业合作关系博弈分析[J]. 科技进步与对 策,2009,(19)：32 - 35.

[43] 李虹. 区域创新系统的构成及其动力机制分析[J]. 科学学与科学技术管理,2004, (2)：34 - 36.

[44] 李鸿阶,张元钊. 韩国与新加坡科技创新政策及其成效的启示[J]. 亚太经济,2016, (5)：64 - 69.

[45] 李琳,陈文韬. 我国区域创新环境差异的实证分析[J]. 中国科技论坛,2009,(7)： 94 - 99.

[46] 李平. 后发区生产系统向创新系统的演变：以深圳为例[J]. 科技管理研究,2017, (2)：33 - 38.

[47] 李微微. 基于演化理论的区域创新系统研究[D]. 天津：天津大学博士学位论 文,2006.

[48] 李晓娣,田也壮,姚微. 跨国公司研发投资对区域创新系统演化的影响研究[J]. 软 科学,2012,(1)：109 - 114.

[49] 李晓钟,张小蒂. 江浙区域技术创新效率比较分析[J]. 中国工业经济,2005,(7)： 57 - 64.

[50] 李怡. 区域创新系统演化机理与西部区域创新系统培育[D]. 成都：西南财经大学 博士学位论文,2010.

[51] 李振国. 区域创新系统演化路径研究：硅谷,新竹,中关村之比较[J]. 科学学与科学 技术管理,2010,(6)：126 - 130.

[52] 李政,杨思莹. 我国地区研发效率的演变和收敛性特征——基于随机前沿方法的分 析[J]. 华东经济管理,2014,(9)：1 - 6.

[53] 梁洪力,王海燕. 日本创新体系的演进特征及启示[J]. 中国国情国力,2014,(7)： 68 - 70.

[54] 廖晓东,袁永,胡海鹏,邱丹逸. 新加坡创新驱动发展政策措施及其对广东的启示 [J]. 科技管理研究,2018,(10)：53 - 59.

[55] 林迎星. 区域创新优势[M]. 北京：经济管理出版社,2006.

[56] 林宇,何舜辉,王倩倩,胡小立. 新加坡创新型城市的发展及其对上海的启示[J]. 世 界地理研究,2016,(3)：40 - 48.

[57] 刘洪涛. 国家创新系统(NIS)理论与中国技术创新模式的实证研究[D]. 西安：西安

交通大学博士学位论文,1997.

[58] 刘满强. 技术进步系统论[M]. 北京:社会科学文献出版社,1994.

[59] 刘曙光,徐树建. 区域创新系统的研究及启示[J]. 西安电子科技大学学报(社会科学版),2002,(9)29-32.

[60] 刘跃,卜曲,彭春香. 中国区域技术创新能力对经济增长质量的关系[J]. 地域研究与开发,2016,35(3):1-4.

[61] 柳卸林,胡志坚. 中国区域创新能力的分布与成因[J]. 科学学研究,2002,20(5):550-556.

[62] 柳卸林. 构建区域创新系统新思维[J]. 人民论坛,2006,(2):15-16.

[63] 柳卸林,吕萍,程鹏,陈傲. 构建均衡的区域创新系统[M]. 北京:科学出版社,2011.

[64] 柳卸林,吴晟,朱丽. 华为的海外研发活动发展及全球研发网络分析[J]. 科学学研究,2017,(6):834-862.

[65] 龙海雯,施本植. "一带一路"视角下我国区域创新系统的演化与策略研究[J]. 科学管理研究,2016,(1):67-70.

[66] 龙怒. 芬兰科技创新经验对浦东高科技发展的启示[J]. 科技进步与对策,2010,(4):43-46.

[67] 吕拉昌. 创新地理学[M]. 北京:科学出版社,2017.

[68] 马大来,陈仲常,王玲. 中国区域创新效率的收敛性研究:基于空间经济学视角[J]. 管理工程学报,2017,(1):71-78.

[69] 马永红,苏鑫,赵越. 区域创新系统协同演化机制与优化设计研究[J]. 运筹与管理,2018,(12):47-56.

[70] 马永红,王展昭. 产业集群对区域创新系统的作用路径分析[J]. 经济问题探索,2011,(6):122-125.

[71] 孟卫东,王清. 区域创新体系科技资源配置效率影响因素实证分析[J]. 统计与决策,2013,(4):96-99.

[72] 孟媛媛. 中国企业海外研发网络构建与母公司创新绩效关系研究—基于上市公司数据分析[D]. 杭州:浙江工业大学硕士学位论文,2015.

[73] 莫琦,杨春. 区域创新系统中政府与企业创新行为的动态博弈研究[J]. 经济问题,2009,(4):115-119.

[74] 潘雄锋,杨越. 区域创新体系运行的基本理论框架及中国的实证研究[M]. 北京:科学出版社,2015.

[75] 齐亚伟,陶长琪. 环境约束下要素集聚对区域创新能力的影响——基于GWR模型的实证分析[J]. 科研管理,2014,(9):17-24.

[76] 任志武,王昌林,白京羽,关德鹏,曾艳. 生物医药研发外包服务发展趋势及对我国的影响[J]. 中国经贸导刊,2008,(3):32-33.

[77] 茹玉骢. 技术寻求型对外直接投资及其对母国经济的影响[J]. 经济评论,2004,(2):109-112.

[78] 石峰.基于自组织理论的区域创新系统的演化研究[D].武汉：武汉大学博士学位论文,2012.

[79] 史自力.区域创新能力与经济增长质量关系的实证研究[J].重庆大学学报(社会科学版),2013,19(6)：1-9.

[80] 世界银行/国务院发展研究中心联合课题组著.2030年的中国：建设现代,和谐,有创造力的社会[M].北京：中国财政经济出版社,2012.

[81] 苏屹,姜雪松,雷家骕,林周周.区域创新系统协同演进研究[J].中国软科学,2016,(3)：44-61.

[82] 苏屹,李忠婷,李丹.区域创新系统组织结构演化研究[J].科学管理研究,2019,(2)：74-77.

[83] 谭绮球,邓保国.全球化视阈下研发人才国际竞争——规律、影响及我国应对措施[J].科学学研究,2009,(5)：728-732.

[84] 唐未兵,傅元海,王展祥.技术创新、技术引进与经济增长方式转变[J].经济研究,2014,(7)：33-45.

[85] 王承云.日本企业的技术创新模式及在华研发活动研究[D].上海：华东师范大学博士学位论文,2008.

[86] 王崇锋.知识溢出对区域创新效率的调节机制[J].中国人口·资源与环境,2015,(7)：77-83.

[87] 王春法.科技全球化与中国科技发展的战略选择[M].北京：中国社会科学出版社,2008.

[88] 王焕祥,孙斐.改革开放30年我国区域创新体系的演化分析[J].科技进步与对策,2008,(9)：36-39.

[89] 王焕祥,孙斐.区域创新系统的动力机制分析[J].中国科技论坛,2009,(1)：36-40.

[90] 王焕祥,孙斐,段学民.改革开放30年我国区域创新系统的演化特征及动力分析[J].科学学与科学技术管理,2008,(12)：44-47.

[91] 王缉慈.创新的空间——企业集群与区域发展[M].北京：北京大学出版社,2001.

[92] 王缉慈.创新及其相关概念的跟踪观察——返朴归真,认识进化和前沿发现[J].中国软科学,2002,(12)：30-34.

[93] 王缉慈.创新集群——高新区未来之愿景与目标[J].中国高新区,2006,(10)：1-5.

[94] 王稼琼,绳丽惠,陈鹏飞.区域创新系统的功能与特征分析[J].中国软科学,1999,(2)：53-55.

[95] 王亮.区域创新系统资源配置效率的演进规律与创新机制研究[D].长春：吉林大学博士学位论文,2008.

[96] 王庆金,田善武.区域创新系统共生演化路径及机制研究[J].财经问题研究,2016,(12)：108-113.

[97] 王帅.开放创新视角下区域创新系统演化机制及其绩效影响因素研究[D].合肥：中国科学技术大学博士学位论文,2016.

[98] 王小燕.中国企业海外研发进入过程与本土创新绩效关系研究——基于长三角企业数据分析[D].杭州：浙江工业大学硕士学位论文,2013.

[99] 王雪原,王宏起.我国科技创新资源配置效率的 DEA 分析[J].经济纵横,2008,(8)：108-110.

[100] 王颖贤.创新型城市产业发展研究——基于新加坡的视角[D].广州：暨南大学,2010.

[101] 卫平,王艳.基于 DEA 方法的我国高技术产业区域创新资源配置效率研究[J].工业技术经济,2014,(5)：108-116.

[102] 魏浩,赵春明,申广祝.全球人才跨国流动的动因,效应与中国的政策选择[J].世界经济与政治论坛,2009,(6)：19-26.

[103] 魏江,夏雪玲.区域创新系统的结构与系统演变[J].科技管理研究,2005,(3)：46-47.

[104] 魏守华,吴贵生,吕新雷.区域创新能力的影响因素——兼评我国区域创新能力的地区差异[J].中国软科学,2010,(9)：76-85.

[105] 文富德.印度企业加速"走出去"的主要原因与主要措施[J].南亚研究季刊,2009(2)：37-44.

[106] 吴继英,韩亚琼,顾君颖.我国东部地区创新资源配置效率评价研究[J].科技与产业,2016,(5)：36-40.

[107] 吴卫星.国际新药研发外包市场的价值构成分析[J].中国医药技术经济与管理,2008(3)：10-14.

[108] 吴雪.张江高科技园区绩效评价指标体系构建研究[D].上海：华东师范大学硕士学位论文,2015.

[109] 吴玉鸣.大学知识创新与区域创新环境的空间变系数计量分析[J].科研管理,2010,(5)：116-123.

[110] 肖建华,熊娟娟.财政引导创新资源配置及其效率影响因素——来自 18 个高新区与新区的经验分析[J].财经理论与实践,2018,(3)：105-111.

[111] 肖智,吕世畅.基于微粒群算法的自主创新能力综合评价研究[J].科技进步与对策,2008,(4)：121-125.

[112] 徐佳,魏玖长,王帅,赵定涛.开放式创新视角下区域创新系统演化路径分析[J].科技进步与对策,2017,(5)：25-34.

[113] 薛澜,等.中国科技发展研究报告(2000)课题组.科技全球化及中国的机遇,挑战与对策.科学与科学技术管理[J].2000,(9)：4-8.

[114] 薛澜,等.中国科技发展与政策(1978—2018)[M].北京：社会科学文献出版社,2018.

[115] 薛澜,沈群红.科技全球化及其对中国科技发展的政策涵义[J].世界经济,2001,

(10)：57 - 62.

[116] 薛澜,王建民.知识经济与研发全球化：中国面对的机遇和挑战[J].国际经济评论,1999,(3)：24 - 28.

[117] 颜莉.我国区域创新效率评价指标体系实证研究[J].管理世界,2012,(5)：174 - 175.

[118] 杨朝峰,赵志耘,许治.区域创新能力与经济收敛实证研究[J].中国软科学,2015,(1)：88 - 95.

[119] 杨剑,梁樑,张斌.基于模糊评价的区域创新系统生命周期的判定模型[J].科学学与科学技术管理,2007,(2)：75 - 79.

[120] 杨剑,杨锋,王树恩.基于系统动力学的区域创新系统运行机制研究[J].科学管理研究,2010,(8)：1 - 6.

[121] 游达明,车文镇.基于系统动力学的区域技术创新与经济增长——以湖南省为例[J].科技管理研究,2016,(19)：27 - 32.

[122] 游达明,邱雅婷,姜柯.我国区域科技创新资源配置效率的实证研究——基于产出导向的 SBM 模型和 Malmquist 生产率指数[J].软科学,2017,(8)：71 - 75.

[123] 詹湘东.基于知识管理的区域创新能力评价研究[J].科技进步与对策,2008,(4)：117 - 120.

[124] 张敦富.知识创新与区域经济[M].北京：中国轻工业出版社,2000.

[125] 张发余.区域创新体系与区域发展论[D].天津：南开大学博士学位论文,2001.

[126] 张遒聪.中国企业设立海外研发机构的方式选择[N].光明日报,2015 年 10 月 7 日第 008 版.

[127] 张赛飞,邓强,隆宏贤,易卫华.科技创新与经济发展实证研究[M].北京：中国经济出版社,2012.

[128] 张文霞,李正风.芬兰从资源型国家到创新型国家的历程[J].科学对社会的影响,2006,(1)：5 - 10.

[129] 张延茜.当代科技全球化的主要特征及动因研究[D].成都：成都理工大学硕士学位论文,2009.

[130] 张迎春,李萍.企业家创新能力对区域经济增长的贡献分析—以辽宁省为例[J].财经问题研究,2006,(9)：92 - 96.

[131] 张永凯.全球 R&D 活动的空间分异及新兴研发经济体的崛起[D].上海：华东师范大学博士学位论文,2010.

[132] 张永凯.全球研发活动的空间分异与新兴研发经济体的崛起[M].上海：华东师范大学出版社,2012.

[133] 张永凯.区域创新体系开放性研究[J].开发研究,2014(4)：34 - 36.

[134] 张永凯.跨国公司在华研发投资对我国区域创新体系的影响机制[J].兰州商学院学报,2014,(4)：63 - 73.

[135] 张永凯,徐伟.演化经济地理学视角下的产业空间演化及其影响因素分析——以

中国汽车工业为例[J].世界地理研究,2014,(2):1-13.

[136] 张永凯,薛波.我国区域创新能力对外商在华研发投资的影响[J].科技管理研究,2016,(19):75-80.

[137] 张永凯,李登科.演化视角下跨国公司海外研发机构与东道国区域创新体系的互动关系分析[J].世界地理研究,2016,(6):78-86.

[138] 张永凯.企业技术创新模式演化分析:以苹果,三星和华为为例[J].广东财经大学学报,2018,(2):54-61.

[139] 张永凯.改革开放40年中国科技政策演变分析[J].中国科技论坛,2019,(4):1-7.

[140] 章立军.区域创新环境与创新能力的系统性研究——基于省际数据的经验证据[J].财贸研究,2006,(5):1-9.

[141] 章文光.跨国公司在华投资"研发中心"的现状与对策建议[M].北京:北京师范大学出版社,2011.

[142] 章文光,王晨.外资研发与区域创新系统互动——机制分析和实证检验[J].北京师范大学学报(社会科学版),2014,(2):147-156.

[143] 赵希男,温馨,王艳梅.基于个性优势特征分析的区域创新能力评价与分析[J].科学学研究,2009,(3):473-480.

[144] 周柏翔,凌丹.长春区域创新系统构建的基本模式分析[J].工业技术经济,2005,(4):92-94.

[145] 周倩.当代科技全球化的特点与我国科技发展对策[J].昆明理工大学学报(社会科学版),2005,(1):7-10.

[146] 朱付元.区域创新系统及其识别方法研究[J].科技管理研究,2005,(3):41-45.

[147] 朱海就.区域创新能力评估的指标体系研究[J].科研管理,2004,(3):30-35.

[148] 朱红菊.张江高科技园区发展研究[D].上海:上海交通大学硕士学位论文,2007.

[149] 庄炜玮,刘权乐,刘嘉茵.基于DEA模型的研发资源配置效率及创新能力研究[J].科技管理研究,2014,(12):116-119.

[150] Annalee Saxenian. *Regional Advantage：Culture Competition in Silicon Valley and Route 128* [M]. Boston：Harvard University Press，1994.

[151] Anselin，L.，Varga，A. & Acs，Z. *Local Geographic Spillovers between University Research and High Technology Innovations* [J]. Journal of Urban Economics. 1996,(42):422-448.

[152] Asheim T, Isaksen A. *Location，Agglomeration and Innovation：Towards Regional Innovation Systems in Norway?* [J]. European Planning Studies，1997,(3):299-330.

[153] Asheim T, Isaksen A. *Regional Innovation Systems：the Integration of Local "Sticky" and Global "Ubiquitous" Knowledge* [J]. Journal of Technology Transfer, 2002,(27):77-86.

[154] Aydalot P. *Technological Trajectories and Regional Innovation in Europe* [M]. London,Routledge, 1988.

[155] Braczyk H. J. , Cooke P. , Heidenreich M. *Regional Innovation Systems: Designing for the Future Lundon* [M]. UCL Press, 1998.

[156] Bruce A. Kirchhoff. *The Influence of R&D Expenditures on New Firm Formation and Economic Growth* [J]. mall Business Economics, 1999,13(2): 275 - 317.

[157] Camagni R. *Innovation Networks: Spatial Perspective* [M]. London: Belhaven, 1991.

[158] Carlsson, B. *Technological Systems and Economic Performance: The Case of Factory Automation* [M]. Kluwer Academic Publishers, Boston, Dordrecht, London. 1995.

[159] Cooke P. *Regional Innovation Systems: Competitive Regulation in the New Europe* [J]. Geoforum [M]. 1992,(23): 365 - 382.

[160] Cooke P, Hans Joachim Brazyk H J, Heidenreich M. *Regional Innovation Systems: The Role of Governance in a Globalized World* [M]. London: UCL Press, 1998.

[161] Daniele Archibugi. *The Globalization of Technology and the European Innovation System, Prepared as part of the project "Innovation Policy in a Knowledge-Based Economy" Commissioned by the European Commission Paris*, 2000, Revised Version-15.

[162] Doloreux, D. *What We Should Know About Regional Systems of Innovation* [J]. Technology in Society, 2002,(3): 243 - 263.

[163] Erik Dietzenbacher, Bart losM. *Externalities of R&D expenditures* [J]. Economic Systems Research, 2002,14(4): 407 - 425.

[164] Erkko Autio. *Evaluation of RTD in Regional Systems of Innovation* [J]. European Planning Studies, 1998,(4): 131 - 132.

[165] Etzkowits Henry, Loet Leydesdoref. *The Triple Helix of University-industry-Government Relations: a Laboratory for Knowledge-based Economic Development* [J]. EASST Review, 1995,14(1): 14 - 19.

[166] Fischer, M. M. *Innovation, Knowledge Creation and System of Innovation* [J]. Analysis of Regional Science, 2001,(35): 199 - 216.

[167] Freeman C. *Technology Policy and Economic Performance: Lessons from Japan* [M]. London: Pinter Publishers, 1987.

[168] Furman J. & Hayes R. *Catching up and Standing Still? National Innovative Productivity among Followers Countries, 1978 - 1999* [J]. Research Policy, 2004,33(9): 1329 - 1354.

[169] Godin B. Globalizing S&T Indicators: *How Statisticians Responded to the Political Agenda on Globalization. Project on the History and Sociology of S&T Statistics*, Working Paper, 2004, No. 27: 20 - 21.

[170] Griliches Z. *Research expenditures, education, and the aggregate production function* [J]. American Economic Review, 1964,54(6): 961 - 974.

[171] Hahn, Yoon-Hwan, Yu, Pyung-Il. *Towards a New Technology Policy: the Integration of Generation ang Diffusion* [J]. Technovation, 1999, 19 (3): 177 - 186.

[172] Hamdani D. *Global or Multinational: It Matters for Innovation, Innovation Analysis Bulletin*, Statistics Canada, 2003,88(3): 3 - 4.

[173] Massimo Paoli & Simone Guercini. *R&D Internationalization in the Strategic Behavior of the Firm*, STEEP Discussion Paper, 1997, No. 39.

[174] Ian Pownall. *Collaborative Development of Hot Fusion Technology Policies: Strategic Issues* [J]. Technology Analysis & Strategic Management, 1997,9(2): 193 - 212.

[175] Isaksen A. *Building Regional Innovation Systems: Is Endogenous Industrial Development Possible in the Global Economy* [J]. Canadian Journal of Regional Science, 2001,24(1): 101 - 120.

[176] Javier Ekboir. *Research and Technology Policies in Innovation Systems: Zero Tillage in Brazil* [J]. Research Policy, 2003,32(4): 573 - 586.

[177] John A Alic. *Postindustrial Technology Policy* [J]. Research Policy, 2001, 30 (6): 873 - 889.

[178] Kuznets S. *Economic Growth of Nation: Total Output and Production Structure*. Cambridge, Mass: Belknap Press of Harvard University Press, 1971.

[179] Lambooy, J, G. *The Transmission of Knowledge, Emerging Networks and the Role of Universities: An Evolutionary Approach* [J]. European Planning Studies, 2004,(5): 643 - 657.

[180] Lederman, Maloney. *Patents, Innovation and Growth* [J]. Economic Record, 2000,76(234): 255 - 262.

[181] Lee H Y, Park Y T. *An international comparison of R&D efficiency: DEA approach* [J]. Asian Journal of Technology Innovation, 2005,13(2): 207 - 221.

[182] Lee K. & Lim C. *Technological Regimes, Catching up and Leapfrogging: Finding from the Korean Industries* [J]. Research Policy, 2001, (30): 459 - 483.

[183] Leoncini, Riccardo. The Nature of Long-run Technological Change: Innovation, Evolution and Technological System [J]. Research Policy, 1998,27(1): 75 - 93.

[184] Loet Leydesdoref, Etzkowits Henry. *The Triple Helix as a Model for Innovation*

Studies. Science & Pulic Policy, 1998,25(3): 195 - 203.

[185] Maillat D. *Innovative Melieux and New Generations of Regional Policies* [J]. Entrepreneurship & Regional Development, 1998,(10): 1 - 6.

[186] Maximilian Zedtwitz. *International R&D Strategies in Companies from Developing Countries—the Case of China* [J]. UNCTAD, 2005(1): 1 - 11.

[187] Mensch G. *Stalemate in technology: Innovations overcome the depression* [M]. Cambridge M A: Ballinger Pub Co, 1979.

[188] Moris, Francisco. *Forgeign direct investment. R&D, and innovation: concepts and dada*. Background note prepared for UNCTAD. Arlington, VA: U. S. National Science Foundation, mimeo, 2005.

[189] Nagesh Kumar. *Intellectual Property Protection, Market Orientation and Location of Overseas R&D Activities by Multinational Enterprises*, March 1995.

[190] Nagesh Kumar. *Determinants of Location of Overseas R&D Activity of Multinational Enterprises: the Case of US and Japanese Corporations* [J], Research Policy, 2001,30(1): 159 - 174.

[191] Nelson R. *National Innovation Systems: A Comparative Analysis* [M]. New York and Oxford, Oxford University Press, 1993.

[192] OECD. *Innovation Clusters: Drivers of National Innovation System* [J]. Paris, OECE Proceedings, 2001.

[193] Odagiri, Hiroyuki. *R&D Expenditures, Royalty Payments and Sales Growth in Japanese Manufacturing Corporations* [J]. The Journal of Industrial Economics, 1983,32(1): 61 - 72.

[194] Patel P, Pavitt K. *National Systems of Innovation Under Strain: The Internationalization of Corporate R&D* [M]. Brighton: Science Policy Research Unit, 1998.

[195] Patel P, Pavitt K. *Technological Competencies in the World's Largest Firms: Characteristics, Constraints and Scope for Managerial Choice* [C]. ESRC Paper, Brighton: Science and Policy Research Unit, Sussex: University of Sussex, 1994: 1 - 40.

[196] Porter E. *Clusters and the New Economics of Competition* [J]. Harvard Business Review, 1998,(11): 77 - 90.

[197] Porter E. *The Competitive Advantage of Nations* [M]. New York: The Free Press, 1990.

[198] Roman Boutellior, Oliver Grassmann, Maximilian Von Zedtwitz. *Managing Global Innovation: Uncovering the Secrets of Future Competitiveness*. Springer, 2008.

[199] Roland Robertson, *Mapping The Global Condition: Globalization as The Central Concept*, Theory Culture&Society, 1990, Vol. 7.

[200] Seiford L. M, Thrall R. M. *Recent Development in DEA, the mathematical programming approach to Frontier analysis* [J]. Journal of econometrics, 1990, (46): 7–38.

[201] Sharma S, Thomas V J. *Inter-country R&D efficiency analysis: An application of data envelopment analysis* [J]. Scientometrics, 2008, 76(3): 483–501.

[202] Strorper M. *The Resurgence of Regional Economies, Ten Years Later: The Region as a Nexus of Untraded Interdependencies* [J]. 1997, European Urban and Regional Studies, 1995, 2(3): 191–221.

[203] UNCTAD (2005a). *World Investment Report*. United Nations, New York and Geneva.

[204] UNCTAD (2005b). *Survey on the Internationalization of R&D Current Pattern and Prospects on the Internationalization of R&D*. New York and Geneva.

[205] Uyarra E. *What is Evolutionary about "Regional Systems of Innovation"? Implications for Regional Policy* [J]. Journal of Evolutionary Economics, 2010, (20): 115–137.

[206] V. V. Krushna 2009. *Internationalization of R&D and Global Nature of Innovation: Emerging Trends in India* [J], Asia Research Institute Working Paper Series No. 123, pp. 7–30.

[207] Wu, Yonghong. *The Effects of State R&D Tax Credits in Stimulating Private R&D Expenditure: A Cross-state Empirical Analysis* [J]. Journal of Policy Analysis and Management. 2005, 24(4): 785–802.